女性服刑者的
环境适应与再社会化研究

NVXING FUXINGZHE DE
HUANJING SHIYING YU ZAISHEHUIHUA YANJIU

刘柳 ◎ 著

中国社会科学出版社

图书在版编目（CIP）数据

女性服刑者的环境适应与再社会化研究/刘柳著.—北京：中国社会科学
出版社，2015.10

ISBN 978-7-5161-6909-4

Ⅰ.①女… Ⅱ.①刘… Ⅲ.①女性—犯罪分子—思想改造—研究—中国
Ⅳ.①D926.7

中国版本图书馆 CIP 数据核字（2015）第 213718 号

出 版 人	赵剑英	
责任编辑	赵　丽	
责任校对	张依婧	
责任印制	王　超	

出　　版	中国社会科学出版社	
社　　址	北京鼓楼西大街甲 158 号	
邮　　编	100720	
网　　址	http://www.csspw.cn	
发 行 部	010-84083685	
门 市 部	010-84029450	
经　　销	新华书店及其他书店	

印　　刷	北京明恒达印务有限公司
装　　订	廊坊市广阳区广增装订厂
版　　次	2015 年 10 月第 1 版
印　　次	2015 年 10 月第 1 次印刷

开　　本	710×1000　1/16
印　　张	15.25
插　　页	2
字　　数	258 千字
定　　价	56.00 元

凡购买中国社会科学出版社图书，如有质量问题请与本社营销中心联系调换
电话：010-84083683

序

　　首先，很高兴及荣幸能有机会为刘柳的《女性服刑者的环境适应与再社会化研究》作序。作为她的博士论文导师，见证她由最初的论文概念，凭着对女犯们的关注，全力以赴，坚毅地寻找有关中国女犯的监狱经历，此外，还需与各有关政府官门及官员做联系工作，其次所付出的努力，实在是难以形容的多。再者，在中国的社会里，要求女犯们自愿地披露在监狱里的辛酸史，实在是极度困难的事情，刘柳凭着与女犯们建立信任关系，到监狱与她们面谈及在各方面收集理据，历余年完成对中国女犯监狱生活的研究论文，实在为她感到自豪及骄傲。

　　一直以来，关于中国罪犯在监狱里的研究并不多，更遑论特别关注女罪犯的研究。社会对罪犯普遍缺乏谅解和接纳，认为他们应受惩罚或隔离，监狱惩罚的威吓可令他们改过，然而，探讨罪犯犯罪的原因，罪犯个人以外的其他互为因素，以及协助罪犯的复康更新的其他方法例如个人或家庭辅导及小区支持等事宜往往被忽略。

　　刘柳的研究检视中国女犯在监狱内的经历，发现她们在监狱内的人际关系与她们是否成功适应监狱生活有莫大关系，这包括她们与监狱内其他女犯以及与监狱内工作的人员的关系，这些研究结果对社会工作学，犯罪学以及中国实证研究均有帮助。就社会工作学而言，协助罪犯的复康更新的过程，与女犯建立有效的工作关系，研究结果将有高度的参考价值。就犯罪学而言，了解女性犯罪及重犯的原因，以至协助罪犯复康更新的方法，研究结果将有所启示。就中国实证研究而言，有关以女性为对象的研究工作，研究结果将提供有效的方法。

　　刘柳的研究结果亦突破一向以来西方的学说，首先，我们一向认为在监狱的女性不能抵抗权力或威吓，但研究的结果却发现她们能以建立人际网络，而得以对抗权力或威吓，并赖以生存；另一方面，那些未能在监狱内建立人际网络的女犯，显示出各种在监狱的适应问题，研究的结果有很多值得中国香港、台湾以及澳门等地区借鉴的地方，原因是这些地方的女性罪犯数字正在上升，如何令女性罪犯在监狱适应生活，并得以复康更新，将会是重要的课题。

崔永康博士

教授

应用社会科学系

香港城市大学

二零一五年

目 录

第一章 导论

第一节 研究的缘起

一提起监狱，人们自然会想起高墙电网、脚镣手铐，甚至在脑海中还会自然地浮现出一幅幅血腥的、阴森恐怖的画面。监狱对于生活在这个国家中的普通人而言，是个几乎不会被提及的地方，或者说在某种程度上是一个被大家所避讳的地方。对于中国绝大多数的普通民众来说，"监狱"仿佛从来没有进入过他们的认识范畴，也很少有人真正了解犯人的生活究竟是怎样的。正因为如此，大家并不真正了解监狱和那些在监狱中生活的人。长久以来，在我们的知识体系中，从来没有对监狱的描述，我们缺乏对监狱的最基本认识，我们对于监狱的想象几乎全部来自电视、电影以及各种被艺术化了的文学描写。可以说，我们的社会大众对于监狱这一社会机构的了解是缺乏的，并且试图去了解的兴趣也是缺乏的。我们忌讳提起监狱这个名词，更不愿意与在里面生活的服刑人员有任何程度的联系与接触。虽然他们和我们生活在一片蓝天之下、一个城市之中，但一堵高墙却将监狱蒙上了一层神秘而又陌生的色彩。

在2006年第一次踏入监狱的大门之前，笔者也和大家一样，对监狱的了解仅限于道听途说的观点和添油加醋的想象罢了。而这想象又几乎是拼凑于影视作品艺术化描写的片段之上的。基于这些细微的、片面的认识，笔者对监狱、监狱制度以及监狱里的人和事并没有产生任何兴趣。它们对笔者来说，不过是冷冰冰的概念和符号罢了。然而，2006年的一次偶然事件改变了笔者的看法，并最终引导笔者走上了研究监狱和犯人的道路。依稀记得2006年的那一天，笔者碰巧在一友人处得见几封狱中犯人与其亲属的家信。词句虽平实无华，狱中生活的点滴、犯人和亲属间的真情却跃然纸上，引发了笔者探寻的好奇心。之后，笔者又意外获得了一次参观监狱的机会，得以亲见那隐藏在高墙背后的另一个世界。正是这一次的参观，颠覆了笔者长久以来对监狱的想象，令笔者对监狱以及生活在那里的人们有了全新的认识。也正是因为此，令笔者更加了解到，我们的普通百姓对监狱的认识是多么的匮乏。自那时起，笔者开始关注中西方各种关于监狱和监狱制度的文献、学术研究以及文学作品，并且越来越明确地认识到，研究监狱中的人和事是一件有意义的事情。尤其是使用社会学的视角（如自由、权力、惩罚、社会角色、社会化等议题）来评价监狱生活时，许多有意义的事情便浮现出来。

　　监狱中可研究的话题很多，比方说监狱制度、改造模式、服刑人员转变过程等，而笔者却选择了"女性服刑人员的环境适应与再社会化"这一甚少被人们所关注的话题。除了因为笔者是女性，对女性服刑人员有一种天生的敏感之外，还因为她们相比男性服刑人员更加需要关注。在中西方各种对犯罪以及犯人的研究中，人们普遍认为，不论人种、时代以及在何种社会和文化背景下，女性相较于男性而言都较少地触犯法律。有数据表明，男性被逮捕、起诉以及判刑的概率是女性的三至五倍①。故而，对于任何一个社会而言，监狱中大量关押的都是男犯，而女犯的人数则相对稀少。人们通常会忽略女性犯罪者的独特性而将其看作是和男犯相似的群体。学者们对于女犯群体常常采取的做法便是首先研究男性犯罪者，然后顺带考察一下女犯以说明其行为在何种程度上相似或不同于男犯；即将男犯作为一种常态，而将女犯作为一种附属品加以研究。回顾前人研究，甚少有研究（尤其是系统化的社会学研究）单独关注女犯群体——即将女犯作为一个特别的、独立的群体来考察的。故而，相对于男性犯罪者的研究来说，针对女性犯罪者的研究明显处在一个边缘化的位置。作为一名女性，即使并不站在激进的女性主义立场上，笔者依然相信，女性犯罪者不应只被当做男性犯罪者的"陪衬物"来研究。女性具有和男性完全不同的生活态度和行为模式，因

---

① Kelley Blanchette and Shelley L. Brown, *The Assessment and Treatment of Women Offenders: An Integrative Perspectives*, Chichester, West Sussex, England: John Wiley & Sons, 2006.

此，对于女性犯罪者群体的研究应该是独立的。在监狱中，她们也拥有和男性犯罪者完全不同的生活态度和行为方式。这也就是为什么笔者选择了女性服刑人员作为研究对象和切入点来完成对中国监狱制度和监狱生活的考察。在此，笔者也希望，谨以此拙作来唤起其他学者对这一群体的关注。

第二节　研究的目标和意义

本书主要探寻了女性服刑人员适应监狱生活的过程、策略以及结果。详细说来，本书主要有四个目标：首先，详细描绘女犯的生活环境——监狱，以期了解女犯在狱中生活所需要面对的难题和挑战；其次，探寻女犯使用何种策略来回应这些难题和挑战，并且是以怎样的过程来适应监狱生活的；再次，分析和归纳女犯的适应结果和种类；最后，希望根据此研究的发现来对现有的理论做一个扩展，并且提出一些操作性的建议，以期为今后的相关研究做出指引，以及为监狱工作实践的改进做出贡献。

总的来说，本书在以下三个方面具有重大意义：

首先，本书的发现可以在一定程度上丰富普罗大众对女性服刑人员监狱生活的认识，以及可以引发相关学者对于这一群体的研究兴趣。本书的一大创新之处在于其着眼于从女性服刑人员的视角出发，这有别于传统的以监狱管理者和执法者作为立足点的研究视角；正因为如此，女性服刑人员的生活、想法和需要在本书中得到了完整的展现。不论是普通民众或者是专家学者都可以从这一研究中清楚地了解到她们的真实生活图景。

其次，本书亦生动、翔实地描写了一个中国的女子监狱。通过调查、访谈、分析和阐述，本书以系统化的社会学学术角度再现了女性服刑人员的监狱生活。在本书中，以"关系"为主要诉求点的独特的中国文化背景在关于女性服刑人员如何适应监狱生活的议题中占了很重要的位置，这对于今后相关领域的研究将是非常有价值的。

最后，监狱主管部门亦可通过本书更全面和深入地了解女性服刑者的行为和态度，以及其对狱中生活的感想。目前，中国正在倡导和谐社会建设，十八大之后，建设和谐社会更加清晰地成为中国社会未来的发展目标和方向。在这一目标下，为服刑人员创造一个良好的、积极向上的监狱生活是非常有必要且有价值的。本书采用女性服刑人员的视角为研究的出发点，故而通过此研究，执法者们可以更清楚地知道该研究群体的所思所想；他们亦可参考本书最后一章中基于本书发现基础上提出的监狱工作的操作性建议来改进其对待女性服刑人员的方式、方法。笔者相信，这将十分有益于司法部门今后更好、更有效地开展针对女性服刑人员的工作。

第三节　本书的结构

本书共分为七个章节。第一章是导论部分，主要阐述了本书的目的和意义。第二章主要介绍和回顾了剥夺理论（deprivation theory）和导入理论（importation theory），并在此基础上建立了本书的理论框架；同时，本书的基本思路和原理亦在此章得到了进一步的阐释。第三章是研究方法的介绍，主要说明了研究设计以及如何进行资料的收集、分析和陈述。第四章到第六章是本书的主体部分，这三章各有侧重但同时又形成一个连贯的整体，翔实地描绘了女性服刑人员适应监狱生活的过程。其中，第四章主要着眼于讨论女性服刑人员在监狱生活中面临的三大挑战；第五章分析了女性服刑人员应对这三大挑战所使用的三种相应的策略；第六章描述了女性服刑人员由于能力和意愿不同在使用了不同的策略之后的适应监狱生活的结果。第七章是全书的总结，主要探讨了本书的理论贡献、研究的局限以及进一步研究的可能等。

第二章　理论框架

　　本章的目的在于建立整个研究的理论框架。鉴于本书主要关注女性服刑人员对监狱环境的适应状况，本章的前两节主要回顾和分析了关于女性服刑人员以及关于监狱适应议题的相关研究和理论。其中，第一节主要厘清了"适应"的概念，以及回顾了关于监狱适应的三大理论模型，即剥夺模型（deprivation model），导入模型（importation model），以及整合模型（integrative model）；而第二节则侧重于探讨关于女性服刑人员的研究。接下来的第三节在批判性地回顾了已有文献的基础上给出了本书的理论框架。总的来说，本书的理论框架基于剥夺理论和导入理论两个理论；而在此基础上，又增加了权力和关系这两个概念。在这一理论框架下，着重提到了三个研究焦点：（1）主要分析女性服刑人员在狱中可能遇到的问题以及她们可能的应对策略；（2）将被研究者看作能动的个体来加以研究；（3）将监狱适应看作一个多维度的而并非单一层面的任务。

第一节　服刑人员的监狱适应

一　"适应"的概念

　　"适应"（adaptation）最早是由查尔斯·罗伯特·达尔文（Charles Robert Darwin）在其关于生物起源的理论中提出的，当时是一个纯粹的生物学概念。在生物学中，它通常是以"适应"这一概念出现的，用以指代促进物种生存的生物结构或过程[1]。从此意义上来说，人类行为

---

[1]　Richard S. Lazarus, *Patterns of Adjustment*, New York: McGraw – Will, 1976.

也是一种为了应对环境压力的需求而作出的反应①。不过，除了生理需求，人类还拥有精神需求。而人类适应社会压力就如同其适应其生存压力一样。因此，心理学家借用了生物学中的"适应"的概念，将其应用于心理学领域，并将其称之为"适应（adjustment）"，其意为：人们为了满足自己所生活的环境带来的压力和挑战而做出的努力②。任何环境对人类生活产生的紧张或威胁都有可能引起其适应行为的产生③。当然，同生物学家不同，心理学家更多的关心于"精神生存（psychological survival）"，而非"生理生存（physical survival）"。④

适应既可以是一个结果，也可以是一个过程。这两种观点反映了不同的研究视角和研究目的。第一种，即将适应视作一个结果的观点，侧重于评价适应的最终情形是好还是不好。如果我们持这一观点的话，我们就需要设立一个衡量标准来判断"适应"的质量。通常，在不同的社会文化背景中的生活人们会设立不同的"适应标准"⑤。相反，如果持第二种观点，即将适应看作一个过程的话，那么我们要做的就不是评价而是理解。也就是说，以一个纵向的视角来看待问题以及考察当事人是如何应对困难的。这两个观点在一种状态下是可以相互借鉴和融合的，那就是研究者能从适应过程中找出导致适应不良这一结果的原因⑥。在本书中，即使用了这种相互借鉴和融合的状态，即将适应既看作一种过程也看作一个结果，目的就是考察女性服刑人员的监狱适应过程以及分析导致适应得好或者不好这一结果的因素。

在众多有关适应的理论中，大多数心理学家都倾向于使用下列三种视角中的一种：心理分析的视角（the psychoanalytic perspective）、社会学习的视角（the social learning perspective）以及人文主义的视角（the

---

① Richard S. Lazarus, *Adjustment and Personality*. New York: McGraw - Hill, 1961.

② Robert S. Feldman, *Adjustment: Applying Psychology in a Complex World*, New York: McGraw - Hill, 1989.

③ Charles G. Morris and Albert A. Maisto, *Understanding Psychology* (9th ed.), Upper Saddle River: Prentice Hall, 2010.

④ Richard S. Lazarus, *Adjustment and Personality*, New York: McGraw - Hill, 1961.

⑤ Ibid..

⑥ Richard S. Lazarus, *Patterns of Adjustment*, New York: McGraw - Will, 1976.

humanistic perspective)①。心理分析视角源于弗洛伊德的理论，即认为适应意味着将基本的冲动控制在可容忍的范围内；而按照社会学习理论的视角，适应意味着学习如何应对环境的刺激；最后，人文主义视角则认为当我们接受了独特的自我时，我们便已经成功适应了②。与心理学家相异，社会学家大多关注社会文化、社会环境和社会机构以及社会历史对于个人的影响。他们通常用适应这个概念来解释人们对环境的反应。在社会学以及社会心理学领域，都将适应看作社会化的内容。总的来说，社会学家倾向于将社会化看作社会年轻成员从年老成员那里学习如何在特定的社会环境和社会文化中生活③。

　　为了应对特定环境的"要求"与"挑战"，人们通常会使用不同的方法。根据查理斯·莫里斯（Charles G. Morris）和阿尔伯特·梅斯托（Albert A. Maisto）的观点，人们通常使用三种方法——对抗、妥协、撤离——来改变其所处的不适境遇④。在这里，对抗表示知道有问题的存在并且正面地应对问题以坚决达到目标；妥协是说当理想目标没办法达到的时候接受一个更加现实的解决方案；而撤离则是当其他方法都不管用时想办法避开困难。

　　因此，人在选择应对环境的策略时是能动的。他们可以选择改变环境（对抗），或者是改变自己以适应环境（妥协和撤离）。所以当个体的内在需求与环境的外在要求产生冲突时，人们有两种适应的模式：抑制个体的内在需求；或者改变环境的外在要求⑤。这两种模式被让·威廉·弗里兹·皮亚杰称为调适（accommodation）和同化（assimilation）⑥。通常，更加聪明和有权势的个体拥有更多的改变他们所处环境

　　① Spencer A. Rathus and Jeffrey S. Nevid, *Adjustment and Growth*: *The Challenges of Life* (3rd ed.), New York: CBS College Publishing, 1986.

　　② Ibid..

　　③ Joseph B. Cooper and James L. McGaugh, *Integrating Principles of Social Psychology*, Cambridge, MA: Schenkman Publishing Company, 1963.

　　④ Charles G. Morris and Albert A. Maisto, *Understanding Psychology* (9th ed.), Upper Saddle River: Prentice Hall, 2010.

　　⑤ Richard S. Lazarus, *Adjustment and Personality*, New York: McGraw-Hill, 1961.

　　⑥ Jean William Fritz Piaget, *The Origins of Intelligence in Children*, translated by Margaret Cook, New York: Norton, 1963.

的能力（同化）；而弱势的个体则只能选择改变他们自身（调适）①。
例如，年轻个体早年的社会化更多的是一种调适而非同化，因为小孩子
太弱小以至于无力改变环境，但是他们却可以改变自己来适应环境。

二　适应监狱生活

依据前文的解释，适应乃是一种行为过程或是结果，这种行为在相
互冲突的需求间取得平衡，或是在改造环境与改变自己间取得平衡；它
通常发生于人们遭遇某种特定的环境需求的时候。作为一个有别于正常
社会的封闭的单性的环境，监狱无疑是独特的，并且要求其成员（服
刑人员）必须无条件地接受这一环境和生活方式而无其他选择。正如
儿童的社会化一样，对监狱环境的适应对于服刑人员而言也是一个社会
化的过程，或者可称之为"监狱化（prisonization）"②。简单地说，监狱
化就是服刑人员接受监狱文化的态度和价值观的过程及结果③。

很难说监狱化是件好事还是坏事。人们一般认为一个成功的矫正项
目应该能够帮助服刑人员转变成为守法公民，并且在刑满释放后能顺利
地融入正常的、自由的、双性的社会。显然，监狱作为一个封闭的环境
是缺乏这些社会环境的正常特质的；并且严格而规则化的作息毫无疑问
会给服刑人员带来精神压力。因此，成功地适应监狱生活能否为其出狱
后的生活带来益处仍然是值得我们怀疑的。依据多纳德·克莱默
（Donald Clemmer）的研究，狱中服刑人员群体的价值观普遍是反社会
的；因此，能够很好地适应监狱文化的犯罪人将是那些持反社会价值观
的人，也就是那些无法正常融入正常社会的人④。尽管如此，一个关注
服刑人员监狱适应的研究并不是毫无意义的，它至少可以使我们了解如
何更好地帮助犯罪人健康、良好地度过他们的服刑期。

---

① Richard S. Lazarus, *Adjustment and Personality*, New York：McGraw – Hill, 1961.
② Donald Clemmer, *The Prison Community*, New York：Holt, Rinehart and Winston, 1966.
③ Victoria R. DeRosia, *Living Inside Prison Walls*：*Adjustment Behavior*, Westport：Praeger Publishers, 1998.
④ Donald Clemmer, *The Prison Community*, New York：Holt, Rinehart and Winston, 1966.

三　三种有关于监狱适应的模型

关于服刑人员适应监狱生活的经验性研究起源于 20 世纪上半叶的美国。因为从那时起，社会学家开始使用人类学的方法研究犯罪人的监禁生涯[①]。之后，监狱适应便成为西方社会学家长期以来关注的重要话题和研究对象。

玛丽·F. 博斯沃斯（Mary F. Bosworth）总结了早期社会学家的作品，认为他们大多关注于对监狱中的社会组织之间的关系作详尽地调查研究。他们主动地进入监狱做调查，并将从服刑人那里获得的信息总结起来形成一定的研究发现。在这些作品中，服刑犯罪人角色的扮演、犯罪人群体的形成和活动都被有效地观察和分析，并最终组成一幅幅监狱生活的生动图景[②]。

多纳德·克莱默的关于监狱的开创性研究（首版于 1940 年）[③] 至今仍然被认为是该领域最具探索性的作品之一[④]。他首次将"监狱化"定义为在不同程度上接受监狱的风俗、习惯和普遍文化[⑤]。在他看来，几乎所有的服刑犯人都或多或少会经历监狱化的过程；而监狱化的程度则依赖于监禁时间的长短和服刑人员的自身性格特征的影响。更具体地说，影响监狱化程度的因素主要包括：监禁时间、犯罪人个性特征、犯罪人监狱外的社会关系、犯罪人对监狱非正式群体的融入情况、工作类型以及对监狱教条的接受或拒绝程度[⑥]。

此后，其他学者也对犯罪人的监狱适应做出了研究。帕特里克·J. 得利斯克（Patrick J. Driscoll）在其研究中设计了一个特别的操作性量表——适应分析评价量表——来衡量服刑人员适应监狱

---

① Mary F. Bosworth, *Engendering Resistance: Agency and Power in Women's Prisons*, Aldershot: Ashgate, 1999.

② Ibid. .

③ Donald Clemmer, *The Prison Community*, New York: Holt, Rinehart and Winston, 1966.

④ Marvin E. Wolfgang, "Quantitative Analysis of Adjustment to the Prison Community", *The Journal of Criminal Law*, *Criminology and Political Science*, Vol. 51 (6), 1961, pp. 607 – 618.

⑤ Donald Clemmer, *The Prison Community*, New York: Holt, Rinehart and Winston, 1966.

⑥ Ibid. .

生活的好坏程度①。这一量表更多地关注于服刑人员的行为，而非其普遍意义上的个性和人格特征。根据这一量表，影响服刑人员监狱适应的主要因素包括四大部分——社会因素、职业因素、个人因素和行为因素。李罗德·W. 麦考克（Lloyd W. McCorkle）和理查德·考恩（Richard Korn）提出，那些持与普通社会的价值体系相悖的价值观的犯罪人比较容易适应监狱社会②。李罗德·E. 欧林（Lloyd E. Ohlin）则相信犯罪人亚文化是一种对监禁生活的集体反应，它能够影响服刑犯罪人的价值观、态度以及行为方式③。同多纳德·克莱默相似，斯蒂夫·威乐（Steve Wheeler）发现新入狱的犯罪人以及快要出狱的犯罪人比较乐于遵从监狱管理人员的意见，而处于服刑中期的犯罪人则相反④。这说明监狱环境中的社会化并不只和已监禁的时间有关，亦和剩下的服刑时间有关。在经过了一系列对宾夕法尼亚州（Pennsylvania）最高安全等级监狱的服刑犯罪人的定量研究后，威乐总结出服刑犯罪人的监狱适应情况与以下四项指标有显著关系：（1）在 35 岁以上还是以下；（2）婚姻状况；（3）罪行的严重程度；（4）以前是否有过受刑罚处罚的经历。格拉比则指出，在监狱社会中存在多种不同的社会角色⑤；而拥有不同角色的服刑人员的监狱化程度是不一样的。

　　在众多关于监狱化或监狱适应的研究中，有三种主要的模型是值得注意的。首先，格兰萨姆·M. 萨克斯（Gresham M. Sykes）在其经典著作《监禁社会》（*The Society of Captives*）中提出了剥夺模型，而开启

---

① Patrick J. Driscoll, "Factors Related to the Institutional Adjustment of Prison Inmates", *Journal of Abnormal and Social Psychology*, Vol. 47 (3), 1952, pp. 593 – 596.

② Lloyd W. McCorkle and Richard Korn, "Resocialization within Walls", *Annals of the American Academy*, Vol. 293, 1954, pp. 88 – 98.

③ Lloyd E. Ohlin, *Society and the Field of Corrections*, New York: Russell Sage Foundation, 1956.

④ Steve Wheeler, "Socialization in Correctional Communities", *American Sociological Review*, Vol. 26 (5), 1961, pp. 697 – 712.

⑤ Peter G. Garabedian, "Social Roles and Processes of Socialization in the Prison Community", *Social Problems*, Vol. 11 (2), 1963, pp. 139 – 152.

了讨论服刑犯罪人面对的由监禁带来的问题的先河①。因为共同经历着"监禁之痛"——即对自由、食物与服务、安全、自主性以及与异性亲密关系的剥夺，服刑犯人普遍倾向于团结起来对付监狱这个"艰难"的环境。也就是说，他们通过形成监狱亚文化以及犯罪人社会体系来应对监禁生活以及减轻监禁生活所带来的剥夺感②。除此之外，欧文·戈夫曼（Erving Goffman）的"全控机构（Total Institution）"③和米歇尔·福柯（Michel Foucault）的"完整和严肃的机构（Complete and Austere Institution）"④都是剥夺模型的完美阐述。总的说来，这种模型强调的是环境对犯罪人行为和适应状况的影响。它的核心在于其认为监狱中存在着一种犯罪人的"集体行为模式"，即一种在"全控机构"中对抗"监禁之痛"的集体性反应。

　　基于剥夺模型，适应监狱环境被认为与以下几个方面息息相关：在监狱中已度过的时间⑤；所处的监禁阶段⑥；与狱友之间的关系⑦；

---

①　Gresham M. Sykes, *The Society of Captives: A Study of a Maximum Security Prison*, Princeton, NJ: Princeton University Press, 1958.

②　Ibid. .

③　Erving Goffman, *Asylums: Essays on the Social Situation of Mental Patients and Other Inmates*, Garden City, NY: Doubleday, 1961.

④　Michel Foucault, *Dscipline and Punish: The Birth of the Prison*, translated by A. Sheridan, London: Allen Lane, 1977.

⑤　Barry Schwartz, "Pre-Institutional vs. Situational Influence in a Correctional Community", *Journal of Criminal Law, Criminology, and Police Science*, Vol. 62 (4), 1971, pp. 532-542; Charles W. Thomas, "Theoretical Perspectives on Prisonization", *Journal of Criminal Law and Criminology*, Vol. 68 (1), 1977, pp. 135-145; Charles R. Tittle and Drollene P. Tittle, "Social Organization of Prisoners: An Empirical Test", *Social Forces*, Vol. 43 (2), 1964, pp. 216-221; Steve Wheeler, "Socialization in Correctional Communities", *American Sociological Review*, Vol. 26 (5), 1961, pp. 697-712.

⑥　Peter G. Garabedian, "Social Roles and Processes of Socialization in the Prison Community", *Social Problems*, Vol. 11 (2), 1963, pp. 139-152; Charles Wellford, "Factors Associated with Adoption of the Inmate Code: A Study of Normative Socialization", *The Journal of Criminal Law, Criminology, and Police Science*, Vol. 58 (2), 1967, pp. 197-203; Steve Wheeler, "Socialization in Correctional Communities", *American Sociological Review*, Vol. 26 (5), 1961, pp. 697-712.

⑦　Steve Wheeler, "Socialization in Correctional Communities", *American Sociological Review*, Vol. 26 (5), 1961, pp. 697-712.

疏离和无力感①；以及对待狱警的态度②。此外，有些学者还使用剥夺理论来解释犯罪人的同性恋和滥药状况③，以及监狱中的领导力问题④。

　　而基于三个研究的导入模型在对监狱适应问题的解释上则持有相反的意见⑤。它认为：监狱环境是社会大环境的映射，犯罪人在入狱时即带入了他们在社会中形成的个性特征⑥。导入模型的倡导者们强烈地批判剥夺模型，认为其使用了狭窄的局限在系统内部的角度来分析服刑人的监狱生活和监狱行为；而在导入模型看来，犯罪人在监禁之前的经历和个性特征是其能否适应监狱环境的重要决定性因素。换句话说，这些学者相信"监狱生活是犯罪人对于外在社会价值观的代入"⑦。因此，这一模型的最主要关注点在于犯罪人在外界社会形成的由价值观、思想和态度构成的个人体系，以及该体系对其狱中生活的影响；而并非一种在监狱环境中形成的共同的和集体的价值观体系和行为模式。

　　与剥夺理论不同，导入理论的倡导者认为监狱适应和以下一些内容

---

① Charles W. Thomas, "Prisonization and its Consequences", *Sociology Focus*, Vol. 10 (1), 1997, pp. 53 – 68; Charles W. Thomas and Matthew T. Zingraff, "Organizational Structure as a Determinant of Prisonization: An Analysis of the Consequences of Alienation", *Pacific Sociological Review*, Vol. 19 (1), 1976, pp. 98 – 116.

② Barry Schwartz, "Pre – Institutional vs. Situational Influence in a Correctional Community", *Journal of Criminal Law*, *Criminology*, *and Police Science*, Vol. 62 (4), 1971, pp. 532 – 542.

③ Ronald L. Akers, Norman S. Hayner and Werner Gruninger, "Homosexual and Drug Behavior in Prison: A Test of the Functional and Importation Models of the Inmate System", *Social Problems*, Vol. 21 (3), 1974, pp. 410 – 422.

④ Ronald L. Akers, "Type of Leadership in Prison: A Structural Approach to Testing the Functional and Importation Models", *The Sociological Quarterly*, Vol. 18 (3), 1977, pp. 378 – 383.

⑤ Clarence Schrag, "Leadership Among Prison Inmates", *American Sociological Review*, Vol. 19 (1), 1954, pp. 37 – 42; John Irwin and Donald R. Cressey, "Thieves, Convicts and the Inmate Culture", *Social Problems*, Vol. 10 (2), 1962, pp. 142 – 155; Daniel Glaser, *The Effectiveness of a Prison and Parole System*, Indianapolis: Bobbs – Merrill, 1964.

⑥ Victoria R. DeRosia, *Living Inside Prison Walls: Adjustment Behavior*, Westport: Praeger Publishers, 1998.

⑦ Mary F. Bosworth, *Engendering Resistance: Agency and Power in Women's Prisons*, Aldershot: Ashgate, 1999. p. 20.

相联系：入狱前的工作状态和稳定性①；社会阶层②；流动性③；与外界社会的联系④；犯人的角色类型⑤；之前的入狱记录⑥；首次被判有罪或被捕时的年龄⑦；以及被捕的次数⑧。

　　最后，综合模型相对于其他两种而言是一种更加完整和综合的模型。它综合了之前的两种模型，更加全面地解释了监狱适应的影响因素。罗斯·加乐姆巴多（Rose Giallombardo）的经典社会学研究《女性社会》（*The Society of Women*）可被认为是综合模型的完美诠释⑨。在她的书中，女子监狱社会被描述为一个角色和功能的体系，而这一体系中的价值观和态度形成于犯罪人入狱之前，并在犯罪人入狱之后持续影响着她们的行为。她尝试着强调男性犯罪人和女性犯罪人的差别，认为这一差别主要体现在两个方面：不同的"监禁之痛"的体

　　① Charles W. Thomas, "Theoretical Perspectives on Prisonization", *Journal of Criminal Law and Criminology*, Vol. 68 (1), 1977b, pp. 135 – 145.

　　② Charles W. Thomas, "Prisonization or Resocialization?: A Study of External Factors Associated with the Impact of Imprisonment", *Journal of Research in Crime and Delinquency*, 10 (13), 1973, pp. 13 – 21.

　　③ Barry Schwartz, "Pre – Institutional vs. Situational Influence in a Correctional Community", *Journal of Criminal Law*, *Criminology, and Police Science*, Vol. 62 (4), 1971, pp. 532 – 542.

　　④ Charles W. Thomas, "Prisonization or Resocialization? A Study of External Factors Associated with the Impact of Imprisonment", *Journal of Research in Crime and Delinquency*, 10 (13), 1973, pp. 13 – 21; Charles R. Tittle and Drollene P. Tittle, "Social Organization of Prisoners: An Empirical Test", *Social Forces*, Vol. 43 (2), 1964, pp. 216 – 221.

　　⑤ Ronald L. Akers, Norman S. Hayner and Werner Gruninger, "Homosexual and Drug Behavior in Prison: A Test of the Functional and Importation Models of the Inmate System", *Social Problems*, Vol. 21 (3), 1974, pp. 410 – 422; Peter G. Garabedian, "Social Roles and Processes of Socialization in the Prison Community", *Social Problems*, Vol. 11 (2), 1963, pp. 139 – 152.

　　⑥ Barry Schwartz, "Pre – Institutional vs. Situational Influence in a Correctional Community", *Journal of Criminal Law*, *Criminology, and Police Science*, Vol. 62 (4), 1971, pp. 532 – 542.

　　⑦ Barry Schwartz, "Pre – Institutional vs. Situational Influence in a Correctional Community", *Journal of Criminal Law*, *Criminology, and Police Science*, Vol. 62 (4), 1971, pp. 532 – 542; Charles W. Thomas, "Prisonization or Resocialization? A Study of External Factors Associated with the Impact of Imprisonment", *Journal of Research in Crime and Delinquency*, 10 (13), pp. 13 – 21; Charles W. Thomas, "Prisonization and its Consequences", *Sociology Focus*, Vol. 10 (1), 1977, pp. 53 – 68.

　　⑧ Barry Schwartz, "Pre – Institutional vs. Situational Influence in a Correctional Community", *Journal of Criminal Law*, *Criminology, and Police Science*, Vol. 62 (4), 1971, pp. 532 – 542.

　　⑨ Rose Giallombardo, *Society of Women: A Study of a Women's Prison*, New York: Wiley, 1966.

验以及由社会中带来的两性的不同的价值体系。查尔斯·W. 托马斯
（Charles W. Thomas）也试着在阐述犯罪人的监狱适应时将犯罪人入
狱前的个人因素和其对监狱环境的反应结合起来。他提出：犯罪人入
狱前的经历、与监狱外人士的关系以及对出狱之后生活的展望都是影
响他们监狱适应的重要因素①。

第二节　女性犯罪人

很多国家的统计数据均显示，不论文化、时间以及统计因素的不
同，"女性被捕、被起诉以及被监禁的可能性较男性少三至五倍"②。同
男性相比，女性犯罪人只占整个世界犯罪人群体的很小一部分（为
4%—5%）③。

尽管女性犯罪人的比例十分的小，她们的增长速度却很惊人，尤其
是在最近的二十年里④。正因为如此，被监禁的女性也受到了世界的极
大关注。

一　女性犯罪人概述

毫不奇怪，被监禁的女性犯罪人（无论她们来自何处）都普遍

---

① Charles W. Thomas, "Prisonization or Resocialization? A Study of External Factors Associ-ated with the Impact of Imprisonment", *Journal of Research in Crime and Delinquency*, 10 (13), 1973, pp. 13 – 21.

② Kelley Blanchette and Shelley L. Brown, *The Assessment and Treatment of Women Offenders: An Integrative Perspectives*, Chichester, West Sussex, England: John Wiley & Sons, 2006. p. 1.

③ Kelley Blanchette and Shelley L. Brown, *The Assessment and Treatment of Women Offenders: An Integrative Perspectives*, Chichester, West Sussex, England: John Wiley & Sons, 2006; Diana Medlicott, "Women in Prison", In Y. Jewkes (Ed.), *Handbook on Prisons*, Devon: Willan Publish-ing, 2007; Katherine van Wormer, *Working with Female Offenders: A Gender – Sensitive Approach*, Hoboken: John Wiley & Sons, 2010.

④ Kelley Blanchette and Shelley L. Brown, *The Assessment and Treatment of Women Offenders: An Integrative Perspectives*, Chichester, West Sussex, England: John Wiley & Sons, 2006. p. 1; Sandy Cook and Susanne Davies, "Will Anyone Ever Listen? An Introductory Note", In Sandy Cook and Sus-anne Davies (Eds.), *Harsh Punishment: International Experiences of Women Imprisonment*, Bosten: Northeastern University Press, 1999; Diana Medlicott, "Women in Prison", In Y. Jewkes (Ed.), *Handbook on Prisons*, Devon: Willan Publishing, 2007; Katherine van Wormer, *Working with Female Offenders: A Gender – Sensitive Approach*, Hoboken: John Wiley & Sons, 2010.

具有以下这些特征："贫穷、年轻、受教育程度低以及缺乏工作技能"①。坎德斯·克鲁特施尼特（Candace Kruttschnitt）和罗斯玛丽·卡特乐（Rosemary Gartner）指出，在西方社会，那些区别女性犯罪人以及一般社会中的女性成员的最显著特征都是相似的，并且在过去的几十年里是几乎不变的②。尽管这些被监禁的女性在主要的几个西方国家中均以几何倍数增长，但她们依然大多来自社会底层，并且同男性犯罪人相比拥有更多的残障、不利以及不幸的历史。

不论使用何种测量工具和标准，西方的众多研究均发现，与社会中的普通女性相比，女性犯罪人大多都具备以下几个特征③：第一，处于失业或半失业状态的、受教育程度低的以及接受社会救济的女性在女性犯罪人群体中较为常见；第二，少数族裔妇女，或者有色人种（如黑人女性或者拉丁裔女性）较白人妇女更容易遭受牢狱之灾；第三，女性犯罪人常常是单身或者是有未成年子女的妈妈；第四，相比较一般社会中的女性，女性犯罪人更易见受虐待的经历；第五，女性犯罪人更多的拥有吸毒和酗酒问题、精神健康障碍以及较高的艾滋病感染率；第六，绝大部分的女性犯罪人因为轻微罪行被捕，如偷窃、毒品问题以及窝藏赃货；只有很少的一部分女性犯罪人是因为暴力犯罪被捕④。

拥有一项或多项上述特征的女性犯罪人在想要适应监狱环境时几乎

---

① Kelley Blanchette and Shelley L. Brown, *The Assessment and Treatment of Women Offenders: An Integrative Perspectives*, Chichester, West Sussex, England: John Wiley & Sons, 2006. p. 137.

② Candace Kruttschnitt and Rosemary Gartner, "Women's Imprisonment", *Crime and Justice*, Vol. 30, 2003, pp. 1 – 81.

③ 尽管男犯也可能拥有相类似的特征，但是与男犯相比，女犯的这些特征更加突出。

④ Katherine van Wormer, *Working with Female Offenders: A Gender - Sensitive Approach*, Hoboken: John Wiley & Sons, 2010; Diana Medlicott, "Women in Prison", In Yvonne Jewkes (Ed.), *Handbook on Prisons*, Devon: Willan Publishing, 2007; Barbara Owen and Barbara Bloom, "Profiling Women Prisoners: Findings from National Surveys and a California Sample", *Prison Journal*, Vol. 75, 1995, pp. 165 – 185; Candace Kruttschnitt and Rosemary Gartner, "Women's Imprisonment", *Crime and Justice*, Vol. 30, 2003, pp. 1 – 81.

一定会与监狱的规章制度产生冲突①。因为多数的监狱并未提供给女性犯罪人足够的帮助来治疗和解决她们的生理和心理问题，这就导致了她们不仅是施害者也同时成为受害者②。并且，相较于男性犯罪人，她们更加的无助和难以适应监狱的环境。

二　女性犯罪人适应监狱生活的经典研究

关于女性犯罪人适应监狱生活的研究最初开始于 20 世纪 50 年代的经典监狱社会学研究以及在随后 20 世纪 60 年代大规模的关于女子监狱的调查③。如前文所述，关于监狱的适应性研究可以追溯至多纳德·克莱默在 20 世纪 40 年代所做的研究。不过，大多数的早期研究只是局限在美国的最高监禁等级男子监狱中进行的。对女性犯罪人的研究开始得较晚，因此体系化的研究相对而言也比较缺乏。

多位学者的研究证据④，显示"男性犯罪人倾向于组成一个统一的共生的结构，在这一结构下他们共享一个规范化的体系，而该体系成为当前监狱亚文化（prison code）⑤的缩影"⑥。不过，女性犯罪人的情况

① Candace Kruttschnitt and Rosemary Gartner, "Women's Imprisonment", *Crime and Justice*, Vol. 30, 2003, pp. 1 – 81.

② Mary F. Bosworth, *Engendering Resistance: Agency and Power in Women's Prisons*, Aldershot: Ashgate, 1999.

③ Candace Kruttschnitt and Rosemary Gartner, "Women's Imprisonment", *Crime and Justice*, Vol. 30, 2003, pp. 1 – 81.

④ Donald Clemmer, *The Prison Community*, New York: Holt, Rinehart and Winston, 1966; Peter G. Garabedian, "Social Roles and Processes of Socialization in the Prison Community", *Social Problems*, Vol. 11 (2), 1963, pp. 139 – 152; Clarence Schrag, "Leadership Among Prison Inmates", *American Sociological Review*, Vol. 19 (1), 1954, pp. 37 – 42; Clarence Schrag, "Some Foundations for a Theory of Correction", In Donald Ray Cressey (Ed.), *The Prison: Studies in Institutional Organization and Change*. New York: Holt, Rinehart and Winston, 1961; Gresham M. Sykes, *The Society of Captives: A Study of a Maximum Security Prison*, Princeton, NJ: Princeton University Press, 1958; Gresham M. Sykes and Sheldon L. Messinger, "The Inmate Social System", *Theoretical Studies in Social Organization of the Prison*, Social Science Research Council Pamphlet, Vol. 15, 1960, pp. 5 – 19; Steve Wheeler, "Socialization in Correctional Communities", *American Sociological Review*, Vol. 26 (5), 1961, pp. 697 –712.

⑤ 监狱亚文化特指犯人为了对抗监狱强制压迫性环境而自发形成的一种亚文化。在这一亚文化中，犯人共享一套自发形成的行为准则和价值观。

⑥ Charles R. Tittle, "Inmate Organization: Sex Differentiation and the Influence of Criminal Subcultures", *American Sociological Review*, Vol. 34 (4), 1969, p. 492.

却完全不同，根据前人的研究①，她们"既不是统一的集体亦非孤立的个人"，相反，她们倾向于"组成拥有亲密关系的初级群体，通常包括同性恋的接触以及类似家庭的关系"②。总结来看，查尔斯·R. 泰特（Charles R. Tittle）认为女性的初级群体关系以及男性的共生关系并非是完全不相容的，而是相似的存在于两性之间的两种不同的形式③。

戴维·A. 沃德（David A. Ward）和吉尼·卡森鲍姆（Gene Kassenbaum）曾尝试研究女犯和测量她们与监狱亚文化之间的关系④。依据他们的研究发现，斯蒂夫·威乐的关于监狱化的 U 形曲线⑤并未明显地存在于女性犯罪人的世界中。监狱亚文化在女性犯罪人的生活里并不像它在男性犯罪人的生活里体现得那么明显。在他们的结论中，"女性犯罪人对监狱生活的应对并非仅仅是对剥夺的反应，还包括她们对犯罪亚文化的内化程度和其女性的特征"⑥。

罗斯·加乐姆巴多的作品应该称得上是最早关于女性犯罪人的系统化研究。正如前文所述，作者使用在关于男性犯罪人研究中的发现作为其研究的基准，而关注于对比女性犯罪人群体与之前的关于男性犯罪人的研究结果有什么不同⑦。她描述了奥德森监狱中女性服刑人员的监禁经历和监狱适应状况，以及影响适应的因素。她的研究在很大程度上得

---

① Rose Giallombardo, *Society of Women: A Study of a Women's Prison*, New York: Wiley, 1966; Seymourl Halleck and Marvin Hersko, "Homosexual Behavior in a Correctional Institution for Adolesent Girls", *American Journal of Orthopsychiatry*, Vol. 32, 1962, pp. 911 – 917; Sara Harris, *Hellhole*, New York: E. P. Dutton and Company, 1967; Sidney Kosofsky and Albert Ellis, "Illegal Communication among Institutionalized Femal Delinquents", *Journal of Social Psychology*, Vol. 48, 1958, pp. 155 – 160; David A. Ward and Gene G. Kassebaum, *Women's Prison: Sex and Social Structure*, Chicago: Aldine Publishing Company, 1965.

② Charles R. Tittle, "Inmate Organization: Sex Differentiation and the Influence of Criminal Subcultures", *American Sociological Review*, Vol. 34 (4), 1969, p. 492.

③ Ibid. , pp. 492 – 505.

④ David A. Ward and Gene G. Kassebaum, *Women's Prison: Sex and Social Structure*, Chicago: Aldine Publishing Company, 1965.

⑤ Steve Wheeler, "Socialization in Correctional Communities", *American Sociological Review*, Vol. 26 (5), 1961, pp. 697 – 712.

⑥ Timothy F. Hartnagel and Mary Ellen Gillan, "Female Prisoners and the Inmate Code", *The Pacific Sociological Review*, Vol. 23 (1), 1980, pp. 87 – 88.

⑦ Rose Giallombardo, *Society of Women: A Study of a Women's Prison*, New York: Wiley, 1966.

出了与沃德和卡森鲍姆的研究相似的结论①。女性服刑人员群体里的隐形角色是多种多样的，但是却大多与性或者家庭关系有关，属于初级群体范畴。特别是，她提到女性服刑人员希望通过创建与其在社会中的身份相类似的角色来应对监狱这一让人苦恼的环境。

　　之后，艾斯塔·海夫纳（Esther Heffernan）也试图使用威乐关于监狱化的测试来研究女性犯罪人的改造状况②。作为一个女权主义者，她驳斥了多纳德·克莱默和格兰萨姆·M. 萨克斯的关于监狱适应的剥夺模型③，而认为约翰·艾文（John Irwin）和多纳德·R. 科瑞赛（Donald R. Cressey）的导入模型④更具解释力。艾斯塔·海夫纳强调女性犯罪人通常是采取以下三种方式之一来度过她们的服刑时间的："刻板拘谨者"，即非常拘泥于传统习俗的人；"冷酷者"，即那些精于世故的以及知道如何巧妙地利用自己的长处生活于监狱环境里的人；"生涯者"，即个性受到自己犯罪经历（如卖淫、盗窃等）强烈影响的人⑤。尽管她的研究包括了大量的描述女性服刑人员亲密关系的内容，我们依然能从中发现，很明显的，女性犯罪人对监狱生活的适应状况并非完全决定于其传统的性别角色和监狱环境。艾斯塔·海夫纳认为，除了那些尽人皆知的影响因素之外，女性在选择适应的方式时是有一定自主性的，并且以一种积极地、反思的姿态在影响着这些适应方式。

　　在一项和男性犯罪人的比较研究中，盖里·F. 金森（Gary F. Jensen）发现女性犯罪人关于监禁阶段和群体接触的类型和之前威乐的关于男性犯罪人的早期研究非常类似⑥。此外，笔者还发现监禁阶段和对

---

　　①　David A. Ward and Gene G. Kassebaum, *Women's Prison: Sex and Social Structure*, Chicago: Aldine Publishing Company, 1965

　　②　Esther Heffernan, *Making it in Prison: The Square, the Cool, and the Life*, New York: John Wiley, 1972.

　　③　Donald Clemmer, *The Prison Community*, New York: Holt, Rinehart and Winston, 1966; Gresham M. Sykes, *The Society of Captives: A Study of a Maximum Security Prison*, Princeton, NJ: Princeton University Press, 1958.

　　④　John Irwin and Donald R. Cressey, "Thieves, Convicts and the Inmate Culture", *Social Problems*, Vol. 10 (2), 1962, pp. 142 – 155.

　　⑤　Candace Kruttschnitt and Rosemary Gartner, "Women's Imprisonment", *Crime and Justice*, Vol. 30, 2003, pp. 1 – 81.

　　⑥　Gary F. Jensen, "Perspectives on Inmate Culture: A Study of Women in Prison", *Social Forces*, Vol. 54 (3), 1976, pp. 590 – 603.

于监狱亚文化的认同之间的关系变化在不同的犯罪人群体中是很不一样的。对于女性犯罪人来说，背景因素比监狱环境因素对其监狱适应状况的影响更大。

两位加拿大研究者提摩斯·F. 哈特那吉尔（Timothy F. Hartnagel）和玛丽·E. 基兰（Mary E. Gillan）在测量了剥夺模型和导入模型对女性犯罪人监狱生活的解释力时得出了类似的结论①。他们发现，尽管两种模型相结合是最好的解释女性犯罪人监狱适应的方法，但是导入模型的解释力明显更强一些。

阿莱卡·曼达拉卡－谢帕德（Aleka Mandaraka－Sheppard）在调查了位于英格兰的六个女子监狱之后，总结了女性犯罪人监狱适应的九个部分②。其中，最基本的部分包括仪式化的对监狱规则的遵从、心理撤离、与有限的狱友交朋友等。研究者也试着将对监狱机构的适应和对犯罪人群体或者说犯罪人亚文化的适应分开来研究，以期寻找出犯罪人的态度和实际行为之间的联系。

帕米拉·鲍德温（Pamela Baldwin）则指出，男性犯罪人和女性犯罪人在他们适应监狱环境时的主要差别在于：在监狱中持久存在的对于暴力的反抗③。女性犯罪人较少卷入暴力事件中，因为这通常被认为是一个"男性占主要地位的活动"④。同曼达拉卡－谢帕德的研究结果⑤类似，鲍德温也认为出现这一现象的主要原因在于女性犯罪人在监狱里多采取个人化的方式来应对监狱环境，较少组成如同男性犯罪人一样的非正式群体。因此，男性犯罪人群体里常见的集体暴力事件在女性犯罪人群体中很难见到。大多女性犯罪人触犯监狱规则只是源于自发行为，而非有组织的活动。

---

① Timothy F. Hartnagel and Mary E. Gillan, "Female Prisoners and the Inmate Code", *The Pacific Sociological Review*, Vol. 23 (1), 1980, pp. 85 – 104.

② Aleka Mandaraka – Sheppard, *The Dynamics of Aggression in Women's Prisons in England*, Aldershot: Gower Press, 1986.

③ Pamela Baldwin, "Women in Prison", In Simon Backett, John McNeill and Alex Yellowlees (Eds.), *Imprisonment Today: Current Issues in the Prison Debate*, London: Macmillan Press, 1998.

④ Ibid., p. 59.

⑤ Aleka Mandaraka – Sheppard, *The Dynamics of Aggression in Women's Prisons in England*, Aldershot: Gower Press, 1986.

三　两个较新的研究取向

自经典研究之后，关于女性犯罪人监狱适应的研究主要分为两个方向：其一是一直备受学者关注的女性服刑人员间的亲密关系问题；其二是女性犯罪人的监狱化状况，这在一定范围内也引起了学者关于性别议题的争论。

首先，关于女性服刑人员间亲密关系的研究大多和她们在监狱中的性关系有关。女性犯罪人在监禁之后被剥夺了其正常的与异性的性关系，而这被视为是女性获得情感亲密关系的特殊需求①。最早的一批关于此议题的研究可以追溯至20世纪早期②；它们大多描绘了女性服刑人的同性性关系以及监狱家庭结构关系的建立。同时，这些研究也承认监禁所带来的剥夺感是造成这些关系得以产生的重要原因③。近期的研究则尝试分别从监狱环境和个人因素这两个方面来解释女性服刑人在狱中的性关系状况④。

其次，与男性相比，女性比较愿意与他人建立起类似家庭的亲密关系⑤。在监狱中，她们并非做出最大的努力去维持其与外界亲人的联系，而是大多选择采用模拟家庭成员角色的形式在监狱中与其他服刑犯罪人一起共同组成一个类似家庭的关系⑥。在发展和证明了罗斯·加乐

---

① Candace Kruttschnitt and Rosemary Gartner, "Women's Imprisonment", *Crime and Justice*, Vol. 30, 2003, pp. 1 – 81.

② Ibid. .

③ Seymourl Halleck and Marvin Hersko, "Homosexual Behavior in a Correctional Institution for Adolesent Girls", *American Journal of Orthopsychiatry*, Vol. 32, 1962, pp. 911 – 917; Margaret Otis, "A Perversion Not Commonly Noted", *Journal of Abnormal Psychology*, Vol. 8, 1913, pp. 113 – 116; Lowell S. Selling, "The Pseudo – family", *American Journal of Sociology*, Vol. 37, 1931, pp. 247 – 253.

④ Elaine Genders and Elaine Player, "Women Lifers: Assessing the Experience", *Prison Journal*, Vol. 80, 1990, pp. 46 – 57; Barbara Owen, *In the Mix: Struggle and Survival in a Women's Prison*, Albany: State University of New York Press, 1998.

⑤ Russell P. Dobash, Emerson R. Dobash and Sue Gutteridge, *The Imprisonment of Women*, Oxford: Basil Blackwell, 1986; Katherine van Wormer, *Working with Female Offenders: A Gender – Sensitive Approach*, Hoboken: John Wiley & Sons, 2010.

⑥ Katherine van Wormer, *Working with Female Offenders: A Gender – Sensitive Approach*, Hoboken: John Wiley & Sons, 2010.

姆巴多的关于女性服刑人群体中存在的"类家庭"纽带的结论①的基础
上，凯瑟琳·凡－沃姆（Katherine Van Wormer）在其关于女子监狱的
研究中进一步阐述了这种类似家庭成员间的亲密关系②。芭芭拉·欧文
（Barbara Owen）也指出，同男性服刑人的帮派文化相比，女性更愿意
接受新的和年轻的服刑者成为她们"家庭"里的一员③。在凯瑟琳·
凡－沃姆的一项最新的研究中，她指出女性服刑人的"家庭"现在依
然存在于女子监狱之中④。

　　而女性犯罪人适应性研究的第二个方向，是探讨传统的关于男性犯
罪人适应监狱生活的研究的几个方面（如监狱化、犯人集群、与监狱
管理方的对抗等）在何种程度上适应于关于女性犯罪人的研究。在此
维度之下，女性犯罪人在何种程度上与男性相似或不同成为各位研究者
关注的焦点。这些研究通常倾向于将男性犯罪人的行为和反应作为常
态，而将女性的行为和反应作为对常态的"偏离"⑤。所以，这并不是
简单的关于两个群体的对比，而是带有了某些性别的议题在其中。并
且，从理论框架以及研究角度来说，这些研究并没有什么新意，它们大
多依然使用剥夺理论和导入理论来搭建其理论框架，只不过将研究对象
由男性换成了女性。总的来说，这些研究同时承认这两种模型的结
论⑥，尽管其中的一些展现了服刑人对于监狱环境理解的性别差异。

四　关于女性犯罪人监狱适应质量的研究

　　更加新近的研究开始摒弃讨论"模型"的传统套路，而倾向于探

①　Rose Giallombardo, *Society of Women: A Study of a Women's Prison*, New York: Wiley, 1966.

②　Katherine Van Wormer, *Sex – Role Behavior in A Women's Prison: An Ethnological Analysis*, San Francisco: R&E Research Associates, 1979.

③　Barbara Owen, *In the Mix: Struggle and Survival in a Women's Prison*, Albany: State University of New York Press, 1998.

④　Katherine van Wormer, *Working with Female Offenders: A Gender – Sensitive Approach*, Hoboken: John Wiley & Sons, 2010.

⑤　Candace Kruttschnitt and Rosemary Gartner, "Women's Imprisonment", *Crime and Justice*, Vol. 30, 2003, pp. 1 – 81.

⑥　Timothy F. Hartnagel and Mary E. Gillan, "Female Prisoners and the Inmate Code", *The Pacific Sociological Review*, Vol. 23（1）, 1980, pp. 85 – 104.

讨女性服刑人"应对"监禁生活的个人策略。根据阿里森·赖柏林
（Alison Liebling）的定义，"应对"意指"一种想法和行为的结合
物"①；"个人的应对风格和能力会随着时间而改变"；"应对也可被视
作情绪的调整"②。尽管这些研究大多是心理学而非社会学取向的，它
们却在一个重要的层面上延续了研究监禁的宏观社会学视角——即测量
个人因素、环境因素以及两者的交互作用对监狱适应的影响力③。从广
义上来说，这些研究的不同方向可以被认为是测量服刑人员监狱适应质
量的指标；其中，以下的四个方面最为重要——违规行为、自残和自
杀、精神健康问题以及对监狱活动的参与程度。

　　违规行为指的是"在狱中任何服刑人有可能遭受管制或惩罚的行
为"④。违规行为的范围很广，包括"不能遵守监狱的规则、违反监
狱纪律、盗窃财务、毁坏设施、滋事、同性恋行为、对监狱管理人员
不恭、拥有违禁品或武器以及逃跑"⑤。维克多利亚·R. 德罗沙
（Victoria R. DeRosia）总结了关于监狱违规行为的研究后认为，"年
轻人、黑人（尤其易卷入性侵犯事件）、单身未婚者、药物滥用者、
男性、失业或半失业者、刚入狱的暴力青年犯以及刑期较短的犯人较
易出现违规行为"⑥。生活在监狱环境里，年龄的增长和对环境的适
应将大大降低违规行为发生的概率。并且，那些在外界社会中适应得
很好的人通常在监狱中也很少犯错⑦。不过，需要注意的是，维克多
利亚·R. 德罗沙的研究几乎只是基于美国社会的，因此也许并不适
合解释其他国家和文化中的服刑人的情况。如果专注于女性服刑人，

---

① Alison Liebling, "Prisoner Suicide and Prisoner Coping", In M. Tonry & J. Petersilia
(Eds.), *Prisons*, Chicago: University of Chicago Press, 1999.

② Ibid., p. 312.

③ Candace Kruttschnitt and Rosemary Gartner, "Women's Imprisonment", *Crime and Justice*,
Vol. 30, 2003, pp. 1 – 81.

④ Ibid., p. 32.

⑤ Candace Kruttschnitt and Rosemary Gartner, "Women's Imprisonment", *Crime and Justice*,
Vol. 30, 2003, p. 32; Dorothy S. McClellan, "Disciplinarity in the Discipline of Male and Female
Inmates in Texas Prisons", *Women and Criminal Justice*, Vol. 5, 1994, pp. 71 – 79.

⑥ Victoria R. DeRosia, *Living Inside Prison Walls: Adjustment Behavior*, Westport: Praeger
Publishers, 1998. p. 32.

⑦ Ibid..

之前的研究并没有一致的关于此性别差异的论述。有些研究表明女性服刑人比男性更容易违反监狱规章[1]，而另一些研究则恰恰得出了相反的结论[2]。一项最近的研究综合比较了男性服刑者和女性服刑者的监狱适应状况。作者使用月平均监狱规则违反率作为衡量社会支持对男女性服刑者监狱生活的影响。结论显示"女性服刑者需要更多的社会支持"[3]，并且对于女性来说，年龄、犯罪历史以及刑期都是影响其监狱违规行为的重要因素。

　　自残和自杀是指诸如自我切割、上吊等可能导致自身肉体损害或死亡的行为[4]。毫无疑问，自残或企图自杀被认为是反映监狱适应不良状态的最重要指标。自残和自杀被认为与以下指标有重要的关系：年龄、种族、性别、婚姻状况、受教育程度以及犯罪类型。年轻的、白色人种的、未婚的、受教育程度低下的、拥有精神疾病史的以及易受性侵害的犯罪人群体比较容易有自残或自杀行为倾向[5]。具体到性别差异，不同的学者拥有不同的看法：维克多利亚·R. 德罗沙认为，男性犯罪人较易出现自残和自杀问题[6]；而坎德斯·克鲁特施尼特和罗斯玛丽·卡特乐则提出，经过总结前人的若干研究[7]，正如普通社会中的状况一样，

---

①　Amy Craddock, "A Comparative Study of Male and Female Prison Misconduct Careers", *Prison Journal*, Vol. 76, 1996, pp. 60 – 80; Ann Goetting and Roy Michael Howsen, "Women in Prison: A Profile", *Prison Journal*, Vol. 63, 1983, pp. 27 – 46.

②　Charles Lindquist, "Prison Discipline and the Female Offender", *Journal of Offender Counseling, Services and Rehabilitation*, Vol. 4, 1980, pp. 305 – 319; Dorothy S. McClellan, "Disciplinarity in the Discipline of Male and Female Inmates in Texas Prisons", *Women and Criminal Justice*, Vol. 5, 1994, pp. 71 – 79.

③　Shanhe Jiang and L. Thomas Winfree Jr., "Social Support, Gender, and Inmate Adjustment to Prison Life: Insights from a national Sample", *The Prison Journal*, Vol. 86 (1), 2006, p. 32.

④　Hans Toch, *Mosaic of Despair: Human Breakdowns in Prison* (Rev. ed.), Washington, DC: American Psychological Association, 1992.

⑤　Victoria R. DeRosia, *Living Inside Prison Walls: Adjustment Behavior*, Westport: Praeger Publishers, 1998. p. 32.

⑥　Ibid..

⑦　Enda Dooley, "Unnatural Deaths in Prison", *British Journal of Criminology*, Vol. 30, 1990, pp. 229 – 234; Alison Liebling, *Suicides in Prison*, London: Routledge, 1992; Nicola Singleton, Howard Meltzer and Rebecca Gatward, *Psychiatric Morbidity among Prisoners in England and Wales*, ISBN 011 – 6210 – 45, London: National Statistics Office, 1998.

女性犯罪人比男性更易自残和自杀①。

　　服刑人的精神健康问题大多是由心理学家而非社会学家关注的。有很多学者对前人所做的关于监禁问题的心理学研究做了综述，比如李·巴斯特尔（Lee Bukstel）和彼得·科曼（Peter Kilmann）②、艾德沃·赞博（Edward Zamble）和弗兰克·波普瑞那（Frank Porporino）③、凯文·莱特（Kevin Wright）和琳·顾德斯德恩（Lynne Goodstein）④。在回顾了前人的研究之后，这些综述的结论都显示犯罪人对监禁生活的回应是由复杂的因素影响的，并没有什么一致性。不过，值得注意的是，那些在入狱前曾经有过精神健康问题的犯罪人比较容易在服刑期间产生精神问题和反社会行为。尤其是那些曾经接受过精神病治疗的犯罪人在狱中较常见严重的心理疾病和心理障碍⑤。还有一点值得关注的是，易患严重精神疾病的犯罪人通常是那些被关在较为严格、封闭的监狱环境中的第一次犯罪的年轻人⑥。在性别差异方面，多数前人的研究均显示女性犯罪人较易患精神疾病⑦。

　　如果说以上三个方面都是关于监狱适应的负向指标的话，那么对监狱活动的参与程度可说是一项正向指标。依据诸多学者的研究，愿意参

　　①　Candace Kruttschnitt and Rosemary Gartner, "Women's Imprisonment", *Crime and Justice*, Vol. 30, 2003, pp. 1 –81.

　　②　Lee Bukstel and Peter Kilmann, "Psychological Effects of Imprisonment on Confined Individuals", *Psychological Bulletin*, Vol. 88, 1980, pp. 469 –493.

　　③　Edward Zamble and Frank Porporino, *Coping, Behavior, and Adaptation in Prison Inmates*, New York: Springer – Verlag, 1988.

　　④　Kevin Wright and Lynne Goodstein, "Correctional Environments", In Lynne Goodstein and Doris L. MacKenzie (Eds.), *The American Prison, Issues in Research and Policy*, New York: Plenum Press, 1989.

　　⑤　Hans Toch and Kenneth Adams, *Coping: Maladaptation in Prisons*, New Brunswick, NJ: Transaction Publishers, 1989.

　　⑥　Jennifer L. Boothby and Thomas W. Durham, "Screening for Depression in Prisoners Using the Beck Depression Inventory", *Criminal Justice and Behavior*, Vol. 26, 1999, pp. 107 –124; Dorothy S. McClellan, David Farabee and Ben M. Crouch, "Early Victimization, Drug Use, and Criminality: A Comparison of Male and Female Prisoners", *Criminal Justice and Behavior*, Vol. 24, 1997, pp. 455 –476.

　　⑦　Jennifer L. Boothby and T. W. Durham, "Screening for Depression in Prisoners Using the Beck Depression Inventory", *Criminal Justice and Behavior*, Vol. 26, 1999, pp. 107 – 124; Nicola Singleton, Howard Meltzer and Rebecca Gatward, *Psychiatric Morbidity among Prisoners in England and Wales*, *ISBN* 011 – 6210 – 45, London: National Statistics Office, 1998.

加监狱活动（如监狱劳动、教育项目以及其他的治疗类项目）的服刑人通常较少出现适应困难的状况。尤其是女性服刑人和受过良好教育的服刑人这一点尤其显著[①]。

第三节　批判性反思和理论框架

一　批判性反思

简单说来，除了极少数的例外，人们对女性服刑人的监狱适应状况的认识仍然局限在其性别因素以及在何种程度上与男性的情况相类似的范围内[②]。研究显示，相较于男性服刑人，女性倾注了很多的热情在亲密关系和初级群体的建立上，以及多数采取个体的而非集体的方式来面对监狱管理方；然而，我们对于女性服刑人生活的其他方面的认识依然是欠缺的。并且，关于女性服刑人的研究常常给我们以"关于男性服刑人研究的注脚"这样的印象[③]，因为大多数这类研究都是以女性服刑人在何种程度上与男性相似作为阐述的出发点的。

事实上，女性并非某种"与男性类似而有稍许不同"的生物。事实上女性和男性是完全不一样的，她们拥有自己独特的语言风格和行为

---

① Imogene Moyer, "Leadership in a Women's Prison", *Journal of Criminal Justice*, Vol. 8, 1980, pp. 233 – 241; George Roundtree and Anwar Faily, "The Impact of Educational Programs on Acts of Aggression and Rule Violations in a Female Prison Population", *Corrective and Social Psychiatry and Journal of Behavior Technology, Methods and Therapy*, Vol. 26, 1980, pp. 144 – 145; Rob I. Mawby, "Women in Prison: A British Study", *Crime and Delinquency*, Vol. 28, 1982, pp. 24 – 39; Timothy Flanagan, Timothy Thornberry, Kathleen Maguire and Edmund McGarrell, *The Effect of Prison Industry Employment on Offender Behavior: Final Report of the Prison Industry Research Project*, Albany, NY: The Hindelang Criminal Justice Reserch Center, University of New York at Albany, 1998; Kathleen Maguire, *The Effects of Prison Industry Participation on Inmate Institutional Adjustment*, Unpublished Phd Dissertation, State University of New York, Albany, NY., 1989.

② Candace Kruttschnitt and Rosemary Gartner, "Women's Imprisonment", *Crime and Justice*, Vol. 30, 2003, pp. 1 – 81.

③ Pamela Baldwin, "Women in Prison", In Simon Backett, John McNeill and Alex Yellowlees (Eds.), *Imprisonment Today: Current Issues in the Prison Debate*, London: Macmillan Press, 1998; Pat Carlen and Anne Worrall, *Analysing Women's Imprisonment*, Cullompton, Devon: Willan, 2004; Timothy F. Hartnagel and Mary E. Gillan, "Female Prisoners and the Inmate Code", *The Pacific Sociological Review*, Vol. 23 (1), 1980, pp. 85 – 104; Gary F. Jensen, "Perspectives on Inmate Culture: A Study of Women in Prison", *Social Forces*, Vol. 54 (3), 1976, pp. 590 – 603.

模式。在笔者看来，我们应该以一种打破传统的全新的眼光来看待女性犯罪人的监狱适应。因此，我们需要做的事是将女性服刑人作为一个独立的群体来研究，而不是与男性服刑人相比较。这也就是本书希望达到的目标之一。

在研究女性服刑人时，传统的研究者一般采取三大模型来搭建研究的理论框架，这就和研究男性时一样。而最近的研究者则逐渐采取了"放弃模型"的姿态，转而关注女性服刑人的个人适应策略。不过，我们可以很容易地发现这些策略性议题基本上都是个人层面的，比方说自残、自杀、精神问题以及监狱规则的违反等。而那些由监狱环境和服刑人员群体特征的变化所带来的适应性问题却大都未曾被涉及。虽然说受虐史和精神障碍史较常见于以上各部分关于服刑人员适应障碍问题的探讨，前人的研究却大多只是描述性的并且忽略了监狱环境因素的影响，以及这种影响如何与服刑人的自身特点相结合而导致了监狱适应失败的结果。因此，这也是本书可能的探讨方向之一。

此外，依据前人对服刑人监狱适应状况的研究，那些有着适应障碍的服刑人通常也是那些在大众教育、家庭生活、工作以及人际关系方面的失败者，或者是存在药物滥用等问题的人①。在一定程度上，这表明监狱环境是社会大环境的缩小版，就如同导入理论所描述的那样。不过，那些适应良好的服刑人是如何适应监狱环境的呢？他们有什么共同点吗？这些我们却未从可知。在笔者看来，这也是本书值得关注之处。

并且，在现有的文献中罕见关于服刑人之间的人际关系的讨论。在第二章第二节第四部分里所有提到的关于服刑人监狱适应质量的研究都是个人取向的，而并没有涉及人与人的关系问题。事实上，监狱也是一个小"社会"，与他人相处也可以算得上是很重要的监狱适应的一个方面。尤其在中国这样一个重视人际关系的国家，人与人之间的交往在服

---

① Victoria R. DeRosia, *Living Inside Prison Walls*: *Adjustment Behavior*, Westport: Praeger Publishers, 1998; Candace Kruttschnitt and Rosemary Gartner, "Women's Imprisonment", *Crime and Justice*, Vol. 30, 2003, pp. 1–81; Hans Toch and Kenneth Adams, *Coping*: *Maladaptation in Prisons*, New Brunswick, NJ: Transaction Publishers, 1989; John Wilkins and Jeremy W. Coid, "Self-mutilation in female remanded prisoners I: An indicator of severe psychopathology", *Criminal Behavior and Mental Health*, Vol. 1, 1991, pp. 246–267.

刑人的生活中应该占有非常重要的地位。因此,本书也希望着重强调这一方面。

最后,在笔者看来,"适应监狱生活"应该包括两个维度的内容:一个是适应监狱的制度环境;另一个是适应犯罪人群体或犯罪人亚文化。根据剥夺模型,监狱亚文化是服刑犯罪人为了应对监狱环境和减轻"监禁之痛"而自发形成的,并且其常常是和监狱管理方的要求相悖的[①]。在这一假设之下,这两个适应维度理论上而言应该是完全相反的。那么如何平衡这两种适应之间的关系?这是非常值得我们探讨的。曾经有学者尝试过从不同的角度阐释监狱适应。比方说,曼达拉卡 - 谢帕德就曾分别从以上两个角度探讨监狱适应的问题,并且认为这两者间并无明显的联系[②]。这一结果很容易被人们所认可,因为这两个维度是完全相反的。但是,前人的研究却鲜见有关于如何平衡两者间关系的讨论。笔者相信,研究那些在两方面都适应得很好的服刑人将是一个非常有趣的研究焦点,非常适合研究两种适应间的平衡性。

二 理论框架

在对已有研究的反思的基础上,本书旨在使用剥夺模型和导入模型相结合的方式分析中国的女性犯罪人的监狱适应状况,且这一适应同时包括对监狱制度环境的适应和对犯罪人亚文化的适应两部分。

剥夺模型预言监狱环境因素将对服刑人的监狱适应有重要影响;而导入模型则认为服刑人的犯罪历史和个人性格特征是其狱中行为的决定性因素。当然,在研究服刑人的监狱适应时,最好的方法就是将这两种模型有机地结合起来。所以,在本书中,为了充分考察环境因素和个人背景因素两个方面,笔者也是选择在这两个理论的基础上建立理论模型(见图2—1)。当然,除了将女性服刑人看作独立的存在而非与男性相似的"附属物"这一研究立场之外,本书还希望在更广泛的社会背景之下来分析女性服刑人的生活。此处,"社会背景"有两个特殊的含

---

① Gresham M. Sykes, *The Society of Captives: A Study of a Maximum Security Prison*, Princeton, NJ: Princeton University Press, 1958.

② Aleka Mandaraka – Sheppard, *The Dynamics of Aggression in Women's Prisons in England*, Aldershot: Gower Press, 1986.

义：首先，笔者希望将监狱环境视作一个包含着规则与反抗、狱警与服刑人间权力不平等的权力场；其次，在讨论中国女性服刑人的监狱生活时，笔者将引入一个新的概念——关系，以显示"人际关系"在中国监狱中的重要性。以下两小节便是对这两种想法的具体阐述。

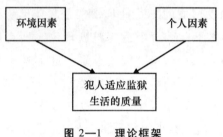

图 2—1　理论框架

（一）监狱：一个权力场

回顾犯罪学和社会学关于监狱和服刑人的研究文献，我们可以很清楚地发现，关于权力的讨论始终占据着无可回避的地位。事实上，监狱一贯被视作一个权力场。

在社会学中，"权力是社会分层领域中的重要概念"[1]。马克斯·韦伯在他的大作《政治社会中的权力分配：阶级、地位、党派》[2] 中提到，权力意味着"在一定社会关系里哪怕是遇到反对也能贯彻自己意志的任何机会"[3]。马克斯·韦伯将权力视作社会分层的核心概念，并以此为基础建立了阶级和地位的概念，以及权力的三个主要维度。阶级，在广义层次上，是经济权力分配的结果；支配包含了权威权力的区分。权力分配的不公带来了生活机会的不平等，也就导致了经济、社会

① John Scott and Gordon Marshall , *Dictionary of Sociology*, Oxford：Oxford University Press, 2005, p. 515.

② Max Weber, "The Distribution of Power within the Political Community：Class, Status, Party", In *Economy and Society：An Outline of Interpretative Sociology*. Berkley：University of California Press, 1919.

③ Michael Haralambos and Martin Holborn, *Sociology Themes & Perspectives* (4th ed.), Collins Educational Publishers, London, 1995, p. 501.

和政治资源获取的不平等①。

在马克斯·韦伯之后，史蒂芬·卢克斯是另一位著名的对权力做出重要解释的学者。他将马克斯·韦伯的关于权力的定义理解为不顾他人的反对而执行自己意愿的能力②。在这一定义之下，史蒂芬·卢克斯认为那些拥有权力的人是使用了别人的权力配额，因为权力的总量是恒定的。史蒂芬·卢克斯在阐述政府如何控制它的人民时，进一步将权力分成三个方面：决策权力、非决策权力以及意识形态权力。决策权力是最广泛运用的权力，它是政府在广泛咨询了反对党派和群众的基础上形成决定的权力；非决策权力指的是政府控制着日常工作安排，以及有权将公众的讨论限制在一定的范围之内；最后一个也是最重要的权力是政府的意识形态权力，这指的是政府控制了群众的思想，甚至于使他们做出违背自己原本意愿和兴趣的决定。

在很多方面，史蒂芬·卢克斯的著作③，尤其是他关于权力的三方面的讨论可以说启发了米歇尔·福柯关于权力的研究，并且可以被视作是对其权力观的一个很好的介绍。米歇尔·福柯将权力更多地看作一种影响着他人或其他行动的方式，而非仅仅是一种人与人之间的关系。权力的核心是对象化的过程模式。通过这种模式，人们将自己变成受控制的主体，作为身份创造与维持的思想格式化过程的一部分④。事实上，关于监狱中权力的研究起源于米歇尔·福柯 1977 年的作品——《规训与惩罚》。根据米歇尔·福柯的观点，监狱中的权力不仅仅表现在监狱规章和纪律的制定，而是对服刑人行为的重塑和监狱文化的建立。正如他在书中所述：

　　规训权力的主要功能是"训练"，而不是挑选和征用，更确切地说，是为了更好地挑选和征用而训练。它不是为了减弱各种力量

---

　　①　John Scott and Gordon Marshall, *Dictionary of Sociology*, Oxford：Oxford University Press, 2005.

　　②　Steven Lukes, *Power：A Radical View*, London：Macmillan Press, 1974.

　　③　Ibid. .

　　④　Michel Foucault, "Afterward：The Subject and Power", In H. L. Dreyfus & P. Rabinow (Eds.), *Michel Foucault：Beyond Structrualism and Hermeneutics*, Chicago：University of Chicago Press, 1982, pp. 208－226.

而把它们联系起来。它用这种方式把它们结合起来是为了增强和使用它们。它不是把所有的对象变成整齐划一的芸芸众生，而是进行分析、解析、区分，其分解程序的目标是必要而充足的独立单位。它要通过"训练"把大量混杂、无用、盲目流动的肉体和力量变成多样性的个别因素——小的独立细胞、有机的自治体、原生的连续统一体、结合性片段。规训"造就"个人。这是一种把个人既视为操练对象又视为操练工具的权力的特殊技术。……规训权力的成功无以应归因于使用了简单的手段：层级监视，规范化裁决以及它们在该权力特有的程序——检查——中的组合①。

　　首先，在米歇尔·福柯看来，由于"分层的、持续的、切实的监督"，"规训权力变成一种'内在'系统"。② 尽管它针对的是个体，层级化的监视形成了一个网络。"这个网络'控制'着整体，完全覆盖着整体，并从监督者和不断被监督者之间获得权力效应。"③ 米歇尔·福柯相信，"在对纪律实行层层监督时，权力并不是一个被占有的物或一个可转让的财产。它是作为机制的一部分起作用"④。

　　其次，"在规训机构中无处不在、无时不在的无休止惩戒具有比较、区分、排列、同化、排斥的功能"，或者总的来说，"它具有规范功能"。⑤ 规训机制和传统的司法刑罚完全的不同，它隐藏着一种"规范处罚"⑥，故而并不能被划归为法律刑罚的范畴。因此，对于米歇尔·福柯来说，现行的规训机构中的惩戒模式"起源于运用这些规范化裁决新机制的规训技术"⑦。

　　最后，"检查把层级监视的技术与规范化裁决的技术结合起来"，

---

　　① ［法］米歇尔·福柯：《规训与惩罚》，刘北成译，生活·读书·新知三联书店2003年版，第193—194页。
　　② 同上书，第200页。
　　③ 同上。
　　④ 同上。
　　⑤ 同上书，第206页。
　　⑥ 同上。
　　⑦ 同上书，第207页。

"它是一种追求规范化的目光，一种能够导致定性、分类和惩罚的监视"。① 检查使得被控制的个体时刻处于"可见"的状态，这也就保证了他们永远处于权力的控制之下。此外，检查也将被控制的个体引入到了记录时间和人头的文本领域。所以，检查不仅将人至于监督之下，而且将其纳入到文件的网络之中，使其变得可见和可控。除此之外，检查还将每一个人变成一个"个案"。"这种个案同时既成为一门知识的对象，又成为一种权力的支点。"② 因此，"检查就清晰地标示了一种新的权力运行方式的出现"；"在这种方式中，每个人都获得自己的个性并以此作为自己的身份标志，他通过这种身份与表现他和使他成为'个案'的特征、计量、差距、'标志'联系起来"。③

笔者将权力的概念引入本书的探讨是因为，在监狱环境中，或者说在一个"全控机构"④ 中，通过某种规训的方式展现的权力，将在很大程度上影响服刑人的行为和想法；并且它可能会规范和再生产服刑人的生活态度。具体来说，它确认、分组和记录了犯罪人的生理、情绪、健康、个人背景和心理健康状况，并且持续地影响和监督着其日常活动⑤。除此之外，笔者还相信服刑人的行为和对监狱生活的看法受到其和狱警关系的影响，而这两个群体存在不平等的权力关系。在一个权力的背景之下查看女性服刑人的监狱生活，以及分析这"三种简单的手段"在中国文化的背景下对服刑人的监狱适应是如何起作用的。此外，迈克尔·杜顿（Michael Dutton）曾经使用了米歇尔·福柯的理论分析了中国的监狱，并且认为它能够成功地创造出驯顺的个体⑥。根据这一观点，在本书之中寻找一下其研究发现的合理性也是件很有趣的尝试。

---

① ［法］米歇尔·福柯：《规训与惩罚》，刘北成译，生活·读书·新知三联书店 2003 年版，第 208 页。

② 同上书，第 215 页。

③ 同上书，第 215—216 页。

④ Erving Goffman, *Asylums: Essays on the Social Situation of Mental Patients and Other Inmates*, Garden City, NY: Doubleday, 1961.

⑤ Jim Thomas, "Conclution: Moving Forward", In Barbara Zaitzow and Jim Thomas (Eds.), *Women in Prison: Gender and Social Control*. Boulder: Lynne Rienner Publishers, Inc., 2003a.

⑥ Michael Dutton, "Disciplinary Projects and Carceral Spread: Foucauldian Theory and Chinese Practice", *Economy and Society*, Vol. 21 (3), 1992, pp. 276–294.

（二）关系：中国社会的人际交往

关系是中国文化中的一项重要内容。正如第一章所述，它被用来描述中国人际交往中的核心动力。在西方文献中，这一中文概念的拼音形式（即 guanxi）被广泛应用，因为其相对于另外两个翻译概念（即 relationships 和 connections）而言，拼音形式更加具有说服力，也更能够保留其包含在字面意思之下的深刻而广泛的文化内涵①。

"关系"这一概念在中国人的生活中使用极其广泛且由来已久，然而其最早出现在西方文献中却还是 20 世纪 80 年代的事儿②。当时中国改革开放的大门刚刚开启，西方学者为了提醒来华做生意的西方商人知晓中国的文化传统，而在经济学的刊物中开始探讨"关系"这一概念③。在现有的西方文献中，关系普遍被理解为两人之间"特殊的联系"④。而关于何为"特殊"的解释却是多种多样的，如拥有特殊意义的纽带⑤，有持久的利益交换的朋友关系⑥，权力关系⑦，以及社会资本⑧等。当然，尽管这些解释都或多或少地从不同角度传达出了这一概念的一些内涵，它们却都不能完整地阐释它的"特殊性"。事实上，

---

① Thomas Gold, Doug Guthrie and David Wank, *Social Connections in China: Institutions, Culture and the Changing Nature of Guanxi*, Cambridge: Cambridge University Press, 2002.

② Jon Alston, "Wa, Guanxi, and Inwa: Managerial Principles in Japan, China, and Korea", *Business Horizon*, March 1989, pp. 26 – 31; Fox Butterfield, *China: Alive in Bitter Sea*, New York: Coronet Books, 1983; Lucien Pye, *Chinese Commercial Negotiating Style*, Cambridge: Oelgeschlager, Gunnand Hain Inc, 1982.

③ Ying Fan, "Questioning Guanxi: Definition, Classification and Implications", *International Business Review*, Vol. 11 (5), 2002, pp. 543 – 561.

④ Jon Alston, "Wa, Guanxi, and Inwa: Managerial Principles in Japan, China, and Korea", *Business Horizon*, March 1989, pp. 26 – 31.

⑤ J. Bruce Jacobs, "A Preliminary Model of Particularistic Ties in Chinese Political Alliances: Kan – chi' ing and Kuan – hsi in a Rural Taiwanese Township", *The China Quarterly*, Vol. 79, 1979, pp. 237 – 273.

⑥ Lucian W. Pye, *Chinese Commercial Negotiating Style*, Cambridge: Oelgeschlager, Gunnand Hain Inc, 1982.

⑦ Thomas B. Gold, "After Comradeship: Personal Relations in China since the Cultural Revolution", *The China Quarterly*, Vol. 104, 1985, pp. 657 – 675; Gregory E. Osland, "Doing Business in China: A Framework for Cross – Cultural Understanding", *Marketing Intelligence and Planning*, Vol. 8 (4), 1990, pp. 4 – 14.

⑧ Thomas B. Gold, Doug Guthrie and David Wank, *Social Connections in China: Institutions, Culture and the Changing Nature of Guanxi*, Cambridge: Cambridge University Press, 2002.

"关系"是一个很复杂的概念，即使是中国人自己也不一定能用简单的语句将它的完整含义说明白；所谓的"只可意会不可言传"说的就是这个道理。当然，也有学者在一个非常全面的角度给"关系"做了一个定义：关系包含了五个维度的内容——联系、结合、交换、资源以及过程①。

　　不过，为了在本书中为"关系"这一概念赋予一个清晰地描述，笔者将其解释为包含有利益和权力的社会联系。这一概念在现时绝大多数文献中的使用是为了表达一种与利益相关的人际联系的意思，这既包括了经济利益，也包括社会和政治利益。而这种人际联系通常来源于扩大家庭的亲属、朋友、同学、同事以及某同一社会组织的成员等②。在关系中的双方通常在某些方面有着不平等的社会地位。这就是说一方拥有提供利益或服务上的优势地位，而另一方可以从这一关系中得到好处。关系并不是"一锤子买卖"，而是一个长久的联盟；它也不是一种一对一的状态，而常常形成一个关系网。可以说，中国人一生都生活在一个巨大的关系网络中。这种关系网四通八达，并以互惠作为维系其存在的核心因素③。总的说来，关系的核心理念在于，求别人的越多，欠别人的也越多；并且终将有一天，要将这欠了的如数甚至加倍的奉还。所以说，关系就是一个永无止境的利益的循环。

　　在认识了"关系"这一概念的复杂性和丰富内涵的基础上，笔者将其引入本书的论述中，旨在探讨中国女性犯罪人的监狱生活时发现她们之间交往的特点。在众多的西方文献中，鲜见有关犯人之间的人际交往的讨论；这也许是因为在他们的生活里，人际交往并不是最重要的。然而，在中国这一尤其重视人际关系的文化中，笔者相信在研究女性服刑者的生活时对她们的人际关系做近距离观察是十分有意义和必要的。并且，因为前文所述之诸多原因，笔者在原英文论文中使用了该概念的拼音形式而非英文翻译，以保存其微妙而独特的存在于字面意思之外的

① Ying Fan, "Questioning Guanxi: Definition, Classification and Implications", *International Business Review*, 11 (5), 2002, pp. 543–561.

② Pierre Ostrowskiand Gwen Penner, *It's All Chinese to Me: An Overview of Cuture & Etiquette in China*, North Clarendon, VT: Tuttle Publishing, 2009.

③ Ibid. .

文化内涵。

　　总的来说，在本书中笔者使用了剥夺模型和导入模型作为理论框架，对权力和关系的考察则构建了研究焦点，用以阐述女性服刑者适应监狱生活的状况和策略。以下三点就是笔者在进行课题研究和写作本书时引导思考的三大焦点（当然，在实际的资料收集与分析时，笔者并没有局限在这三点之中，而是有着很多丰富的讨论空间）：

　　第一，本书着重于研究女性服刑者在监狱中会遇到的问题以及她们的应对手段。根据剥夺模型，服刑犯罪人需要应对"监禁之痛"，即对自由、商品与服务、安全、自主性以及异性性关系的剥夺①。在这一假设之下，女性服刑者可能会有一些痛苦的经历和体验，因为她们被监禁在封闭、高压的监狱环境里，并且需要被迫面对和适应这一环境。考虑到人际关系的议题，笔者希望分别从监狱制度的层面和服刑人员相互之间关系的层面两个角度观察女性服刑者遇到问题以及解决问题的方式。所以，笔者的逻辑是，如果女性服刑人想要在监狱中生活良好，她就必须面对和解决和监狱制度环境以及和人际关系有关的各种问题。

　　第二，在本书中，女性服刑者被视作为能动的个体。此处，能动的个体指的是，女犯能够依据环境的变化和自身的特点做出自己的选择②。导入模型使笔者了解到许多服刑人入狱前的社会化因素都对其监狱行为有很大的影响。女权主义也提倡不能仅仅将女性服刑人视作被动接受的个体③。所以，在本书中，她们不会被视为被动的、只能默默接受监狱安排的人，而是被视作可以做出自己决定的人。她们被认作能够利用自己的资源（尽管是很有限的）在监狱这一权力的环境中和狱警以及其他的服刑人"谈判"的能动的个体。

　　第三，本书有兴趣将服刑人的监狱适应视为一个双重维度的适应过

　　① Gresham M. Sykes, *The Society of Captives: A Study of a Maximum Security Prison*, Princeton, NJ: Princeton University Press, 1958.

　　② Esther C. L. Goh, *Dynamics among Children and Their Multiple Caregivers: An Ethnographic Study of Childrearing in Urban Xiamen, China*, Unpublished PhD Dissertation, The University of Hong Kong, Hong Kong, 2008.

　　③ Jim Thomas, "Gender Control in Prisons: The Difference Difference Makes", In Barbara Zaitzow and Jim Thomas (Eds.), *Women in Prison: Gender and Social Control.* Boulder: Lynne Rienner Publishers, 2003b.

程。如同前文所述，监狱适应有两个维度：对制度环境的适应以及对犯罪人亚文化的适应。所以说，女性服刑人在对监狱生活的适应过程中将同时面对以上两个维度。而根据笔者的认识，这两个维度都涉及权力的议题：一是和狱警的权力关系；二是和其他服刑人的权力关系。因此，怎样和这两部分群体——狱警和其他服刑人——打交道也将成为本书重要的关注点之一。这也就是笔者所谓的在中国文化的背景下，考察和人际关系问题有关的监狱适应性状况。也就是说，在本书中，除了适应监狱的规章制度，怎样和这两个群体和睦相处也被认为是成功适应监狱生活的重要依据和指标。

第三章　方法论

本书主要通过女性服刑者自身的视角和经历来研究她们对监狱生活的适应情况，而其中的重点在于对她们所描述的情形加以诠释。为了达到这个目的，这一章将着重介绍本书的研究方法。其中，第一部分简要介绍了定性研究方法的性质。接下来的几个部分则主要包括对研究场所的描述、进入该场所的策略以及选择参与者的方法和过程等。本书的经验资料主要从半结构式访谈中获得并根据三步骤进行分析：文本化、分析和展示。在本章的最后，还介绍有诸如研究中的信任、道德和自我审视等议题。

第一节　定性研究方法

社会科学有两大研究传统——定量研究和定性研究。这两种方法在研究目的、研究过程和经验资料的收集与分析上都存在很大的不同[1]。总体上看，定量研究方法来源于实证主义，即将社会科学的研究对象类同于自然科学或者说物理学的研究对象。换句话说，定量研究方法寻求对社会现象的"客观"描述、衡量和归类，旨在运用统计方法检测不

---

[1]　H. Russell Bernard, *Social Research Methods: Qualitative and Quantitative Approaches*, Thousand Oaks, CA: Sage, 2000; Alan Bryman, "The Debate about Quantitative and Qualitative Research", In Alan Bryman and Robert G. Burgess (Eds.), *Qualitative Research* (Vol. I), London: Sage, 1999; Uwe Flick, *An Introduction to Qualitative Research* (2nd ed.), London: Sage, 2002; Christopher J. Pole and Richard Lampard, *Practical Social Investigation: Qualitative and Quantitative Methods in Social Research*, Harlow: Pearson Education Limited, 2002.

同变量间的联系从而找到因果关系①。相反，定性研究方法产生于解释
主义。解释主义旨在描述人们的经历、人们彼此间的互动以及这些互动
发生的环境②。考虑到本书的研究目标，以及对两个不同研究范式的简
单比较，笔者认为，定性研究方法较定量研究方法更加适合。

　　定性研究方法并不是社会研究的"新"方法③；只不过在定量研究
者的眼中，它仅被认为是一种"社会调查的核心探索方式"④。也就是
说，它常被定量研究者批判为"二等活动"⑤，因为在定量研究者看来，
定性研究收集到的经验材料需要通过进一步的验证，而不能成为一个研
究的终结，所以它只能用在调查的准备阶段。由于具有探索性和非结构
性的特征，定量取向的研究者始终认为"定性研究只是一种直觉的和
假设的研究方式，其所获得的结果应该需要得到定量研究的严格检
验"⑥。而定性研究的支持者却认为定性研究本身就是目的，而不仅仅
是为下一步研究所做的准备，因为它的中心目标是理解和展示行为人的
行为、思想、意义和诠释⑦。因此，它本身就具有"实用性、解释性和

---

① H. Russell Bernard, *Social Research Methods: Qualitative and Quantitative Approaches*, Thousand Oaks, CA: Sage, 2000; Christopher G. A. Bryant, *Positivism in Social Theory and Research*, London: Macmillan, 1985; Jacqueline Scott and Yu Xie, "Editor's Introduction", In Jacqueline Scott and Yu Xie (Eds.), *Quantitative Social Science* (Vol. I), London: Sage, 2005.

② Bruce L. Berg, *Qualitative Research Methods for the Social Sciences* (6th ed.), Boston: Pearson/Allyn & Bacon, 2007; Klaus Nielsen, Svend Brinkmann, Claus Elmholdt, Lene Tanggaard, Peter Musaeus and Gerda Kraft (Eds.), *A Qualitative Stance: Essays in Honor of Steinar Kvale*, Aarhus, DK: Aarhus University Press, 2008.

③ Alan Bryman and Robert G. Burgess, "Qualitative Research Methodology − − A Review", In Alan Bryman & Robert G. Burgess (Eds.), *Qualitative Research* (Vol. I), London: Sage, 1999; Deanna Hamilton, "Traditions, Preferences, and Postures in Applied Qualitative Research", In Norman K. Denzin and Yvonna S. Lincoln (Eds.), Handbook of Qualitative Research. Thousand Oaks, CA: Sage, 1994; Arthur J. Vidich and Stanford M. Lyman, "Qualitative Methods: Their History in Sociology and Anthropology", In Norman K. Denzin and Yvonna S. Lincoln (Eds.), Handbook of Qualitative Research. Thousand Oaks, CA: Sage, 1994.

④ Alan Bryman, "The Debate about Quantitative and Qualitative Research", In Alan Bryman & Robert G. Burgess (Eds.), *Qualitative Research* (Vol. I), London: Sage, 1999, p. 36.

⑤ Ibid., p. 37.

⑥ Ibid., pp. 36 – 37.

⑦ Ibid..

来源于人们生活经历”的特点①。

据格雷晨·B. 罗斯曼（Gretchen B. Rossman）和沙朗·F. 拉里斯（Sharon F. Rallis）所说，定性研究具有五大特征：（1）"研究在自然的世界里进行"；（2）"使用互动的和人性化的多重方法"；（3）"注重背景"；（4）"是显露出来的而不是仅仅有些预兆的"；（5）"基本上是解释性的"。② 由此而论，定性研究者通常采取自然而综合的态度来看待社会现象，并且对他们在研究场所中的发现作出理解性的诠释。

有鉴于此，解释在定性研究中占有非常关键的位置。定性研究者通常并不欣赏传统的定量研究者较常使用的实证主义范式，而倾向于采用解释范式。这一范式的起源最早可追溯至马克斯·韦伯和威廉·狄尔泰（Wilhem Dilthey）时期③。在这些经典理论家们看来，解释主义范式更有可能接受"自由意志"的概念，以及将人类行为视为对社会背景的主观理解和反应。它以更现实的态度，专注于人们如何在普通的社会环境中管理自己的事物和解决问题，以及如何实现这些互动。

根据定性研究方法的要旨，解释通常包括两层含义：一是参与者对自身经历的解释（即研究对象的自我诠释）；二是研究者对他/她从参与者那里听到的故事的再解释（即研究者的二次诠释）④。这就是为什么定性研究者倾向于强调价值关联而非价值中立⑤的原因。

对于研究策略而言，与采用结构式的大规模问卷调查的定量研究方法不同，定性研究往往采用的是更加自由的、无结构的、贴近参与者的研究方法。定性研究方法侧重于分析研究对象的想法和行为，并且认为可以从这些想法和行为里中提炼出有意义的解释。从定性研究者的视角

---

① Catherine Marshall and Gretchen B. Rossman, *Designing Qualitative Research* (4th ed.), Thousand Oaks, CA：Sage, 2006. p. 2.

② Gretchen B. Rossman and Sharon F. Rallis, *Learning in the Field：An Introduction to Qualitative Research* (2nd ed.), Thousand Oaks, CA：Sage, 2003. p. 8.

③ W. Lawrence Neuman, *Social Research Methods：Qualitative and Quantitative Approaches*, Boston：Allyn & Bacon, 1991.

④ Eben A Weitzman, "Software and Qualitative Research", In Norman K. Denzin and Yvonna S. Lincoln (Eds.), *Handbook of Qualitative Research* (2nd ed.), Thousand Oaks, CA：Sage, 2000, pp. 803 - 820.

⑤ 关于价值关联和价值中立的讨论可以参考马克斯·韦伯《社会科学方法论》，李秋零、田薇译，中国人民大学出版社 1999 年版。

来看，环境是很重要的；或者说，研究者也许会更加敏锐和敏感地在意研究现场的环境，因为所有他/她所看到和听到的都有可能是潜在的资料。这些研究者通常不倾向于使用前人的理论框架，因为这会限制他们的思路，甚至于引发对资料的错误解释①。

并且，与定量研究的规则化推理模式不同，定性研究倾向于采用表意化推理模式②。这两种模式间的区别代表了两类研究者在做研究时的不同目的。对于规则化的定量推理模式，研究结果应该被认为可以引出一个概括性的法条式的结果，它可以超越时间、地点并且涵盖所有场合；而表意化的定性推理模式只适用于特定的时间和场合，不能够将所得到的结论进行推广。这是因为建立在随机、大规模取样和标准化数据分析基础上的定量研究，允许研究者将研究发现推广到更广大的人群；而与之相反，定性研究通常在特殊背景下开展，并只针对相对少量的样本，因此，它的代表性和可推断性并不显著③。事实上，定性研究的目标和目的也不是将结果推论到更广大的人群，而是为了对某一社会现象进行深度的诠释。所以是否具有"代表性"和"可推断性"并非定性研究者们关心的议题。

总的来说，定性研究更有利于审视环境和参与者的活动之间的关系；以及探索人们对特定事件的解释和看法。因此，定性研究者有更大的空间和更多的机会在真实的生活背景里讲述整个故事。而这就和笔者对本书的定位非常契合，这也正是笔者选择定性研究方法的原因。

第二节　研究场所的选择

本书选择一所女子监狱 X 作为研究场所，其原因如下：首先，中国所有的监狱（不区分性别和地点）对待服刑者的原则基本是一致的

---

① Alan Bryman, "The Debate about Quantitative and Qualitative Research", In Alan Bryman & Robert G. Burgess (Eds.), *Qualitative Research* (Vol. I), London: Sage, 1999.

② Peter Halfpenny, "The Analysis of Qualitative Data", *Sociological Review*, Vol. 27 (4), 1979, pp. 799 – 825.

③ Alan Bryman, "The Debate about Quantitative and Qualitative Research", In Alan Bryman and Robert G. Burgess (Eds.), *Qualitative Research* (Vol. I), London: Sage, 1999.

（都在《中华人民共和国监狱法》的规范下工作）。因此，根据监狱所在地点的不同，它们的设施和环境可能有所差异，它们的监狱工厂的生产内容也可能有所不同，然而，作为监狱工作基础的制度安排和改造项目的实施过程，以及其背后的理论逻辑都是全国统一的。所以，有可能做到通过观察一个监狱中服刑者的生活状况来理解中国服刑犯罪人生活的全景。第二，因为本书的目标群体是女性服刑者，因此笔者选择了一所女子监狱作为研究地点。第三，因为监狱是一个对外封闭的机构，外人较难进入，在选择研究地点时笔者也充分考虑了进入监狱以及接触服刑者的可能性。换句话说，笔者只可能在自己所可能进入的区域中选择一所女子监狱开展本次研究。第四，在比较了几所笔者能够进入的女子监狱之后，X 监狱最终获选。其原因有二：一是因为它相对较"新"和"现代化"；二是因为其中关押的服刑者的刑期从三年以下的短刑期到无期、死缓的长刑期均有。相对而言，其他可供选择的女子监狱普遍只关押较短刑期的女性犯罪人，这样一来就缺乏了对服刑者刑期的多样性所带来的她们生活的差异的比较，因而对本书的分析和探讨不是很有利。

X 监狱的规模不是很大，大约关押 1800 名成年女性服刑者。它的硬件设备较为先进和现代化，其中设有监舍、劳动场所以及一些必需的生活和劳动空间。除此之外，它还拥有一些现代化的设备，诸如超市、音像室、活动室、展览室、广播站，甚至还有一个心理健康室、健身中心以及宣泄室，和其他有利于犯人身体和心理健康的设施。整座监狱被划分为若干个监区（即监狱被划分为若干个更小型的机构以便更有效的管理服刑者），所有这些监区关押的服刑者人数大体相当。

X 监狱有一个制衣厂。这间工厂有 N 个缝纫车间，以及一个前道（即负责打样和裁剪的）和后道（即负责熨烫、整理和包装的）车间，这几个车间是服刑者在狱中的主要工作场所。大约 80% 的女性服刑者在这个工厂中工作，其余的服刑人则被安排做些辅助工作，比如在超市、广播站、艺术团和厨房工作。新来的服刑者通常不从事任何工作，因为她们需要花两个月的时间学习监纪监规和劳动技能[1]。总的来说，

---

① 本小节中服刑人的工作岗位的信息主要来源于 X 监狱里狱警的介绍。

监狱就像是一个小而封闭的社会——它有自己的生产部门和服务部门，并且几乎这些部门的所有工作都由服刑者自己来完成。事实上，在不同的工作岗位上工作正是服刑者接受改造的一部分。

X监狱里的服刑人员来自全国各地，但多数是来自X监狱所在省以及周边地区。这些女性犯罪者所犯罪行各异，例如有暴力犯罪者（如蓄意或过失杀人、抢劫、袭击或绑架等）；利用职权犯罪者（如贪污、受贿等）；侵犯财产罪者（如盗窃、诈骗或敲诈勒索等）；还有破坏社会秩序罪者（比如贩毒和容留卖淫等）。总的来说，犯有杀人、盗窃和贩毒罪的女性服刑者占了大多数——这三组几乎占了整个X监狱服刑者总数的40%[1]。

第三节　进入研究场所

当开始某一研究时，研究者要做的第一件事是获准进入研究场所。如果研究者不能接触到研究的参与者，那么整个研究就无法开展。研究者进入现场的方式有很多种，如隐蔽式的进入、公开的进入，或逐步暴露式的进入等[2]。使用哪种方式进入取决于很多不同的因素，其中最重要的因素在于研究所在地的性质——即研究场所是"封闭型"还是"公共型"。如果该研究是在公共型场地开展的——即在没有特别界限、人人都可以自由出入的区域，如公共广场或公园等——接触到参与者就十分容易。此时，研究者唯一需要做得就是设计自己出场时的角色。不过，与在公开场所的研究不同，本书所叙述的研究是在一个封闭型的机构中开展的，甚至可以说是一个受到严格控制的封闭型机构中展开的；因此，获准进入研究场所就变得复杂了许多。总的来说，获准进入研究场所和接触参与者主要涉及两个步骤：一是联系该机构的负责人或管理者，即"守门人（gatekeeper）"[3]；二是为深度访谈选择具体的受访者[4]。

---

[1] 关于服刑人的犯罪类型之信息主要来源于X监狱的狱警介绍。

[2] 参见陈向明《质的研究方法与社会科学研究》，教育科学出版社2000年版。

[3] 同上；Uwe Flick, *An Introduction to Qualitative Research* (2nd ed.), London：Sage, 2002.

[4] Uwe Flick, *An Introduction to Qualitative Research* (2nd ed.), London：Sage, 2002.

一　接触"守门人"

研究开始前，笔者首先需要找出谁是"守门人"①。守门人指的是"那些在被研究者群体内对被抽样的人具有权威的人，他们可以决定这些人是否参加研究"②。总的来说，如果有人想进入某一机构开展研究，那么至少首先需得到该机构主管的同意③。具体到本书所述的研究而言，X 监狱的监狱长就成为笔者在进入研究场所前需要打交道的第一人。在笔者详细解释了研究计划并提交正式介绍信后，笔者获得了监狱长的允许在 X 监狱里进行这一针对女性服刑人的研究。

因为监狱是一个有严格纪律的场所，根据监狱的规章，作为一个"外来者"的笔者是无法在监狱里自由走动，或是自由地与服刑者交流的，而是需要得到狱警的许可以及有狱警的陪伴。那个被指定负责接待笔者并提供帮助的狱警——即关键线人（key informant）——便成为本次研究的另一名"守门人"，因为此人实际决定了笔者是否有权接触到特定的笔者感兴趣的参与者。通过监狱长的介绍，在研究正式开始时，笔者便迅速找到了"关键线人"——W 警官。在领会了笔者的研究目的之后，W 警官对笔者的研究表示出了浓厚的兴趣并同意提供帮助。事实上，在整个实地调查阶段，W 警官的帮助确实很大，她不仅帮助笔者安排访谈的时间和接触到合适的访谈对象，还向笔者提供了一些有关 X 监狱的信息以供参考。

二　接触参与者

一旦通过"守门人"并获准进入研究场所，下一个需要面对的问题就是如何接触到在机构中笔者所感兴趣的访谈对象。

根据 X 监狱的规定，社会人士是不能够随意在监狱里活动以及随意和服刑人进行交谈的。在这种情况下，笔者只能选择通过 W 警官这个"关键线人"的帮助来联系上特定的参与者。当然，选择参与者这

---

① 参见陈向明《质的研究方法与社会科学研究》，教育科学出版社 2000 年版。
② 同上书，第 151 页。
③ 参见陈向明《质的研究方法与社会科学研究》，教育科学出版社 2000 年版；Yvonna S. Lincoln and Egon G. Guba, *Natualistic Inquiry*, Beverly Hills：Sage, 1985.

一步骤是由笔者自己完成的（选择参与者的过程详见第三章第四节）。因此，W 警官仅仅起到一个桥梁的作用，连接笔者和参与者。

第四节 招募参与者

招募参与者对之后的资料收集和分析的顺利展开是至关重要的。尽管研究者愿意尽可能多的做访谈，然而却没有人能够"在每一个地方研究做每一件事的每一个人"①。所以，在此之前应该选择"在何时、何地观察何人或者与何人交谈，内容是什么，以及为了什么"②，也就是选择合适的研究参与者。

一 立意抽样

抽样指的是对研究对象进行选择，即是指"根据研究的需要对有关的人、时间、地点、事件、行为、意义等进行选择的行为"③。定性研究和定量研究的显著区别便在于抽样策略。通常，定量研究采取的是"概率抽样"，这是一种"在被限定的研究对象中每一个单位都具有同样大的被抽中的概率"④ 的抽样方法。使用概率抽样时，如果样本量足够充足，其研究结果便可以推论到研究总体，所以一般都需要比较大的样本量。相对地，定性研究者只对很少的研究对象进行研究，并且通常根据研究目的来招募研究对象⑤——即立意抽样，而并非采取概率方式进行抽样。因此，定性研究的抽样目的性更强，但并不注重样本的随机性和代表性。这是因为定性研究者在意的是对研究对象获得更深的理解，而并非统计上的代表性。

---

① Mathew B. Miles and A. Michael Huberman, *Qualitative Data Analysis* (2nd ed.), Thousand Oaks, CA: Sage, 1994. p. 27.

② Ibid. .

③ 参见陈向明《质的研究方法与社会科学研究》，教育科学出版社 2000 年版，第 103 页。

④ 同上。

⑤ Anselm Strauss and Juliet Corbin, *Basics of Qualitative Research: Techniques and Procedures for Developing Grounded Theory* (2nd ed.), Thousand Oaks, CA: Sage, 1998.

与定量研究的随机抽样不同，立意抽样采取完全不同的逻辑①。在立意抽样的逻辑下，研究的可靠性并不取决于样本数量或抽样标准是否随机，而是在于样本是否能够较为充分、完整和准确地回答研究问题。所以说，样本应该有足够的典型性以代表整个现象并且有足够的分析价值，而不仅仅只是所谓的"大众样本（sample – to – population）"②。换句话说，定性研究者们试图找到的是那些对自己的研究而言"信息量较为丰富的例子（information – rich cases）"③。

作为一个定性研究，抽取能够提供足够的与本书目的相关的信息的受访者即可满足研究的要求。本书归根结底是计划描绘一幅女犯适应监狱生活的真实的、整体的、生动的图景，因此笔者需要的是深入理解受访者经历和观点，而不只是在表面扫一眼她们的生活。在这一要求下，质比量更加值得考量。

二　抽样策略

不同学者提出了许多不同的定性研究的抽样策略④，而选择何种策略则主要取决于具体的研究目的。具体说来，定性研究的抽样策略主要包括以下类型：（1）"最大差异化抽样（maximum variation）"；（2）"同质性抽样（homogeneous）"；（3）"关键案例（critical case）"；（4）"理论导向的（theory based）"；（5）"正反案例（confirming and discon-firming cases）"；（6）"滚雪球或链式（snowball or chain）"；（7）"极端案例（extreme or deviant case）"；（8）"典型案例（typical case）"；

---

① 参见陈向明《质的研究方法与社会科学研究》，教育科学出版社 2000 年版。

② 参见陈向明《质的研究方法与社会科学研究》，教育科学出版社 2000 年版；William A. Firestone, "Alternative Arguments for Generalizing from Data as Applied to Qualitative Research", *Educational Researcher*, Vol. 22（4）, 1993, pp. 16 – 23；Margaret Mead, "National Character", In Alfred Louis Kroeber（Ed.）, *Anthropology Today: An Encyclopedic Inventory*, Chicago: University of Chicago Press, 1953.

③ Michael Quinn Patton, *Qualitative Evaluation and Research Methods*, Newbury Park, CA: Sage, 1990. p. 109.

④ 参见陈向明《质的研究方法与社会科学研究》，教育科学出版社 2000 年版；Anton J. Kuzel, "Sampling in Qualitative Inquiry", In Benjamin F. Crabtree and William L. Miller（Eds.）, *Doing Qualitative Research*, Newbury Park, CA: Sage, 1992；Michael Quinn Patton, *Qualitative Research and Evaluation Methods*（3rd ed.）, Thousand Oaks, CA: Sage, 2002.

（9）"强度抽样（intensity）"；（10）"政治上重要的案例（politically important cases）"；（11）"随机立意抽样（random purposeful）"；（12）"分层立意抽样（stratified purposeful）"；（13）"标准抽样（criterion）"；（14）"机会抽样（opportunistic）"；（15）"综合抽样（combination or mixed）"；（16）"方便抽样（convenience）"①。

　　为了考察女性服刑者的生活以及她们的监狱适应，笔者认为对服刑人以及狱警的接触都是必要的，这有利于形成一个完整的女性服刑者监狱生活的图景。因此，本书同时招募了服刑人参与者和狱警参与者两个群体。在服刑人参与者的选择上，考虑到本书的研究目的，"典型案例"、"最大差异化"以及"极端案例"三种策略成为笔者选择参与者的标准。"典型案例"指的是在所要研究的社会现象中那些具有一定"代表性"的个案，也就是说这些样本具备能代表整个社会现象的典型性。研究典型案例是为了了解该研究现象的一般情况，其目的并非将结果推断到总体人群，而仅仅是为了说明在此类现象中一个典型的个案是什么样子的②。当描述一个读者并不熟悉的社会现象或者社会群体时，针对一些典型案例的定性描述是十分有用的③。在本书中，笔者计划研究女性服刑者监狱生活的经历以及对此经历的看法。笔者的研究对象——女性服刑者——就属于并不被大家所熟悉的社会群体，而其监狱生活也可被认为是不被社会大众所了解的社会现象；因此，使用典型案例这一抽样策略对于本书而言是十分合适的。具体来说，本书的"典型案例"应该就是那些在笔者实地调查期间在 X 监狱中生活的女性服刑者，而这些服刑者必须对监狱的活动和监狱制度执行的程序有一个总体的了解。所以，初来乍到的服刑者便被排除在本书的参与者之外，因其还没有一个完整的对整个监狱制度和监狱生活的了解与感受。

　　其次，由于本书试图考察不同类型的服刑者对服刑的理解和体验，以及她们为了适应监狱环境所做的不同行为选择，笔者选择招募不同背

---

　　①　Mathew B. Miles and A. Michael Huberman, *Qualitative Data Analysis* (2nd ed.), Thousand Oaks, CA：Sage, 1994. p. 28.

　　②　参见陈向明《质的研究方法与社会科学研究》，教育科学出版社 2000 年版。

　　③　Michael Quinn Patton, *Qualitative Research and Evaluation Methods* (3rd ed.), Thousand Oaks, CA：Sage, 2002.

景的参与者参与本次研究，即使用了"最大差异化"这样一种抽样策略。最大差异化指的是"被抽中的样本所产生的研究结果将最大限度地覆盖研究现象中各种不同的情况"①。在本书中，尽管笔者研究的对象都是女性，且都是服刑者，但她们也拥有不同的教育程度以及社会背景、她们因不同原因而获刑、属于不同监区以及从事不同工作等。根据导入理论，所有这些因素都有可能影响到她们监狱适应的过程和结果；因此，笔者选择使用最大差异化的策略来招募不同背景的参与者。

最后，为了强调某些服刑者的"特殊性"，笔者还选择了几个极端例子，也就是使用了"极端案例"这一抽样策略。极端案例指的是研究者选择"研究现象中非常极端的、被一般人认为是'不正常'的情况进行调查"②。这就是说，有些参与者被关注的原因在于其"在某方面非比寻常"③。如此抽样的理由是，从某些极端的案例中可以学到一些经验教训，而这些经验教训可以用来为一般情况服务。因为本书的一个目的是研究适应良好的女性服刑者的"成功之道"，所以很有必要考察这些"表现好的"服刑者是如何生活的；另外，出于比较的目的，那些所谓的"表现不好"的服刑者也会被列在研究之列。

几乎所有的参与者都由研究者——即笔者本人——根据服刑者的档案进行选择（档案中记载了服刑者的年龄、罪行、刑期以及受教育程度等）。

除了服刑者，狱警也是本书的参与者群体之一。具体说来，那些直接接触服刑者的狱警——而非监狱的管理者——被视为是本书理想的参与者。

三　参与者概况

总共有 52 名服刑者和 13 名狱警参加了这一研究。下列两张表（表3—1 和表 3—2）即为参与者的基本情况介绍：

---

① 参见陈向明《质的研究方法与社会科学研究》，教育科学出版社 2000 年版，第 106页。

② 同上书，第 105 页。

③ Michael Quinn Patton, *Qualitative Research and Evaluation Methods* (3rd ed.), Thousand Oaks, CA: Sage, 2002. p. 169.

表 3—1 **女性服刑人受访者背景概况**

		女性服刑者（N＝52）
年龄	平均	39.2 岁
	最年长	61 岁
	最年轻	22 岁
	18—30 岁	10 人（19.2%）
	31—40 岁	18 人（34.6%）
	41—50 岁	18 人（34.6%）
	51 岁及以上	6 人（11.6%）
婚姻状况	已婚	31 人（59.6%）
	单身（包括未婚、离异、寡居）	21 人（40.4%）
孩子	没有孩子	17 人（32.7%）
	1 个孩子	28 人（53.8%）
	2 个孩子及以上	7 人（13.5%）
受教育水平	文盲	2 人（3.9%）
	小学	11 人（21.2%）
	初中	15 人（28.8%）
	高中	14 人（26.9%）
	大学及以上	10 人（19.2%）
犯罪类型	暴力类犯罪	14 人（26.9%）
	经济类犯罪	11 人（21.2%）
	腐败类犯罪	10 人（19.2%）
	涉毒类犯罪	10 人（19.2%）
	涉黄类犯罪	2 人（3.9%）
	其他	5 人（9.6%）
入狱前工作	无业	24 人（46.1%）
	打零工、做小生意	7 人（13.4%）
	娱乐色情行业	2 人（3.9%）
	农民	1 人（1.9%）
	企事业单位职工	5 人（9.6%）
	企事业单位管理者	8 人（15.4%）
	国家公务人员	2 人（3.9%）
	专业人士（如教师、医生等）	3 人（5.8%）

续表

		女性服刑者（N = 52）
判刑年限	5 年及以下	14 人（26.9%）
	5—10 年（包括 10 年）	13 人（25.0%）
	10—20 年（包括 20 年）	18 人（34.6%）
	无期	5 人（9.6%）
	死缓	2 人（3.9%）
已入狱年限	3 年及以下	13 人（25.0%）
	3—5 年（包括 5 年）	19 人（36.5%）
	5 年以上	20 人（38.5%）

表3—2　　　　　　　　　　狱警参与者概况

编号	职位和职务
1	副监区长（主要负责管理整个监区犯人的教育改造工作）
2	狱警（主要负责犯人的教育改造和心理治疗）
3	狱警（主要负责犯人的劳动改造和监狱工厂工作）
4	狱警（主要负责犯人的劳动改造）
5	副监区长（主要负责管理整个监区犯人的劳动改造工作）
6	副监区长（主要负责管理整个监区犯人的劳动改造工作）
7	监区长（负责管理整个监区的犯人改造工作）
8	狱警（主要负责犯人的劳动改造）
9	狱警（主要负责犯人的劳动改造和缝纫技能培训）
10	狱警（主要负责犯人的教育改造）
11	狱警（主要负责犯人的劳动改造）
12	副监区长（主要负责管理整个监区犯人的教育改造工作）
13	狱警（主要负责犯人的劳动改造和监狱工厂工作）

　　注：监区长和副监区长并不是在办公室做行政管理的工作人员，而是工作在改造服刑者的第一线。

第五节　资料收集

　　定性研究主要依靠访谈，即"有目的的谈话"[1]来收集研究所需要

---

　　① Robert Louis Kahn, Charles F. Cannell, *The Dynamics of Interviewing*: *Theory*, *Technique*, *and Cases*, New York: John Wiley, 1957. p. 149.

的信息。这被认为是"理解我们人类同伴的最常用的和最强大的方式之一"①。与使用问卷或其他资料收集方法相比，"面对面的访谈的最强大优势在于可供交流的内容的极大丰富性"②，它具有更大的灵活性，且对意义的解释有更大的空间。

一　访谈类型

顾名思义，"访谈"就是研究者"访问"被研究者，以及与被研究者进行"交谈"的一种活动。简单来说，访谈可以被视为"一种交流"③，不过与一般的聊天和谈话还是有所差别的。访谈是一种研究性的交谈，它是通过与研究对象的直接接触和使用谈话收集资料的一种专业的研究方法④。访谈的内容不仅仅是问问题和获得答案这么简单；事实上，访谈是一种有特定目的和一定规则的研究性交谈，它的过程包含了很多的形式和方法⑤。在所有的划分标准中，最常见的就是根据访谈的结构将其划分为结构式访谈、半结构式访谈和非结构式访谈三种⑥。

结构式访谈指的是"访谈人向每名被访者提出一系列事先设定好的、且只给出有限回答范围的问题，并获取答案"⑦。在此类访谈中，研究者对访谈的走向、步骤和过程起着决定性的作用，整个访谈都是依

---

① Andrea Fontana and James H. Frey, "Interviewing: The Art of Science", In Norman K. Denzin and Yvonna S. Lincoln (Eds.), *Handbook of Qualitative Research*, Thousand Oaks, CA: Sage, 1994, p. 361.

② Bill Gillham, *Case Study Research Methods*, London: Continuum, 2000. p. 62.

③ Valerie J. Janesick, "*Stretching*" *Exercises for Qualitative Researchers* (2nd ed.), Thousand Oaks, CA: Sage, 2004. p. 71.

④ 参见风笑天《社会学研究方法》，中国人民大学出版社 2001 年版。

⑤ Andrea Fontana and James H. Frey, "Interviewing: The Art of Science", In Norman K. Denzin and Yvonna S. Lincoln (Eds.), *Handbook of Qualitative Research*, Thousand Oaks, CA: Sage, 1994.

⑥ 参见陈向明《质的研究方法与社会科学研究》，教育科学出版社 2000 年版；Andrea Fontana and James H. Frey, "Interviewing: The Art of Science", In Norman K. Denzin and Yvonna S. Lincoln (Eds.), *Handbook of Qualitative Research*, Thousand Oaks, CA: Sage, 1994; Jennifer Mason, *Qualitative Researching* (2nd ed.), London: Sage, 2002.

⑦ Andrea Fontana and James H. Frey, "Interviewing: The Art of Science", In Norman K. Denzin and Yvonna S. Lincoln (Eds.), *Handbook of Qualitative Research*, Thousand Oaks, CA: Sage, 1994, p. 363.

据研究者事先设计好的问题按照顺序从前到后一步步进行的，并按照固定的格式和规范记录被访者的答案，很少有跳跃或超出预设问题的状况。事实上，结构式访谈很少被用在定性研究中，这是由于被访者的回答都是有限而固定的且不能展开阐述，因而很难使研究者深入了解被访者对某特定社会现象的看法。从某种程度上来说，这种访谈方法可以被视为一种问卷的替代品。

与之相反，非结构式访谈"基于其定性的本质，较其他形式提供了更多的发挥空间"①。该方法多数用于人类学研究，并多与对参与者行为的长期接触式观察相结合②；并且，在此种研究情景下，研究者通常扮演着完全参与者的角色来进行研究。非结构式访谈通常是以非正式的形式开展的，研究者没有预先设定固定的访谈问题，而是根据具体的情形提出开放而深入的问题，并且鼓励被访者用自己的语言叙述自己的经历或对某一事件发表自己的看法。这种访谈的目的是研究者试图在被访者最真实的生活背景中获得详细的信息③，并且了解"被访者自己认为重要的问题、他们看待问题的角度、他们对意义的解释，以及他们使用的概念及其表述方式"④。可以说，在此类访谈中，问题只是一个辅助，而研究者真正关注的是被访者自己的叙述逻辑以及根据某一事件的自由联想。非结构式访谈可说是充分代表了定性研究的精神，因为它最有利于深入了解访谈对象的思想、精神和观念。

半结构式访谈则介于前两者中间——它既有研究者根据研究目标事先设定的问题，也同时给予被访者足够的空间表达自己的观点。通常，研究者会准备一个比较粗略的访谈提纲，用以对访谈的大体结构和走向进行控制；在进行半结构式访谈时，研究者和参与者可以根据预先设定

---

① Andrea Fontana and James H. Frey, "Interviewing: The Art of Science", In Norman K. Denzin and Yvonna S. Lincoln（Eds.）, *Handbook of Qualitative Research*, Thousand Oaks, CA: Sage, 1994, p. 365.

② Patrick J. Schloss and Maureen A. Smith, *Conducting Research*, New Jersey: Prentice - Hall, Inc. , 1999.

③ Andrea Fontana and James H. Frey, "Interviewing: The Art of Science", In Norman K. Denzin and Yvonna S. Lincoln（Eds.）, *Handbook of Qualitative Research*, Thousand Oaks, CA: Sage, 1994.

④ 参见陈向明《质的研究方法与社会科学研究》，教育科学出版社 2000 年版，第 171 页。

的问题自由展开对话，并自如地根据实际情况作出调整。所以说，这种类型的访谈既有建立于研究目标之上的问题框架，也有供研究者依据参与者的回答要点进行进一步探究和追问的空间；在这种访谈方法中，参与者通常被鼓励依据特定的主题讲述自己的故事或根据一些特定的问题表达自己的观点[1]。

考虑到研究的目的和实际情况限制，笔者选择使用半结构式访谈作为主要的访谈方法。其原因如下：第一，笔者想深入地了解受访者的观点和经历，因此结构式访谈是不适合的；第二，非结构式访谈也不适合——因为笔者无法如同人类学家做田野调查那样独自而全天候的停留在监狱之中，自由的走动以及和犯人交谈。而半结构式访谈最适合，因为它综合了结构式访谈和非结构式访谈的优点，最符合笔者的需求和实际研究场所的局限。

二　访谈步骤

针对女性服刑者的访谈主要按如下步骤展开：

（1）访谈前，笔者会首先尝试联系将要参加访谈的服刑者的分管狱警，并和她商定大概合适的访谈时间。在和分管狱警接洽时，为了让她们更了解和理解本书的目的和内容，通常笔者会做个简短的自我介绍以及关于本书大致情况和内容的介绍。这一步主要是为了保证被笔者选中参与研究的特定的服刑者能够在特定的时间参加访谈。

（2）在访谈当天，笔者会尽量和狱警商量将访谈安排在一个相对安静和独立的房间中进行。理想的场所一般是服刑者工作的监狱工厂车间的办公室；以及服刑者住宿区的谈话室或活动大厅角落。

（3）访谈开始时，笔者首先会向访谈对象做简要的自我介绍和研究项目介绍，让她知道笔者的身份以及进行本次访谈的主要目标；接着，笔者会询问她是否愿意参加本项研究以及继续进行本次访谈。

（4）如果访谈对象没有异议，访谈就正式开始。访谈主要根据预

---

[1]　参见陈向明《质的研究方法与社会科学研究》，教育科学出版社 2000 年版；Uwe Flick, *An Introduction to Qualitative Research* (2nd ed.), London: Sage, 2002.

先设立的访谈提纲进行①。在访谈过程中，笔者鼓励参与者多谈一些她们自己的经历和看法，而笔者也会试着根据她们的回答予以不同的反应。由于每个服刑者的背景情况和经历都不甚相同，每次访谈通常会有不同的焦点。多数情况下，这些焦点会根据访谈时的具体情况而定。因此，由于焦点的不同，针对不同访谈对象的访谈内容的侧重点和差异是非常巨大的，尽管它们参照的是同一个访谈提纲。

（5）因为监狱规章制度的限制，在访谈中笔者没有使用任何录音或电子设备。所有的问答信息都由笔者通过纸笔的形式进行记录。

（6）所有的访谈都是根据访谈提纲进行的，但并不拘泥于访谈提纲；每个访谈因被访者的背景和应答的差异而有各自不同的焦点。

（7）访谈时间大概控制在一到一个半小时左右。

（8）访谈均采取一对一的模式进行，即每场访谈只有两人参加，笔者和访谈对象。

针对 X 监狱狱警的访谈也是按照类似的步骤进行的，具体情况可如下所示：

（1）和狱警访谈的第一步是直接联系那些将会参加访谈的狱警，并且获得她们的许可（通常需要简单介绍自己和本书的目的）以及确定访谈时间。

（2）和狱警的访谈多数在她们的办公室中完成。

（3）同与服刑者的访谈相类似，与狱警的访谈也是以预先设定的访谈提纲②作为指导的。并且根据不同参与者的回答，笔者试图在访谈时根据实际情况侧重于不同的话题。

（4）和预警的访谈也未使用任何录音或电子设备，因为这些访谈也是在监狱中完成的。

（5）访谈持续一到一个半小时。

（6）访谈也是采取一对一的模式展开的。

---

① 访谈提纲详见附录 1。
② 访谈提纲详见附录 2。

第六节　资料分析

在经验资料收集上来之后，需要对其进行整理和分析。在定量研究中，数据资料的收集和分析是两个完全分割和不同的步骤；数据收集全部完成之后才会进入到数据分析的阶段。然而在定性研究中，资料收集和资料分析的顺序却有所不同。事实上，在定性研究中，资料分析常常是一个"贯穿整个研究的持续的过程"[1]。也就是说，资料收集和分析常常是同时进行的[2]；它们不是呈直线形排列而是呈环形往复的[3]，图3—1便清楚地说明了这一点。

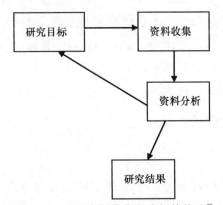

图3—1　定性资料收集和分析的关系[4]

如图所示，定性研究较为盛行的研究过程通常是：进行访谈、分析访谈中收集到的资料、再进行下一场访谈、再进行分析，如此往复。依次，笔者也是按照这样的模式完成经验资料的收集和分析工作的。

---

[1]　Thomas R. Lindlof, *Qualitative Communication Research Methods*, Thousands Oaks, CA：Sage, 1995. p. 215.

[2]　参见陈向明《质的研究方法与社会科学研究》，教育科学出版社2000年版。

[3]　Thomas R. Lindlof, *Qualitative Communication Research Methods*, Thousands Oaks, CA：Sage, 1995；Lyn Richards, *Handling Qualitative Data：A practical Guide*, London：Sage, 2005.

[4]　参见陈向明《质的研究方法与社会科学研究》，教育科学出版社2000年版，第270页；Thomas R. Lindlof, *Qualitative Communication Research Methods*, Thousands Oaks, CA：Sage, 1995. p. 215.

简单来说，在定性研究中，资料分析指的就是"根据研究的目的对所获得的资料进行系统化、条理化，然后用逐步集中和浓缩的方式将资料反映出来，其最终目的是对资料进行意义解释"①。因为在定性研究中，并没有如同定量研究中的数据那样的"客观存在"为自己说话，我们所有的就只是一篇一篇的访谈记录，如果要想使这些文字拥有学术的"意义"，作为研究者就必须对其进行分析和解释②；而研究者也是通过对被研究者的话语的解读和分析来达到理解被研究者的。至于分析的过程，就像定性研究的其他部分一样，定性研究中的资料分析也没有完全严格的固定规则和程序③，不过定性研究者们通常都会进行反复阅读原始资料、寻找有意义的线索、建立编码，以及归纳总结等过程。

尽管在定性研究中，资料分析和资料收集常常是同时进行的，但是在这里依然可以单独介绍一下资料分析的过程。总的来说，资料分析主要经历如下三个步骤：文本化、分析和展现。在此过程中，为了保护被访者的个人信息——尤其是服刑人参与者——她们的身份都经过了保密处理，即无法通过本书所有引用的访谈记录和描述综合分析和建构出某一具体人物的潜在身份。

一　文本化

资料分析的第一部分是"记录所说的话并将其文本化"④。访谈记录在定性研究中可谓占据着十分重要的位置，因为定性研究的目的就是"捕捉受访者自己的语言，了解他们建构世界的方式"⑤。所以如果可能的话，我们当然希望被访者的话能够一字不差地被记录下来，这也就是为什么现在的定性研究者们大多使用录音和电子记录设备对访谈进行记

---

① 参见陈向明《质的研究方法与社会科学研究》，教育科学出版社 2000 年版，第 269 页。

② Norman K. Denzin and Yvonna S. Lincoln（Eds.），*Handbook of Qualitative Research*，Thousand Oaks, CA：Sage, 1994.

③ 参见陈向明《质的研究方法与社会科学研究》，教育科学出版社 2000 年版。

④ Uwe Flick, *An Introduction to Qualitative Research*（2nd ed.），London：Sage, 2002. p. 166.

⑤ 参见陈向明《质的研究方法与社会科学研究》，教育科学出版社 2000 年版，第 178 页。

录的原因。

不过，正如上一节所提到的，因为在监狱中无法使用录音或电子设备，因此研究过程中所有的访谈都是用纸笔的形式记录的。与流行的使用录音或电子设备进行记录相比，目前使用纸笔进行记录的研究者已经越来越少了。录音或电子记录设备相对来说使得访谈进行的更加便利，因为它们能让研究者专心于自己的问题和参与者的回答，并就访谈中出现的兴趣点迅速而有效的作出详细的追问，而不需要分散精力和时间于记录上。与之相比，当使用纸笔记录时，研究者就需要花些精力和时间记录下参与者的回答，因此较难快速地对被访者的回答进行反馈。除此之外，纸笔记录也不及录音和电子设备记录的准确，一些细节信息也许会在记录的过程中流失。而所有这些不利因素都来自人类记忆和书写速度的局限性。不幸的是，对于本书而言，笔者无法选择使用除纸笔之外的其他记录方式。因此，为了减小不利因素，在访谈中，笔者尝试着在记录和思考这两项工作间取得平衡。就记录而言，笔者在访谈时只记录下关键词句。这些关键词句有助于笔者在访谈后迅速回忆起访谈的具体内容；并且，它们也能够进一步帮助笔者思考所感兴趣的焦点。

使用录音或电子设备的定性研究者们通常不会太担心他们的记录信息会随着时间的推移而消逝，所以一般来说并不急着将其文本化。但是在笔者的研究中，有鉴于纸笔记录信息的不完整性，访谈结束后的立刻文本化就变得非常必要。因此，在这一研究里并没有大多数依靠录音和电子记录设备而进行的定性研究那样的独立的文本化阶段；所有的文本化工作都是在某一次特定的访谈结束后即刻完成的。具体来说，当笔者每完成一次和访谈对象的谈话后，便会试着根据访谈中记录的重点内容整理出该次访谈的完整内容，并将其形成文本。尽管笔者不能够保证访谈中的每个细节都能够被完整的记录下来，但是由于访谈和文本化的相隔时间非常短暂，多数内容都是能够依照笔记重点被回忆起来的，尤其是访谈对象提到的那些最重要、最有趣、最打动人的故事和观点。

虽然笔者被迫使用一种"传统而古老"的方法来记录访谈内容，然而它也是有其独特的、无可比拟的自身优势的。监狱是个封闭的有着很强纪律性的环境，生活在其中的服刑者——也就是本书的主要研究对象——在监狱中是受到控制的对象。根据笔者在现场调查时的经验，多数女性服刑者在监狱中都"小心翼翼"地活着；她们很自然地采取最能保护自身的态度而避免任何可能会为自己引来危险的行动。在这样的情形下，笔者认为，如果使用录音设备，服刑人或许会在谈论她们的真实想法时有所迟疑，尤其是当她们认为这些想法可能是"批评"监狱管理方的时候。无论如何，录音都是"第一手"的信息，参加访谈的服刑者也许会担心这些录音是否会被第三方——尤其是狱警——听到。但是如果只是用纸笔进行记录，她们便没有了这样的顾虑，因为纸笔的记录是"二手"信息，不存在自己的原话被第三方知晓的危险。在访谈时，笔者也注意到，多数服刑者并未由于笔者记录下了她们的话而流露出任何紧张或担忧的情绪，因为她们确信自己所说的话只有笔者能听到。

二　分析过程

定性的资料分析过程通常是指研究者判断那些"浩如烟海的文字"[1]的含义，以及将这些文字排列起来组成一个有意义的故事的过程。根据凯瑟琳·马歇尔（Catherine Marshall）和格雷晨·B. 罗斯曼所述，定性资料的分析可以分为以下七个步骤[2]："（1）组织资料；（2）沉浸在资料中；（3）形成类型和主题；（4）为资料编码；（5）给出解释并将其写成分析性备忘录；（6）寻找其他可供选择的理解方法；（7）撰写研究报告或其他形式的书面研究结果"[3]。

（一）组织资料

组织资料是定性资料分析的第一步。尽管所有的访谈记录已经在文本化阶段转换成了文字材料，研究者依然需要对其作进一步的组织和分拣，从而为下一步的分析做好准备。本书的资料是依照访谈的日期排列的，且分为"服刑人访谈记录"和"狱警访谈记录"两个大部分。此

---

① Gery W. Ryan and H. Russell Bernard, "Data Management and Analysis Method", In Norman K. Denzin and Yvonna S. Lincoln (Eds.), *Handbook of Qualitative Research* (2nd ed.), Thousand Oaks, CA: Sage, 2000, p. 780.

② Catherine Marshall and Gretchen B. Rossman, *Designing Qualitative Research* (4th ed.), Thousand Oaks, CA: Sage, 2006. p. 156.

③ 在本书中，最后一个步骤被视为"数据展示"的工作，因此会在下一节中介绍。

外，所有被访者的背景信息都被记录在两张参与者概况表中——一张记录的是服刑人参与者，另一张记录的是狱警参与者（详见第三章第四节第三部分）。

（二）沉浸在资料中

沉浸在资料中是为了保证研究者对他/她在研究场地中获得的资料非常熟悉。虽然说，在面对大量的文本时完全掌握那些"堆积如山的访谈记录"[①] 听上去是相当困难的，然而反复阅读依然是研究者唯一能做的事。也只有如此，他/她才有可能消化和理解那些文字，并且从文字的表层下抽取出自己想要的主题和形成完整的、有意义的以及有内在联系的故事。事实上，沉浸在资料中并非是一个独立的分析步骤，而是贯穿整个主题、类型、编码以及解释形成的过程。

（三）形成类型和主题

形成类型和主题被认为是最"困难、复杂、模棱两可、有创造性以及有趣的"[②]的资料分析阶段。主题指的是"研究者在资料收集之前、之中以及之后辨识出的概括性结构"[③]。通过对已有的研究进行回顾，笔者在进入研究场所之前对整个研究已经形成了初步的认识，因此已经形成了初步的预设主题。在资料收集阶段，笔者在访谈时便向参与者提出自己的预设主题，并询问他们的看法和观点。因为依据佳博·F.孤布雷姆（Jaber F. Gubrium）和詹姆斯·A.豪斯顿（James A. Holstein）[④] 所述，"访谈互动是固有的可以令交谈双方进行意义创造和知识建构的空间"[⑤]。在这一预设主题以及对参与者的反馈的收集的基础

[①]　Michael Quinn Patton, *Qualitative Evaluation and Research Methods*, Newbury Park, CA: Sage, 1990. p. 440.

[②]　Catherine Marshall and Gretchen B. Rossman, *Designing Qualitative Research* (4th ed.), Thousand Oaks, CA: Sage, 2006. p. 158.

[③]　Gery W. Ryan and H. Russell Bernard, "Data Management and Analysis Methods", In Norman K. Denzin and Yvonna S. Lincoln (Eds.), *Handbook of Qualitative Research* (2nd ed.), Thousand Oaks, CA: Sage, 2000, p. 780.

[④]　Jaber F. Gubrium and James A. Holstein (Eds.), *Handbook of Interview Research: Context and Method*, Thousand Oaks, CA: Sage, 2002.

[⑤]　Esther C. L. Goh, *Dynamics among Children and Their Multiple Caregivers: An Ethnographic Study of Childrearing in Urban Xiamen, China*, Unpublished PhD Dissertation, The University of Hong Kong, Hong Kong, 2008.

上，笔者又对主题进行了一些调整；因此，最终的主题还是来自访谈文本自身的。

在众多的由不同的参与者提供的千差万别的故事之中，笔者需要使用"对资料的高度敏感性"以及"对社会生活的微妙的、心照不宣的隐晦含义的接受程度"① 来寻找出资料的"无声的分类"。这些类型反映了对于参与者表述内容的不同分类形式。迈克尔·坤·帕顿（Michael Quinn Patton）描述了两种分类形式——"本土的"分类以及"分析—建构的"分类②。前一种分类使用的是参与者自己的语言对资料进行分类；而后者——也即本书所采用的分类形式——则是研究者在分析资料的基础之上抽象出来的分类。也就是说依照后一种分类形式所形成的资料类型并未直接经由参与者提出，而是由研究者总结提炼而成。当然，无论采用何种分类方式，研究者都有可能在这些分类的基础上进一步将资料由碎片整理成为有逻辑的系列。形象地说，这就是一个将散落在盘中的珍珠（资料片段）用丝线串成项链（有逻辑的系列）的过程。在本书中，所有的原本是以单个访谈的形式记录下来的访谈资料，在此时被重新整合成为依照研究者创造出的不同类型划分而成的文字材料。使用这些分类，作为研究者的笔者更加清晰地理顺出了本书的主题。

（四）为资料编码

为资料编码是分析的下一步内容。在产生了类型和主题后，笔者进一步用不同的编码标出不同段落，以使得资料在之后的分析步骤里更加容易使用。笔者主要采用了两个步骤给资料编码。第一步是为参与者所述内容作开放式编码。在此步骤中，笔者尝试着保留所有资料中的细微差异；故而笔者在这一阶段创造了数量较多的编码。而在编码的第二阶段，笔者进行了轴心式编码，即将开放式编码之后将那些较为相似的内容整合起来，也就是将开放式的编码进一步的归类，形成较为精练的几大板块。在这两步之后，在大的结构主题和分类下，一些更加细节化的类型和小主题便显现出来；此时，资料也被进一步整理成具有很强逻辑

---

① Catherine Marshall and Gretchen B. Rossman, *Designing Qualitative Research* (4th ed.), Thousand Oaks, CA: Sage, 2006. p. 158.

② Michael Quinn Patton, *Qualitative Research and Evaluation Methods* (3rd ed.), Thousand Oaks, CA: Sage, 2002.

关系的故事。

（五）给出解释并写出分析性备忘录

在资料分析时给出解释并将其写成分析性备忘录是众多学者推荐的步骤①。所谓"备忘录"是指研究者在分析资料时，在基于资料、编码、分类及其之间关系基础之上所形成的想法以及灵感的理论性呈现。从形式上看，备忘录通常并不仅仅是资料的简单报告和记录，而是展现不同信息间的联系的一种尝试，一般来说会使资料或部分资料整合并形成一个有意义的丛。通过备忘录，研究者能够更加系统地编码以及更加便捷地将资料进行归类，因为他们能够从备忘录里获得灵感。

在研究进行的过程中，笔者一直保持着写备忘录的习惯。当想到任何有意思的新点子时，笔者就会把它们记录下来，尽管有时它们只是一些简短的词句而已。通过不断的思考和撰写备忘录，解释研究发现就变得清晰多了。凭借着已经形成的主题和类别，以及系统化的编码，笔者已经能够系统化地解释自己在研究场地中的所有发现。

根据迈克尔·坤·帕顿所述，"解释指的是将所发现的东西赋予重要性、使发现变得有价值、给出阐述、获得结论、推断经验、做出推论、思考意义、或者输入规则"②。此时，解释便可看作根据主题为资料赋予意义和价值的过程。在此之后，一个有意义的故事就逐渐形成了；原先那些丰富而繁杂的、未经处理的原始资料已经被整理成了可读的、能够解释研究目标的故事梗概。

（六）寻找其他可供选择的理解方法

在分类、产生主题、编码和解释这一系列步骤完全结束后，还不能算作资料分析的结束，因为研究者还需要考虑写报告前的最后一件事——那就是寻找其他可供选择的理解方法。在凯瑟琳·马歇尔和格雷

---

① Catherine Marshall and Gretchen B. Rossman, *Designing Qualitative Research* (4th ed.), Thousand Oaks, CA: Sage, 2006; Joseph A. Maxwell, *Qualitative Research Design: An Interactive Approach*, Thousand Oaks, CA: Sage, 1996; Gretchen B. Rossman and Sharon F. Rallis, *Learning in the Field: An Introduction to Qualitative Research* (2nd ed.), Thousand Oaks, CA: Sage, 2003; Leonard Schatzman and Anselm L. Strauss, *Field Research: Strategies for a Natural Sociology*, Englewood Cliffs: Prentice-Hall, 1973.

② Michael Quinn Patton, *Qualitative Research and Evaluation Methods* (3rd ed.), Thousand Oaks, CA: Sage, 2002. p. 480.

晨·B. 罗斯曼看来，资料解释的可替代性总是存在的，因此研究者需
要证明为什么他/她采用的解释资料的方法的逻辑性更强以及更加
可信①。

在本书中，笔者也想到了其他两个方法来解释所获得的资料：其中
之一侧重于分析女性服刑者的改造效果或曰改造结果；而另一个方法则
侧重于强调服刑者对监狱生活的态度和看法。这两个也都是与服刑者的
监狱适应相关的重要话题，并且在参与者的描述中也有所体现。但是经
过再三考虑，笔者认为它们并不是女性服刑者生活的最关键部分，并且
也无法展示她们适应过程或结果的核心内容，所以笔者最终放弃了这两
种解释取向。如此，笔者认为本书形成的经验资料组织方式就是实现研
究目标的最佳方式。

三　资料展示

在资料分析之后，如凯瑟琳·马歇尔和格雷晨·B. 罗斯曼所列举
的第七步所示，笔者需要向读者们展示自己的研究发现。在定性研究
中，撰写研究报告通常与资料分析同步进行，而不是独立的，因为它的
完成在很大程度上需要借助资料分析过程中所写的备忘录。也就是说，
只有通过对资料的思考、综合和反思，研究者才能写下有逻辑和有意义
的故事。

总的来说，根据不同的研究问题、理论框架以及资料收集和分析方
法，研究报告是可以通过不同的方法完成的。斯蒂芬·J. 泰勒（Steven
J. Taylor）和罗伯特·博格丹（Robert Bogdan）提出以下五种体裁都适
用于定性分析报告：（1）单纯描述受访者的生活历史；（2）使用受访
者自身的视角和世界观建构报告；（3）概括资料以及将所描述的社会
现象联系以及和相应的理论相结合；（4）运用清晰和详细的理论来解
释研究发现；（5）在现有资料的基础之上构建理论②。

在撰写本书时，笔者采用了剥夺理论和导入理论作为理论指导；同

---

① Catherine Marshall and Gretchen B. Rossman, *Designing Qualitative Research* (4th ed.),
Thousand Oaks, CA: Sage, 2006.

② Steven J. Taylor and Robert Bogdan, *Introduction to Qualitative Research Methods: The Search
for Meanings* (2nd ed.), New York: Wiley, 1984.

时，笔者依然保留有足够的空间展示在研究现场获得的资料以形成完整的故事。因此，第四至六章的"发现"章节仅是对访谈文本的分析和解释，这一块鲜有理论涉及，因为笔者希望让受访者自行讲述整个故事。而第七章则是笔者运用理论讨论研究发现的空间。

四　其他相关问题

（一）翻译

因本书是在笔者的博士论文（香港大学，2011 年）的基础上翻译并修改而成，该博士论文原为英文写成，所以在研究的实施、博士论文的撰写以及本书的成书过程中还牵涉了很多翻译的问题。在资料收集阶段，研究者和所有参与者都是中国人，所有的访谈都以普通话进行，因此彼此间并没有语言交流的障碍，访谈记录也是用中文记录的，故而此时未牵涉翻译的问题。而因为博士论文最终是用英文写成的，因此在资料分析和呈现阶段便出现了访谈记录由中文到英文的翻译问题；到了本书稿的成稿阶段，则又经历了一次全书由英文到中文的翻译过程。

翻译，就是将原始的语言文本转换成相应的目标语言文本的过程[①]。尽管翻译工作者都竭尽全力在翻译时将准确而有意义的信息从一种语言传递到另一种语言，但是由于语言的内在文化差异，所有的翻译文本都不可能百分之百的与原文本相同。因此，无论翻译者在翻译技能上如何的专业，某些语言所蕴藏的信息仍然可能在翻译的过程中丢失。一个原本生动而有趣的文本可能在翻译之后变得枯燥而乏味；尽管它的主要意思仍然被保留着，但很多文字背后的文化内涵却往往消失殆尽。

为了解决这一问题，在博士论文撰写时，笔者首先选择将翻译的工作留到最后的论文撰写阶段才进行。也就是说，直到笔者开始撰写论文时才会涉及翻译的工作。这么做的原因是：由于定性研究严重依赖文本分析以及文本背后隐藏的微妙含义，如果在资料分析开始时就把待分析文本翻译成目标语言就可能会带来灾难性后果——那些有趣的、不能明示的文化内涵将会由于翻译而消失。因此，为了确保在资料分析阶段尽

---

① 　Tom McArthur, (Ed.), *The Oxford Companion to the English Language*, Oxford: Oxford University Press, 1992.

可能保留这些有意义的东西，减少翻译带来的不良影响，笔者选择在写博士论文时才将需要使用的访谈记录翻译出来。

此外，在原论文中，笔者还使用了拼音的形式（而非直接的英文翻译形式）来表述一些在研究中出现的关键词和词组，而将它们的英文翻译放在后面的括号内加以说明。这么做的目的是提醒读者本书在资料收集阶段是用英文之外的语言完成的，而"这种微妙的提示是为了去除英文的霸权标志"[①]，同时也是为了能最大限度地保留这些关键概念背后隐藏的文化内涵。

最后，为了保证最终报告论文中涉及的访谈记录的翻译质量，笔者还邀请了一位英文流利的中国翻译，修改和校对了翻译稿，从而尽力保证了翻译的准确性。

而在本书的成稿阶段，笔者又经历了一次由英文向中文的翻译过程。在此过程中，对于被访者的访谈记录，笔者并未将其从英文翻译至中文，而是重新从中文访谈记录中调取了这部分内容的原文，以保持访谈记录的"原版性"，而不会在翻译—再翻译的过程中丧失其原本的面貌。

（二）计算机辅助工具的使用

现在，越来越多的研究者采用计算机辅助工具来研究定性资料，特别是最近出现了一些非常"聪明"的计算机程序甚至可以处理非英文的文字文本。不过，与定量研究者使用诸如 SPSS 或 SAS 等统计软件的普及程度相比，定性研究者相对来说还是较难使用相应的计算机辅助工具来处理自己的研究资料和信息；因为定量研究者始终是在和数字打交道，而定性研究者则需要面对浩大的文本资料。人们在做定量研究的统计分析时，对计算机软件辅助程序的接受程度也比较高，因为从实质上讲，它们与人工计算并无太大差异，并且更快更可靠。但是，在定性研究中，事情却并非如此简单，计算机辅助程序有时并不能起到快速有效地帮助研究者分析文字资料的功能；因为文本比数字包含有更多复杂的文化含义，从而较难为计算机程序所分析。

---

① Catherine Marshall and Gretchen B. Rossman, *Designing Qualitative Research* (4th ed.), Thousand Oaks, CA: Sage, 2006. p. 112.

当面对浩如烟海的文本资料时，许多定性研究者都希望"计算机多少能够帮忙阅读一些文本，以及帮忙理解一下这些文本在说什么"①。但事实上，这也仅仅只能是一个希望而已，它是无法变成现实的。原因很简单，因为计算机不能"思考"，而思考恰恰是分析定性资料所必需的，只有依赖思考研究者才可能将文本资料分类、编码以及提炼其中的意涵。换句话说，计算机辅助工具所能做的只是帮助研究者整理文本，而不能"分析"它们②。定性研究者永远无法指望让计算机分析和解释这些文本的含义；所有的思考工作仍然需要由研究者本人完成。

即使研究者接受计算机辅助工具无法分析文本这一事实，这些工具仍然是具备其显著优势的。比如，那些软件使得关键词的搜索变得很容易，它们也能够对文本做自动编码。然而，从另一个角度来说，这些优势也会变成劣势。比如，因为简单快捷的关键词搜索和编码，研究者也许会因此受到这种"简单而快速"的鼓励而在分析时选择走捷径。可是如此一来，他们也许会"无法查看到文本在自动编码过程中是如何被编码的，以及无法使用他们自己的聪明才智去做他们认为合适的分析"③。雷蒙德·M. 李（Raymond M. Lee）和尼格尔·G. 菲尔（Nigel G. Fielding,）曾经指出，"使用计算机有可能诱使定性研究者做出'快速但很粗糙'的研究，以及相伴随着出现不完善的理论结果"④。此外，与数字不同，语言文本更加的复杂；尤其是像本书使用的中文这样一个有着丰富文化含义的语言，其内在的意涵不是计算机辅助程序可以洞悉的。在中文中，有时同一个词在不同的语境下有着不同内涵；而在另一些时候，不同的人用不同的词却能表达出类似的意思。但是这种差别是完全无法通过计算机辅助程序的分析来完成的。在这种情况下，研

① Eben A Weitzman, "Software and Qualitative Research", In Norman K. Denzin and Yvonna S. Lincoln（Eds.）, *Handbook of Qualitative Research*（2nd ed.）, Thousand Oaks, CA: Sage, 2000. p. 805.

② Eben A Weitzman,, "Software and Qualitative Research", In Norman K. Denzin and Yvonna S. Lincoln（Eds.）, *Handbook of Qualitative Research*（2nd ed.）, Thousand Oaks, CA: Sage, 2000.

③ Ibid., p. 808.

④ Raymond M. Lee and Nigel G. Fielding, "Computing for Qualitative Research: Options, Problems and Potential", In Norman K. Denzin and Yvonna S. Lincoln（Eds.）, *Using Computers in Qualitative Research*, London: Sage, 1991. p. 8.

究者若是想确保结果的正确，他们就得在计算机分析结束之后亲自再审核一次。

　　如此，笔者意识到自己是有可能借助一些计算机辅助程序来分析自己的研究资料的，因为目前市面上已经有一些能够阅读和分析中文的软件版本；然而即便如此，如果笔者不打算接受一个"快速但很粗糙"的结果的话，笔者就必须另外花些时间来查阅整个文本以确保所有的编码都是正确的。这样一来，笔者用来检查结果的时间恐怕不一定比自己直接手工分析资料所需要的时间少。再者，即使有计算机程序的辅助，笔者依然需要对资料进行阅读以达到反思、归纳和重现的目的。这样说来，使用辅助软件来分析资料并不会节省笔者的分析时间，甚至也不会对笔者的分析有很大的帮助作用。正因为此，在本书中，笔者选择了放弃使用任何计算机辅助程序来分析访谈记录文本；而在本书中唯一涉及的计算机辅助设备就是文字处理器，它是用来记录和编辑文本，以及撰写论文的。

第七节　研究质量

　　在定量研究中，研究结果的质量好坏常常由两个方面来保证——信度，即"方法和结果的稳定性"；以及效度，即"结果的准确性和可信性"[①]。这两个概念来源于"实证主义"哲学，即一系列相信科学方法是认识人类社会事件的最优选择的认识论观点。依据实证主义概念的创始人奥古斯特·孔德的观点，实证主义意指"一种严格的经验主义哲学"，即"唯一基于直接经验的真实和合法的认识"。[②] 所以，社会科学与神学不同，它必须能够通过使用科学的研究方法研究一系列的社会现象而推导出唯一的普适性的规则。

　　与定量研究相比，采用定性方法做研究是一件完全不同的事，因为

---

① David L. Altheide and John M. Johnson, "Criteria for Assessing Interpretive Validity in Qualitative Research", In Norman K. Denzin and Yvonna S. Lincoln (Eds.), *Collecting and Interpreting Qualitative Materials*, Thousand Oaks, CA: Sage. 1998, p. 287.

② Thomas A. Schwandt, *Qualitative Inquiry: A Dictionary of Terms*, Thousand Oaks, CA: Sage, 1997. p. 119.

定性研究者们奉行的是"反实证主义"的哲学。在这些定性研究者的眼中,社会现象是无法像物理学的研究对象那样被研究者进行"科学"的研究的;换句话说,他们反对经验主义观点——依靠感性的经验研究建立普适化的结论。相反的,在定性研究者们看来,社会科学研究者应该做的是阐释或者说理解社会现象,而非建立稳定不变的知识架构。

因为拒绝使用实验和统计调查等体现实证主义哲学所倡导的"科学精神"的方法,定性研究常常被定量研究者们批判为"不客观"和"不科学";事实上,它们绝大部分确实是基于无结构的访谈和参与式观察基础上形成的。与定量研究者的"科学的"、"无可置疑的"研究计划不同,定性研究者总是需要面对这样的责难:我们为什么要相信一个定性的研究?这看起来好像没什么普遍性?因此,保证定性研究的质量对于确保其研究的意义和价值是至关重要的。

依据一些学者的建议,与定量研究不同,定性研究的质量不是由与既定模式的一致性决定的;相反,它的力量源自使用合适的语言准确描述在田野调查中的发现①。不过,一些学者还是建议,定性研究也应该考虑到研究的信度和效度问题(当然,其具体执行的过程可与定量研究不同),以确保研究的质量②。

一 信度

信度用来考察研究所用的方法是否是合理的。在定量研究中,它意味着"测量的一致性"③。换句话说,它表示,一个研究中所采用的方法是否能被另一位研究者重复使用以获得相同或相似的结果④。在定性

---

① David R. Buchanan, "An Uneasy Alliance: Combining Qualitative and Quantitative Research Methods", *Health Education Quarterly*, Spring 1992, pp. 117 – 135; David Silverman, "The Logic of Qualitative Research", In G. Miller & R. Dingwall (Eds.), *Context & Method in Qualitative Research*, London: Sage, 1997, pp. 12 – 25.

② 参见 David L. Altheide and John M. Johnson, "Criteria for Assessing Interpretive Validity in Qualitative Research", In Norman K. Denzin and Yvonna S. Lincoln (Eds.), *Collecting and Interpreting Qualitative Materials*, Thousand Oaks, CA: Sage. 1998, p. 283 – 312; 风笑天《社会学研究方法》,中国人民大学出版社 2001 年版。

③ Patrick J. Schloss and Maureen A. Smith, *Conducting Research*, New Jersey: Prentice – Hall, Inc. , 1999. p. 93.

④ 风笑天:《社会学研究方法》,中国人民大学出版社 2001 年版。

研究中，读者依然需要被说服他/她所看到研究方法是合适的，继而其研究结果是合理的。不过，对于一个定性研究者而言，其问题在于，定性研究并非与数字信息打交道，因此无法采用传统统计中的相关系数 r 来测定其的信度。故而，一些定性研究学者提出了变通性的可在定性研究中使用的确保信度的方法。

帕特里克·J. 施乐斯（Patrick J. Schloss）和毛琳·A. 史密斯（Maureen A. Smith）曾提到三种主要的测量定性研究中信度的方法：第一，清晰的记录，即整理出详细而清晰的田野笔记和访谈记录，以保证准确地描述在田野调查中看到和听到的所有事实；第二，同行评审，即邀请另一位擅长定性方法的同行学者对田野笔记或访谈记录进行阅读、审查并提供反馈；第三，参与者审查，即邀请该研究的参与者参与审核田野笔记或访谈记录或者甚至是最后的研究报告，并提出反馈意见[①]。

玛格丽特·D. 勒贡（Margaret D. LeCompt）和朱迪斯·P. 古茨（Judith P. Goetz）则区分了定性研究中"内部信度"和"外部信度"的概念[②]。前者指的是使用其他相似研究方法的研究是否能得到与原研究相似的结果；而后者指的是其他在相似的情境中做研究的研究者是否能够得到相同或相似的结果。具体来说，外部效度可以由以下五种方法来保证：第一，"研究结果需要说明研究者在田野中采用的特殊身份"；第二，"研究者需要尽可能地说出是谁提供了资料"；第三，"研究是在何种社会情境下展开的"；第四，"研究所依赖的理论和思想需要被清晰的阐释"；第五，研究者需要"注意仔细地介绍研究所采用的方法，以确保每一个细节都被阐述清楚"[③]。同样，勒贡和古茨也提出了五种方法来确保内部信度："（1）使用低推论叙述；（2）使用多位研究者；（3）使用参与式研究方法；（4）同行检查；

---

① Patrick J. Schloss and Maureen A. Smith, *Conducting Research*, New Jersey: Prentice - Hall, Inc. , 1999.

② Margaret D. LeCompte and Judith P. Goetz, "Problems of Reliability and Validity in Ethnographic Research", *Review of Educational Research*, 1982, Vol. 52（1）, p. 31 - 60.

③ Clive Seale, *The Quality of Qualitative Research*, London: Sage, 1999, p. 141.

（5）机械化地记录信息"①。

　　参考这些学者的意见，在研究的过程中，笔者采用了如下的方法来保证信度：首先，所有的访谈记录都被清晰而详细的记录下来；其次，在资料搜集阶段，一些访谈记录曾交给一位擅长定性研究方法的研究者做同行评审，他给了笔者很多关于如何抓住访谈焦点以及如何对参与者的谈话作出反应的重要意见和建议；再次，X 监狱中的"关键线人"W 警官在本书的田野工作中充当了非常重要的保证研究信度的角色，笔者和她之间进行了数次的"反馈式谈话"以保证笔者从参与者那里获得的信息是真实可信的；最后，所有的资料收集方法及过程在最终的研究报告/论文中都被详细而清晰地记录下来。

二　效度

　　效度也就是准确性，即研究使用的方法是否能准确地测量出研究者想要了解的东西。同信度相似，效度也是研究中一个很重要的指标，因为"效度表示研究工具在何种程度上测量出了它应该测量的内容"②。

　　在一个定性研究中，效度通常用来表示在真实环境中发生的事件被还原程度有多少。所以，研究者需要最小化他们对研究现场介入的影响。虽然事实上，当他们出现在研究现场时，他们就已经改变了原有的状况③。不过，研究者依然可以采用一些方法将这种影响控制在较小的范围内以确保研究的效度。比如，当进行田野调查时，使自己提前沉浸在田野环境中是一个很好的选择，因为这会令参与者习惯于研究者的出现，并且消除对研究者的戒心。此外，不论是观察还是访谈，与参与者建立紧密关系是另一个有效的方法。这样做的目的是让参与者明白，研究者不是"外人"，从而使参与者能够在研究者面前表现出他们"正常"而不加掩饰的一面④。

---

①　Clive Seale, *The Quality of Qualitative Research*, London: Sage, 1999, p. 148.

②　Patrick J. Schloss and Maureen A. Smith, *Conducting Research*, New Jersey: Prentice - Hall, Inc. , 1999, p. 93.

③　Ibid. .

④　Patrick J. Schloss and Maureen A. Smith, *Conducting Research*, New Jersey: Prentice - Hall, Inc. , 1999.

在这一研究中，使研究者自己沉浸在监狱环境中确实不是件容易的事儿，因为在一片身着制服的狱警和女性服刑者人群中，身着便服的笔者很容易就会被认出来，而且十分显眼。所以，笔者采用的使自己不显得突兀的方法就是尽量多次地进入研究环境——X监狱之中。不一定每次进去都是为了做访谈，很多时候笔者只是请"关键线人"W警官带领笔者在监狱中四处转转。这一举措的目的是让狱警和服刑者普遍留下一个笔者不是一个陌生来访者，而是定期拜访者的印象。事实证明，这一措施是成功而有效的，在笔者做访谈时，很多被访者都表示，尽管她们并不知道笔者是谁，但是她们对笔者并不陌生，她们认为笔者也许就是定期来监狱做服务的志愿者。在这种情况下，她们非常乐意与笔者交谈，而不会觉得有什么不舒服的地方。此外，除了做一些正式的访谈之外，笔者还和狱警们进行过多次非正式的交流和闲谈，以此和她们建立良好的关系。不过遗憾的是，由于监狱规章所限，笔者无法和服刑者做同样的非正式交流。

另一项与效度有关的议题是检查服刑者是否真实的叙述了她们的想法，也就是说检查她们是否在撒谎。根据凯恩·欧雷利（Karen O'Reilly）的观点，"人们有可能只是回答了你想听的话，或者是他认为你想听的话，或者甚至是他想让你听到的话"①。而为了避免这一问题，欧雷利认为研究者可以采取以下三种方式来检查参与者陈述内容的真实性：首先是内部一致性，即采用不同的方式从同一个参与者那里得到相同的答案；其次是外部一致性，即比较多名参与者对于相同事件所提供的信息的一致性；最后是比较参与者的报告和研究者自己所观察到的现象是否一致②。

事实上，在研究过程中，笔者并没有十足的把握说"我保证被访者告诉我的所有的事情都是真实的再现"，因为每一个人对所发生的事情都有自己不同的理解，而她们也只是将自己的理解和感受说出来而已。不过，因为本书的目的就是站在女性服刑者的视角来了解她们的经历和聆听她们的感受，因此，笔者并不追求所得信息的完全客观化。在

---

① Karen O'Reilly, *Ethnographic Methods*, London：Routledge, 2007, p. 154.
② Ibid. .

笔者看来，如果被访者所述内容未出现明显的前后矛盾或者明显的编造
迹象，那么她的叙述就将被认为是真实可信的。此外，笔者还尝试着比
较多名参与者对相同议题的叙述以及参考狱警的评价以判断她们提供的
信息的真实程度。如果这些方面都不存在明显问题的话，那么她们提供
的故事就被视为是可靠的。

第八节　伦理问题

　　社会科学研究者多以人为研究对象，故而相关的伦理问题总是会引
起大家的关注。在进行社会科学研究时，研究者便拥有了一些窥视和进
入他人生活的"特权"，他们能够通过各种研究方法知道参与者的感
受、听到他们的故事，以及看到他们的世界。如此一来，他们便在某种
程度上拥有了伤害参与者的可能性。因此，保证研究的道德性，以及不
能错用或者滥用这些"研究特权"来在身体上或心理上伤害研究的参
与者便显得十分重要。

　　总的来说，研究所涉及的伦理问题主要包括以下两方面：首先，研
究者应该以符合伦理要求的方式计划和设计研究问题；其次，资料的收
集和分析应该是符合道德方式的①。

一　研究计划阶段的伦理问题

　　在进行研究规划时，研究者应该问自己的最重要的问题是："本书
的目的是什么？"② 或者说，"该项目究竟价值何在？"③ 这里所说的价
值或意义并不完全是理论或实践取向的，而更多地带有伦理的含义。

　　具体来说，笔者选择写作本书的原因有很多，比如推动人们对中国
女性服刑者生活的了解、试图填补原先的研究空白，以及笔者个人的研
究兴趣等。然而从一个伦理或道德的视角来说，本书的目的是推动女性
服刑者——这个特定的利益群体的福祉。通过本书，长久以来为社会所

　　① Jennifer Mason, *Qualitative Researching* (2nd ed.), London: Sage, 2002.

　　② Ibid., p. 41.

　　③ Matthew B. Miles and A. Michael Huberman *Qualitative Data Analysis* (2nd ed.), Thousand Oaks, CA: Sage, 1994, p. 288.

忽视的女性服刑者便有了一个受倾听的机会；她们将会有可能得到更多的来自社会的关注——这既包括学术界，也包括监狱管理方。而这些关注将会大大促进有关犯罪的研究和矫正实践工作的推进。因此，从伦理角度来说，本书是理性的和有价值的。

二　研究过程中的伦理问题

除了研究设计阶段的伦理问题，在研究过程中也要确保每个阶段都是符合道德标准的。以下就是关于在本书进行过程中所涉及的几大伦理问题的考量：

（一）保密或公开

对研究实践过程中的伦理问题来说，最关键的一点就是研究者需要选择将自己的研究保密或者是公开[1]。关于社会科学研究应该"保密还是公开"的争论已经存在了几十年，但仍然没得出一个"简单而普遍受到认同的答案"[2]。归纳不同学者的观点，在这个伦理问题上主要有以下五种立场：（1）欺骗主义者（deceptive）；（2）绝对主义者（absolutist）；（3）背景化结果主义者（contextualized - consequentialist）；（4）相对主义者（relativist）；（5）女权主义者（feminist）[3]。

有一些学者——比如杰克·D. 道格拉斯（Jack D. Douglas）——支持欺骗主义立场[4]，也就是说他们相信研究者可以使用任何方法去获取他们想要的信息，包括使用欺骗、伪装或是制造人为环境的手段，因为他们认为社会科学家只能通过这些方法知道真相[5]。而与此相反，"绝对主义者认为社会科学家无权侵犯他人隐私，因此欺骗是不道德

---

① Jennifer Mason, *Qualitative Researching* (2nd ed.), London: Sage, 2002.

② Martin Bulmer, "Ethical Problems in Social Research: The Case of Covert Participant Observation", In Alan Bryman and Robert G. Burgess (Eds.), *Qualitative Research* (Vol. IV), London: Sage, 1999, p. 7.

③ Norman K. Denzin and Yvonna S. Lincoln, *Handbook of Qualitative Research*, London: Sage, 1994.

④ Jack D. Douglas, *Investigative Social Research: Individual and Team Field Research*, Beverly Hills, CA: Sage, 1976.

⑤ 陈向明：《质的研究方法与社会科学研究》，教育科学出版社 2000 年版。

的"①。也就是说，从绝对主义者的视角来看，社会科学家只应该在公开领域开展研究，因为他们认为任何对参与者隐私的侵犯都会对其造成伤害②。"背景化结果主义模式是建立在四条原则基础之上的：相互尊重、非压迫和非操纵、支持民主价值和制度以及认为每个研究行为都意味着背景化的道德和伦理决定。"③ 持这种立场的研究者认为不存在绝对的欺骗，任何事情都应取决于它存在的真实场景和它的潜在结果。也就是说，如果必须的话，一定程度的欺骗行为也是可以接受的④。"相对主义者认为研究者有绝对自由研究他们认为合适的对象，但他们应该只研究那些直接从他们自身经历中引发的问题。"⑤ 这就是说，由于不存在绝对的伦理或非伦理的方式，研究者应该根据自己的判断选择最佳的研究方式。最后，女权主义立场推崇研究者和参与者之间协作、信任、非压迫、公开和共享的关系⑥。

在本书中，最后一个伦理立场，女权主义立场，被认为是"保密或公开"问题上的最理想的选择。尽管本书从根本上而言并不强调女权主义，但笔者却意识到从伦理的角度考虑，这个立场满足笔者在这一问题上的要求。根据女权主义伦理立场，研究实践的关键并不是保密或是公开，而是研究者与参与者之间的感同身受，是为了让参与者感到通过研究过程他们被赋予了力量，并且得到了更多的自我意识。因此，研究的主要目的是给研究对象——尤其是那些少数群体——一个表达声音

---

① Norman K. Denzin and Yvonna S. Lincoln, *Handbook of Qualitative Research*, London: Sage, 1994, p. 21.

② Kai T. Erikson, "A Comment on Disguised Observation in Sociology", *Social Problems*, 1967, Vol. 14 (4), pp. 366 – 373.

③ Norman K. Denzin and Yvonna S. Lincoln, *Handbook of Qualitative Research*, London: Sage, 1994, p. 21.

④ 陈向明：《质的研究方法与社会科学研究》，教育科学出版社 2000 年版。

⑤ Norman K. Denzin and Yvonna S. Lincoln, *Handbook of Qualitative Research*, London: Sage, 1994, p. 21.

⑥ 陈向明：《质的研究方法与社会科学研究》，教育科学出版社 2000 年版；Norman K. Denzin and Yvonna S. Lincoln, *Handbook of Qualitative Research*, London: Sage, 1994; Marjorie L. DeVault, "Talking and Listening from Women's Standpoint: Feminist Strategies for Interviewing and Analysis", In Alan Bryman and Robert G. Burgess (Eds.), *Qualitative Research* (Vol. IV), London: Sage, 1999.

的机会①。具体来说，本书的目的是就探讨女性服刑者这一不太受到公众关注的弱势群体的生活。因此，在这里使用女权主义的伦理立场便是为了使女性服刑者的声音能够被公众所听到。

从具体操作上来看，在研究的实地调查阶段，笔者尽力与每一位参加研究的参与者建立良好的关系。每当考虑保密或公开事宜时，笔者都遵循着"将心比心"的原则②；也就是说，每进行一步研究，笔者都会将自己放到参与者的位置来问自己："如果我是参与者，会反对研究者这样做吗？这么做我是否感觉受到了伤害呢？"如果得到否定的答案，笔者才会按计划行事；而当笔者察觉这一行为会引起参与者的不适时，便会选择放弃。

（二）知情同意书

"知情同意书是个人在被告知将会影响他们决定的事实之后，选择是否参加调查的一个步骤。"③ 人们常常怀疑，使用定性研究方法会引起若干伦理问题，因此研究者应该在访谈开始时就让参与者知道研究所涉及的内容，并且在获得他们的同意后再开始研究④。换句话说，知情同意书的核心宗旨是参与者不应该觉得自己是在迫于压力之下参加研究的⑤。这一步骤是为了尊重受访者的自主和尊严⑥。

理查德·盖·塞德莱克（Richard Guy Sedlack）和吉·斯丹丽（Jay Stanley）认为知情同意书应该遵守三条规定："（1）回答者应该被告知参加研究是自愿行为；（2）回答者应该被告知研究中任何可能影响其决定的内容；（3）回答者应该被允许在研究过程中的任何时间都能够自由选择是否继续参加研究。"⑦

---

① 陈向明：《质的研究方法与社会科学研究》，教育科学出版社 2000 年版。

② 同上书，第 429—430 页。

③ Richard Guy Sedlack and Jay Stanley, *Social Research: Theory and Methods*, Boston: Allyn and Bacon, 1992, p. 370.

④ Mark Israel and Iain Hay, *Research Ethics for Social Scientists*, London: Sage, 2006.

⑤ Matt Henn, Mark Weinstein and Nick Foard, *A Critical Introduction to Social Research* (2nd ed.), London: Sage, 2009.

⑥ Martin Bulmer (Ed.), *Social Research Ethics: An Examination of the Merits of Covert Participant Observation*, New York: Macmillan, 1982.

⑦ Richard Guy Sedlack and Jay Stanley, *Social Research: Theory and Methods*, Boston: Allyn and Bacon, 1992, p. 370.

因此，知情同意书的核心是参与者有权在得知研究目标和因为参加研究而对生活造成的潜在影响后选择继续或是停止参加研究。在本书的资料收集的过程中，在每个正式访谈开始之前，笔者总是先把研究目的告诉参与者——包括服刑者和狱警，并解释这一研究对她们的潜在影响；在得到她们的同意后访谈才会继续进行。

（三）匿名和保密

尽管笔者已经告诉参与者本书的研究目的以及取得了她们的许可而得以将研究进行下去，但仍然还是有一些不容忽视的道德问题必须加以考虑的，因为研究者有可能"将知情同意书当成违背其他道德考量的许可证"①。因此，我们需要找到更多的降低研究中道德风险的方法。

在所有的降低风险的策略中，最常见的是匿名或保密保证。在社会科学研究中，匿名和保密所指不同，尽管有时它们可以互换使用②。匿名指的是保证参与者的"名字和身份无法辨认"③，甚至连"研究者也无法辨认特定的参与者的回答"④是什么。与之不同，保密是指"积极地将参与者任何可能被辨别身份的迹象从研究记录中移除"，也就是说"研究者将所获得的资料保密起来防止其被公众所知"⑤。匿名是在资料的收集阶段实施的而保密通常是在资料的分析阶段实施的。因此，如果研究资料系匿名所获得，则无须担心保密问题，因为即使是研究者本人也无从知晓参与者的身份；而假如无法保证在资料收集阶段的匿名，则保密就成为保护参与者隐私的关键。

与使用匿名调查问卷的定量研究者不同，考虑到和受访者的亲密关系，定性研究者在资料收集阶段很难保证匿名，因为他们需要和参与者做近距离的互动。在这种情况下，通常采用的办法就是在资料分析阶段

① Richard Guy Sedlack and Jay Stanley, *Social Research: Theory and Methods*, Boston: Allyn and Bacon, 1992, p. 370.

② Matt Henn, Mark Weinstein and Nick Foard, *A Critical Introduction to Social Research* (2nd ed.), London: Sage, 2009.

③ Ibid., p. 94.

④ Richard Guy Sedlack and Jay Stanley, *Social Research: Theory and Methods*, Boston: Allyn and Bacon, 1992, p. 373.

⑤ Matt Henn, Mark Weinstein and Nick Foard, *A Critical Introduction to Social Research* (2nd ed.), London: Sage, 2009, p. 94.

以及报告撰写阶段对参与者的个人身份信息保密。在此研究中，保密分两步完成：访谈开始前，笔者先让受访者知道她们的身份和个人信息不会透露给他们；接着，在资料分析时，笔者不曾提到任何受访者的个人信息，而全部是以序列号代替。

最后，值得一提的是，本书中涉及的所有道德问题都在 2009 年 9 月 7 日获得香港大学非临床研究操守委员会批准，符合研究道德。

第九节　自我审视

定性研究者通常强调自我审视，即"考察研究者采用某种特定的方法时对整个研究的影响有多少"[1]。因为研究者和参与间者之间存在较定量研究更多的互动，故而他们需要意识到他们在研究过程中对意义的建构所做的贡献。

其中，最需要考虑的一点就是研究者在参与者面前的角色。不同的角色代表了不同视角，并在同一个环境下提供了不同的解释。因此，在决定了研究目标和方法后，研究者必须反思他/她的角色，即检查是否因为研究者个人因素影响到了研究结果。

据陈向明所说，能够影响到研究结果的研究者的个人因素主要包括两个方面：一是研究者的个人身份，如性别、年龄、社会地位、受教育程度等；二是研究者的个人立场，如看问题的角度、价值观、对个人生活经历的评估等[2]。

个人身份以及个人立场有较强的预先倾向性。研究者的性别、年龄、种族、文化背景、生活经历、世界观、价值观等，所有这些背景都是无法改变的，所以研究者需要思考这些个人身份和立场如何以及在多大程度上能够影响研究结果。

在本书中，笔者是唯一的研究者，女性，28 岁（在研究调查时），中国人，拥有较高的教育程度，没有工作经历，来自中国东部一个大城

---

① David J. Nightingale and John Cromby (Eds.), *Social Constructionist Psychology: A Critical Analysis of Theory and Practice*, Buckingham: Open University Press, 1999. p. 228.

② 参见陈向明《质的研究方法与社会科学研究》，教育科学出版社 2000 年版。

市的中等收入家庭；笔者说普通话，也能听懂多数的中国方言；笔者不对任何人群抱有偏见，并且认为人人都应得到他人的尊重。

在所有的这些身份和立场中，笔者认为有些应被看作研究上的优势，比如性别、年龄、种族以及对弱势群体的态度。首先，有相当多的研究表明女性比男性更善于做访谈①。在笔者的研究中，所有参与者都是女性，因此也便于笔者以同性的身份展开深入交谈。其次，从年龄上看，年轻人被认为更适合做深入的实地调查，因为她们有更多的时间和精力，而且适应力更强②。为了对所研究的内容有个完整而清晰的了解，笔者在研究场所停留了足够久的时间。笔者能够轻易地做到把自己放到"学习者"的位子上，即以一种"学习"的态度接触参与者，以试图从她们那获取信息，而不是假充向她们传授些什么知识的专家。再次，因为笔者与参与者有着相同的文化背景，所以笔者和她们之间不存在文化隔阂或文化冲突。这一点有助于笔者全面的了解参与者。最后，就个人价值观来说，笔者不对任何人怀有偏见，而是认为所有人都应得到尊重。假使笔者——作为一个研究服刑者的研究者——无法从道德上接受犯人，而是认为她们是理应得到惩戒的"坏人"，笔者将难以公正地开展研究，因为笔者无法保持中立的态度来进行这一研究。

同时，笔者的个人身份和倾向也有若干不利于研究的因素。最重要的一点就是笔者的家庭背景和生活经历。笔者来自于一个大城市的中等收入家庭，尚无工作经历；而笔者的参与者却大多要么是来自贫穷的农村地区、未受过多少教育；要么就是曾经位高权重、阅历丰富。无论对哪一类被访者，笔者都可能与她们存在沟通上的隔阂。在这种情况下，笔者唯一能做的减少这一"不良影响"的事就是在面对被访者时，以诚实和尊敬来赢取她们的信任。而另一个不利因素来自于语言。笔者只会说普通话和家乡话，而不会说中国其他各地的方言，尽管笔者能听懂

---

① 参见陈向明《质的研究方法与社会科学研究》，教育科学出版社 2000 年版；Robert S. Weiss, *Learning from Strangers: the Art and Method of Qualitative Interview Studies*, New York: Free Press, 1994.

② 参见陈向明《质的研究方法与社会科学研究》，教育科学出版社 2000 年版；Martyn Hammersley and Paul Atkinson, *Ethnography: Principles in Practice* (3rd ed.), London: Routledge, 2007.

大多数。在访谈进行期间，多少还是产生了一些语言方面的问题，因为被访者来自于中国内地的不同地区，且有相当多数的人普通话并不流利。为了解决这个问题，笔者尝试着在访谈时慢慢说，以便双方都能清楚地明白彼此。但是在极端的情况下，笔者曾遇到过一些说着很难听懂的方言的被访者，那便只有选择放弃。

然而，无论如何定性研究者都无法做到保持中立的价值观。在诠释和分析资料的过程中，他们无法将事物看作完全客观的存在，而总是会加上由于自己的身份、价值观所赋予的不同的理解。这便被称为研究者在对研究对象的回答的"再诠释"。

第十节　总结

本章承载了笔者对本书的构思过程和开展研究的经历，包括制定研究计划、进入研究场所、招募研究的参与者、收集和分析资料、建立信任关系以及出于可靠和理性的考虑而涉及的道德问题和自我反思。总的说来，笔者希望读者通过阅读本章可以对本书的开展过程有个大致了解。笔者还相信本章亦可成为一个有用的介绍，以帮助其他学者详悉如何在中国内地的监狱中开展研究工作。记录研究中的每一步考量、尝试和反思都有益于这一目标的实现。值此记述全部过程之际，笔者也享受再次经历这一研究过程的兴奋。

第四章　监狱:一个新环境

　　监狱是一个布满严格规章制度的与世隔绝之地。它的封闭造成了它与其他任何社会机构的不同;也造成了服刑人群体相异于其他社会人群。入监伊始,服刑者们需要面对诸多的困难,他们必须逐一克服这些困难才能生存下去。本章主要以女性服刑者的视角作为出发点,分析监狱环境对她们适应监狱生活造成的影响。

　　中国女性服刑者的监狱生活主要包含三大主题:第一,充满挑战的制度环境;第二,与狱警的权力不对称;第三,犯人间信任的缺乏。本章的第一部分涉及来自于制度环境的挑战,即遵守监狱的各种规章制度,包括条例、日常规定和工作安排的要求。第二和第三部分则分别探讨了服刑者与狱警以及与其他服刑者之间的"关系"问题,即关于监狱内人际关系问题的分析。而这三部分便展示了女性服刑者监狱生活环境的全景。

　　本章(同样还有五、六两章)的讨论主要依据对 52 名女性服刑者的深度访谈文本;除此之外,13 位狱警的访谈记录也将在适当的时候被用做辅助说明的资料。

第一节　充满挑战的监狱环境

　　本节考察的是女性服刑者经历的来自监狱制度环境的挑战。这种"挑战"并非缘于监狱"恶劣"的生活条件或者"不人性"的管理方式,而是在于服刑者在监狱中必须遵循严格的规章制度,一切行为和活动都必须遵从狱警的安排。在谈论到监狱环境对其生活的影响时,52名女性服刑者参与人普遍认为监狱的硬件设施以及管理都是"良好的"

以及"超出其预期的";然而其中的绝大多数却提及遵守监狱规定和每日日程安排,以及服从狱警安排的监狱劳动给她们带来了环境适应性的挑战。

一 对监狱以及监狱生活的主观印象

通过与被访者的交谈可以发现,绝大多数的被访者在被捕后到进入监狱前都或多或少对监狱生活有些想象,而这些想象的来源常常是影视文学作品(且常常是描写封建时期监狱的影视文学作品)中的描写,所以大多充满了负面的色彩。就像以下这几位被访者所描述的:

> 从我被捕到入狱的这八个月,我也曾经想象过监狱的生活是什么样的。因为我以前从来没有见过监狱,也没有接触过坐过牢的人,所以对监狱生活的想象全都来自于电影、电视里面的描述,总觉得监狱是个非常恐怖的地方,是阴暗、潮湿的,进去肯定要被体罚,要挨打挨骂,还要干很重的活……每次一想到监狱里的生活,眼前就出现电视里放的那些恐怖的画面,心想我要在监狱过这么些年,怎么办?(P – Case No. 1)

> 被捕之后,在看守所里,我就想,监狱肯定是个很恐怖的地方。因为当时看守所的气氛就很严肃,很多人被关在一间房间里,大家相互之间也不怎么说话,各自想着自己的心事。我当时就想,监狱里面警官会不会打人啊什么的,越想越觉得恐怖。而且说实话,在原本我的想象中,监狱里面关的都是些无恶不作的人,什么坏人都有,我以后要跟这些人一起生活了,还真有点害怕。(P – Case No. 3)

> 我虽然在看守所待的时间不长,但是也听到大家议论监狱里面是什么样的啊什么的,说监狱很恐怖啊,要求很严啊,警官会打人,其他犯人也会打人的,听了之后就觉得很恐怖很害怕。(P – Case No. 11)

原来监狱给我的印象就是狭小的、拥挤的场面，很多人聚在一起劳动。(P – Case No. 13)

在看守所的时候，我就想，监狱肯定是很可怕的、黑黑的那种样子，就像电视上放的那样。(P – Case No. 23)

在我原来的想象中，监狱就是很黑暗、很暴力的，就像电视上描写的那样，破破的，到处黑漆漆的。(P – Case No. 32)

如此可见，这些服刑人在入狱之前对监狱以及监狱生活的想象与我们普通的市民对于监狱的想象并无二致，而这种想象和现实状况几乎没有任何相符之处。这充分说明了在中国，监狱、监狱生活以及服刑者是完全"与世隔绝"的，关于他们的"真实"的一切仿佛完全没有被我们的社会大众所了解。也正因为此，在服刑人进入监狱之后，便普遍发现实际的监狱环境以及监狱生活和自己原本的想象相距甚远，并没有想象中那么"恐怖"和"黑暗"，为此，她们大多感到很"高兴"，也觉得"安心"了很多。

进来之后才发现原来根本不是我想的那么回事，虽然一开始也挺害怕的，但是看到警官对我们都挺好的，劳动什么的也不是多辛苦，就安心下来，以前那都是自己吓自己。(P – Case No. 1)

后来才发现这里与我原来的想象完全不一样，我记得我第一天进来时，看到这环境，还想，原来监狱也这么干净、这么明亮、这么好啊，警官也都挺和气的，根本没像我原来想的会打人骂人什么的。(P – Case No. 3)

平心而论，这里的生活、工作条件真的不错。监房里面你去看过了吧？每个监区都有背投电视，监舍也很宽敞，窗明几净的。工作的工厂条件你也看到了，社会上的很多工厂可能还没有这个条件呢，最起码在车间里有空调的工厂可能就不会太多。饮食更不用操

心了，一天三顿一稀两干，中餐晚餐都有荤菜，还基本上天天有水
果吃。前两天我们有个犯人还说感觉最近吃的油水太多了。另外生
活用品，还有零食、副食品什么的购买起来都很方便，监狱超市会
定期配货。另外还有好多附属设施，什么广播站啊、电脑房啊、心
理治疗室什么的。这些生活设施是一应俱全，所以在这个里面真的
可以说是吃住不愁。(P – Case No. 9)

　　进来之后觉得还是跟我想的有些差别的。其实刚来时，我觉得
很新鲜也很意外，因为监狱完全不像我原来设想的那样黑洞洞的、
电网林立的，很暗基调的那种，而是有着天壤之别，虽说谈不上环
境优美吧，但至少是优雅的、整洁的、明亮的，看起来就像是一所
学校。(P – Case No. 12)

　　我觉得对这里的生活条件挺满意的。在这里吃穿不愁，生活也
很充实。你要说劳动苦吧，它确实是辛苦的，但是比比那些来城里
打工的农民工，我觉得我们还幸福一点呢。他们也是从早忙到晚，
而且在户外夏天那么晒，我们还在市内呢，还有空调，条件已经蛮
好的了。(P – Case No. 33)

不过，宽敞明亮的监舍、良好的监狱硬件设施以及"和气"的狱
警并不意味着服刑人能够非常轻易地适应监狱的环境。事实上，她们在
进入监狱之后还是要面对充满挑战的监狱环境，而这种挑战主要来自监
狱军事化的日程安排以及狱警为每位服刑人指定的在监狱中的全新的
"工作岗位"。以下两节便会重点阐述这两项不同的挑战。

二　遵守监狱规定和每日日程安排带来的挑战

进入监狱伊始，服刑人就深深体会到遵守监狱规定和每日密集的日
程安排所带来的适应性挑战。如果服刑者想在监狱里好好生活的话，这
也可认为是其进入监狱之后需要通过的第一个考验。

根据服刑程序，新来的服刑者都需要花费两个月的时间参加"入
监培训"。这段时间主要是用来学习监狱规章和服刑人行为准则，以及

适应监狱生活日程。多数参与者表示她们在入狱之初感到压力大、紧张，因为她们不太能够跟得上监狱快节奏的生活以及严格的规定。以 X 监狱日常作息为例，所有的服刑者每天早上起床后都需要在 30 分钟内完成所有规定的内务整理工作——包括穿衣、盥洗、收拾床铺、规整个人物品以及排队准备去餐厅。

除此之外，一些监狱特殊的规定也给女性服刑者们带来不适应的感觉。比方说根据监狱要求，所有服刑者都不得独处，也不能独自做任何事；她们无论何时想做什么都必须提前向狱警汇报，而且必须有至少两个人以上共同行事。X 监狱实行的是军事化的管理方式，强调速度、效率、服从和集体主义，反对任何形式的隐私和个人主义。虽然这些要求在普通人看来也许并不那么难接受，尤其是那些接受过军事化训练的人；然而对于这些服刑者来说，监狱生活节奏与她们入狱前的生活状态截然不同，她们因此感到十分痛苦，并且需要相当一段时间的适应。除此之外，痛苦还来自心理的抵触。军人能够顺利接受军事化的生活那是因为这条路是他自己选择的，且成为一名军人会另其有强烈的荣誉感，因而不会觉得是一种痛苦；但作为惩罚的一部分，监狱生活是服刑者被迫接受的，且给她们带来的不是荣誉感而是羞耻感，因而也加重了她们的痛苦。

在所有的 52 位服刑人参与者中，有 38 位声称她们在入狱初期感受到紧张的日程安排给她们带来的极大压力。其中 4 人这样说道：

> 刚进来时，我还是有点不适应，特别是在生活节奏上。主要原来在外面自由懒散惯了。进来之后什么事都很有规律，节奏也快，一开始的一段时间，每次一到洗漱时间，看见别人在那儿忙忙碌碌的洗啊弄啊，我都不知道自己要干什么。（P – Case No. 3）

> 我感觉还是要调整自己的生活方式。监狱里的生活总的来说比较紧凑，节奏感很强，刚来的时候很难适应，这需要慢慢地习惯。（P – Case No. 14）

> 里面条件是还不错，但我刚来时还是不太适应，主要是这里的

节奏太快，觉得很紧张。就说早晨起床吧，在这里都是早起，早晨
六点多钟就起床了。我从 1996 年下岗到进来前一直待在家里面，
十几年了，我都不会这么早就起来的，每天都是睡懒觉。来了之后
真是不习惯，现在慢慢适应了才觉得好一些。（P – Case No. 18）

我刚开始进来的时候确实很不习惯的。怎么说呢，在外面是很
自由的，没有说那么严格的时间规定，几点必须起床几点必须睡
觉。而里面的生活就显得很紧张，节奏很快，什么时间干什么安排
得清清楚楚。后来过了一段时间，我才慢慢地适应了。（P – Case
No. 28）

除了快节奏，52 位被访者中还有 31 人提到她们感觉在监狱中自己
的私人时间和空间是缺乏的，这也让他们感觉到了不适应。尽管服刑人
不必从早到晚的工作，但却很少拥有完全属于自己的自由或休闲时间。
除了工作、吃饭和睡觉之外，她们还需要参加各种各样的集体活动，例
如教育活动、休闲活动和兴趣小组活动等。正如以下几位服刑人所述：

另外，除了劳动，我们还有很多别的活动，有的是文艺活动，
还有一些像读书交流会这样的活动。这些活动都是一个接一个的、
连续性的。我们的时间安排得很满。（P – Case No. 25）

现在我们晚上一般安排是这样的，7 点钟到 7 点半收看新闻联
播，之后再进行一些活动。我们每天的活动都排得满满的，像心理
课、文盲班、卫生教育等，反正以教育为主吧。有时候，我们也会
安排看电视剧或者看电影，也算是给我们的消遣和娱乐，疏解心理
压力吧。有时，我们也会根据社会重大事件组织一些活动，比方说
奥运会的时候，我们就每天组织在新闻联播过后观看奥运比赛，为
中国队加油。我们还针对一些赛事组织了小组讨论，大家谈谈自己
的心得体会、看法和收获。（P – Case No. 27）

我们在这里几乎所有的时间都安排得满满的，即使是"休息"

也不意味着让我们躺在那里睡大觉，而是会组织很多文化活动或者参加一些教育类的课程。（P – Case No. 50）

可见监狱通过组织各种活动，以期为"改造"服刑人创建一个有意义的生活环境。服刑人大多也能够从这些活动中有所收获，无论是获取知识，缓解压力，还是单纯的休闲。当然，如此密集的时间安排的背后还有一个很重要的原因，那就是监狱方希望避免令服刑人处于一种无事可做的状态，在监狱里，"悠闲"是不被提倡的，因其无法显示出服刑人"积极向上"的一面。所以，对于监狱管理方来说，即使服刑人不需要工作，她们也需要有其他"有意义的事情"可做，例如学习或参加各种监狱组织的兴趣小组等。对于如此考量，一名狱警这样解释道：

> 平时我们也会安排很多活动给她们（指服刑人），一方面是为了让她们多学点东西吧，生活也不会太枯燥；另一方面也是不想让她们闲着，都说无事生非，太闲了她们难免就会胡思乱想。所以我们通常都要安排点事情让她们做。（PO – Case No. 1）

由于这些安排，女性服刑人的监狱生活变得十分忙碌。根据 X 监狱的日程表，从她们每天起床（约早晨 6 点钟）直到晚上就寝（约晚上 10 点钟），一天中的每一分钟几乎都是被安排好的、规定好的活动充斥着，几乎没有自己的"私人时间"。除了时间不能"私人"之外，监狱还规定，所有的服刑人不得独自活动；也就是说她们在空间上也缺乏任何"私人"的概念。根据监狱要求，服刑人在做任何活动时（无论去哪儿、干什么）都必须至少两人一组。正如一位被访者所描述的：

> 在宿舍区只要出了监舍的门不论干什么都必须要三个以上的人一同前往；在车间里一般是规定两个以上的人，反正永远都不可能一个人单独活动。（P – Case No. 9）

据了解，监狱执行此项规定是为了让服刑者们形成一个个的监督小组以互相监督。在狱警们看来，这项措施能够有效地预防女犯人自杀、自残或逃跑。这是因为这一规定能够完全消除在一定程度上构成上述活动的"必要条件"：独处。据 X 监狱以往的统计来看，确实罕见有服刑人自杀、自残或逃跑的事件。可见，这一规定虽然在一定程度上引起了服刑者们的不适应，却切实维护了监狱和服刑者的安全。

由此可见，女性服刑者几乎每时每刻都生活在高速运转的、紧张的，并且是受到监控的日程安排之下。她们所有的时间都被安排满了工作或其他集体活动，并且相互之间还受到彼此的监督；独处的时间和空间是完全不存在的。有 43 名参与者曾经提及这种高度规则化的安排给她们的生活带来了强烈的压迫感。譬如以下这些被访者所提到的：

> 虽然我是个外向的人，但是这里面有很多的监规纪律。好多事情我想做也不能做，也不能够自由的发泄。开始的时候，我年纪小，做事情还会任凭自己的性子，而现在我就明白了，不能那么过于轻易地想干什么就干什么，有很多事情都是要注意的。周围有很多人看着呢，还是得处处遵章守纪才行。(P – Case No. 24)

> 监狱里面管理比较严格，一切都是按照规范进行，不能违规。我们做什么事情都很讲究程序，至少在做之前都要去请示警官，哪怕是帮助别人的事儿，都要先和警官说一声，不能自说自话。作息时间也有很严格的规定，监狱的活动安排得都很紧凑，属于我们自己的时间挺少的。(P – Case No. 30)

> 不能说环境很压抑吧，但是这里总是有规章制度的，不是我们想干什么就能干什么的；而且，做什么事情都不能一个人。所以我觉得我的私人时间没有了。(P – Case No. 44)

> 最主要的我觉得是（监狱里面）不自由，不能想干什么干什么，想去哪儿去哪儿。但是在监狱里可不就是这样？进监狱首先不就是失去自由吗？我后来也想通了，都走到这一步了，哪还能随心所欲呢。(P – Case No. 48)

尽管多数女性服刑者认为她们在一开始都是无法适应监狱的日程安排和规章制度的，但是多数服刑者会在服刑的前两个月（也就是入监教育期）内逐渐习惯监狱的规定和日程安排。比方说以下这位服刑人被访者这样说道：

> 开始确实不适应啊，觉得每天都很紧张，也跟不上大家的节奏。后来慢慢的，经过警官的教导什么的，我就努力调整心态，后来没多久就适应监狱的节奏了。之后也不觉得有多困难了。（P - Case No. 3）

此外，由于服刑者不愿意接受服刑这个事实，她们通常会在初入狱时对监狱的安排感到不适应和痛苦；然而，当她们明白她们无法改变现状时，就会逐渐接受服刑的事实，痛苦因此得以缓解了，她们也能够逐渐地适应这里的"新"生活。就像以下两位被访者所述：

> 一开始我调整不过来，觉得自己辛苦工作、为社会奉献这么多年，怎么最后落得个这么个下场！但是后来慢慢的，我就逐渐适应了，大概也就是入监教育这两个月内吧，我觉得我适应了监狱的生活节奏了。（P - Case No. 14）

> 当然，刚进来的时候还是有一点不大适应，觉得落差很大，心里很难调整过来。但是经过新犯组两个月的教育期之后也就逐渐的适应了。怎么说呢，通过不断调整，自己也想通了，毕竟该发生的都发生了，已经到了这一步，平平安安地渡过这段时间才是最重要的。（P - Case No. 15）

事实上，如同前文所提到的，对于任何一个社会正常人来说，监狱的日程和规定并不是那么的难以遵守，尤其是对于那些习惯了规律生活的人群（如军人）而言更是如此。故而服刑者们对于这一问题的"抱怨"大多还是与她们内心中对监禁生活的排斥有关；而对这一挑战的克服过程也是她们开始逐渐接受监禁生活的过程。在两个月后适应了监狱的规则和日常作息的基础上，接下来服刑者们需要面对的挑战便是来自工作的安排了。

三　服从工作安排带来的挑战

两个月的入监教育结束后，女性服刑者们将被分配到不同的监区服刑；同时，她们也将获得在监狱中的第一份"工作"。

在中国，所有具备劳动能力的服刑者都必须参加劳动。根据《中华人民共和国监狱法》第 69 条规定，劳动作为改造方法的一种，在中国的监狱中是强制实施的。而服刑人的劳动岗位多数取决于其服刑的监狱所辖的工厂的生产要求；因此，监狱里并没有非常多种类的劳动岗位可供服刑人选择。此外，除了劳动岗位种类有限，亦由不得服刑者自行选择；而通常是由狱警根据岗位需要以及她们对服刑者的了解和评价来分配每一位服刑者的劳动岗位。在这种情况下，服刑者们面临的共同挑战就是她们将从事若干自己完全不熟悉的和以前从未接触过的工作，并且这些工作可能是既困难又无趣的。X 监狱所辖的工厂为制衣厂，因此多数服刑者都被分配到这个制衣厂里工作。由于这些服刑者中很少有人有服装制作经验，更谈不上服装厂工作经历，故而一开始上生产线制作服装对她们而言无疑是项艰难的任务。

在全部 52 名被访女性服刑者中，有 36 人在监狱制衣工厂里工作。其中，16 人主要负责生产线机缝工作（即"机工"）；5 人是在生产线上做辅助性工作的（即"辅工"）；2 人是负责做准备工作（即"前道工"，工作主要是标记或者裁剪布料）；2 人负责熨烫和整理服装成品（即"后道工"）；7 人是产品检验员，另外剩下的 4 人则从事各类型的服装车间管理工作（其中包括 1 名工艺员，1 名生产线线长，还有 2 名车间调度员）。以上除了 4 名管理者之外，剩下的 32 人都是在服装生产线的不同流程上工作。在这 12 人中，做机缝工作的又占了半数。她们之中的大部分表达了自己第一次从事缝纫工作的难度——比如不能很好地操作缝纫机、无法跟上生产线速度、很难达到生产质量标准等。正如以下这些被访者所述：

最开始的时候我也是做机工,就是在生产线上踩机子。虽然在刚进来的时候在新犯组(即入监教育时期)里学了基本的踩机子的方法,但是那时候我做得还很不熟练,动作很慢,技术也不好,就老是担心自己完不成任务,拖累了大家。(P‒Case No. 1)

一开始我做工也不熟练,做得很慢,又担心拖别人的后腿,感到特别的不安。怎么说呢,刚开始时我觉得挺不适应的,因为以前在外面从来没有接触过服装这一行,或者说我就没有正经的干过什么工作,哪里想过有一天还会来流水线上踩机子?所以我老是担心自己做不好。(P‒Case No. 3)

刚进来的时候我觉得适应不了,觉得挺累的,以前从没有踩过缝纫机。我那时候很多任务都完成不了,根本赶不上进度,觉得挺失落的。(P‒Case No. 4)

原来在外面的时候我从来没有踩过这种电机子,虽然也用过缝纫机,但那都是家用的,不像这种是电动的,特别快。所以刚开始踩机子的时候,我还觉得有些害怕呢。(P‒Case No. 27)

以前我是做会计的,从来没有接触过服装产业,所以一开始我是很有压力的,很担心自己做不好。(P‒Case No. 29)

同样的,生产线上其他工序的工作也不那么容易。与机缝工种相类似,这些工作的难度对于服刑人员来说也很大,她们也存在着一开始跟不上速度、达不到工序所要求的标准等问题。比方说,一名做“辅工”的服刑人这样说道:

我现在的工作是拖布(即布匹进工厂之后进入裁剪程序前的整理过程),基本上入监教育结束之后就开始拖布了,我们拖布是两个人搭档一起做。其实我一直都干得不顺心,还老是会有些小差错，老是达不到要求，然后就会被扣分，最近连着几个月的得分排名都在末尾。我都来了一年多了，现在一共才××分，也不知道这几年还有没有机会减刑①。想到这些我就感觉很绝望。（P – Case No. 19）

一名整烫工则这样描述了她的经历：

我现在主要是负责整烫，我以前在外面从没有接触过服装这一行。我下岗后这么多年从来没有干过活，天天在家待着，现在突然这么大强度的劳动，实在受不了。就是觉得累、觉得辛苦，觉得自己动作慢，跟不上别人。（P – Case No. 18）

一名检验员也表达了类似的看法：

因为我文化程度稍微高一些（高中毕业），警官就让我去负责检验，到现在也有差不多3个月了。其实检验也是个专业活儿，虽然不需要自己上机子做，但也需要熟悉服装制作的每一道工艺流程以及它们的工艺标准。开始的时候我也不是很适应，不太懂，因为我原来从来没有从事过服装相关行业，觉得还是挺困难的，总是达不到警官的要求。后来我只能靠看工艺书啊，跟其他人学习啊，经过了一段时间的努力，现在才算是慢慢的都了解了。（P – Case No. 15）

除了感觉"劳动压力大"之外，这些在生产线上做辅助性岗位的服刑者大多倾向于认为她们的职位相比较机缝工种来说要"低下"；这是因为辅助性职位"在工厂里不是很重要"，"不像踩机子那样受关注"，而且"晋升希望渺茫"（P – Case No. 8）。故而，这部分服刑者也感到了额外的、从事机缝工种的服刑者所感受不到的来自劳动岗位

① 服刑人减刑和假释的机会与其在监狱中的表现相关，而其在监狱中的表现会被量化为一定的"分数"。如果服刑人能够按照监狱的规定和要求工作和参与活动，表现良好便可获得相应的分数。当分数累积到一定的数量便可获得减刑和假释的机会。

"不如他人"的痛苦。

其实,即便是在服装工厂中从事管理工作的服刑者也不那么轻松。根据被访者所述,服刑者们大多认为管理岗位意味着更多的责任和压力。她们觉得自己在管理岗位上工作,不仅要比其他人干得好,同时还得协调其他人的工作,并适时解决工作中出现的问题,所以并非易事。从事管理工作的被访者们普遍认为在她们的工作中,协调不同服刑者之间的人际关系以及解决她们工作中所出现的问题是最难处理也是最重要的两项任务。对于一个从没有过管理经验的人而言,要做好这两点并不是那么容易,因此这些从事管理工作的服刑者在最初承担这一工作时常常感到无法很好地按要求完成狱警交给的任务,并因而感到"很沮丧"。比方说,一名线长如此描述了她工作之初的经历和感受:

> 线长的工作一点儿都不轻松,压力还是挺大的。我不但要负责分配整条生产线的生产任务,还要熟悉每道生产工序。线上哪儿出问题了,我就要立刻去解决。有时哪儿忙不过来了,我还要帮忙做一会儿。所以我什么都要管,而且什么我也都要会。你不会,别人就不会服你。所以我觉得这个工作可比机工辛苦多了,而且责任也大了很多,万一生产线出事儿全是我的责任。刚开始我觉得真的很难很难,就生怕我管不好,线上出事儿。有蛮长的一段时间我都觉得自己做不好,每天都过得很紧张。(P – Case No. 32)

除了在监狱制衣厂工作的 36 位被访者之外,另有 16 名服刑人被访者从事着非工厂类的工作。在这其中,有 4 人从事的是简单手工劳动(如折纸盒等),3 人是统计员(主要负责做各种报表),3 人是新犯辅导员(主要是帮助新入狱的服刑者尽快适应监狱生活);2 人在监狱艺术团中做演员,2 人是清洁工,1 人在厨房工作,还有 1 人是监狱广播站的编辑。总的看来,即使是这些从事着非工厂工作的女性服刑者在刚开始接触自己所承担的岗位之初也感到了一定的困难和不适应。与在制衣工厂中工作的服刑者一样,她们也表达了曾经对这些"新工作"所存在的畏难情绪。比如,2 名在监狱艺术团中担任演员的被访者是这样述说她们的感受的:

进来以后，我知道自己被分进了艺术团，也觉得十分的意外。因为艺术团里面都是些年轻的小姑娘，我当时都四十多了，是全艺术团里面年龄最大的。而且我也没有什么文化，就是初中毕业，以前也从没做过这方面的事情。我只是自己平时喜欢唱唱歌而已，但是从来也没接受过专门训练。进来后突然被分进了艺术团，这可是要拿唱歌当专业的，我当时觉得压力很大，感觉自己完全没有办法适应，所以那段时间特别的沮丧。自己当时真的觉得特别的累，每天感觉都没有希望；不是身体上的累，而是思想上、精神上的，觉得自己不可能干好这份工作。(P – Case No. 10)

我一进来的时候还是觉得有点不适应的，怎么说呢，就觉得反差大，原来我在外边的时候总是觉得自己还蛮好的，进来之后突然觉得自己毛病很多、什么也不会，像个白痴一样。入监教育之后一开始是把我分在厂里的后道车间管总检。后来艺术团刚成立，因为缺人，警官可能觉得我原来学这个的，就把我调过来了，所以我在2005年年初的时候进了艺术团。不过到了艺术团之后一直觉得不太好，无论是生活上还是业务上都很难适应。本来我在车间里做检验，虽然累点，但是觉得自己到底还有点用，还能拿到点成绩，自己也开心。后来调上来艺术团之后就觉得很不好，虽然我原来也是学艺术的，但是这里毕竟不比学校，还是有很多不一样的地方。比方说，我原来是学声乐的，跳舞啊表演啊什么的我是一窍不通，但是在这里面你就要什么都会才行，这对我是个挑战。可以说，当时在这个艺术团里，我无论是外形条件上还是业务能力上都和别人不能比。所以刚开始的时候，我适应得很不好，心态调整不过来，也拿不到分，觉得很难过，就好像要崩溃了一样。(P – Case No. 16)

而另一名在厨房工作的服刑者则这样说起自己"当年"的经历：

刚开始被分配到厨房的时候，我也觉得挺辛苦的。虽然说以前在家也做饭，但这肯定不可能跟以前的生活相比。你想啊，以前哪有过整天拿刀剁菜切肉这种事情？那个强度可不是一般的家务活儿的强度。这个跟做家务真没法儿比，你这没经历过的，都想象不出来。（P – Case No. 47）

不过，从总体上看，服刑者们的工作并不比普通社会工厂或其他社会机构中类似的岗位更加辛苦和艰难，监狱方对于她们工作的要求也高不了多少。然而，鉴于服刑者们被迫从事着监狱所指定的（而且基本上是她们以前未曾接触过的）工作，她们无权选择自己的工作类别和岗位，所以她们一时间会觉得适应困难。并且，在大部分服刑者看来，在监狱中的工作对于她们而言仅仅是惩罚的一种表现形式，而并非她们正常的职业生涯的一部分。在这种情况下，我们就不难理解为何多数被访者都感到完成监狱方指派的工作是件困难而痛苦的事。

当然，也不是所有的服刑者都认为监狱的工作是痛苦的。在 52 名参与者中，就有 7 人提到她们自被分配在某一岗位工作以来，从未感到困难和痛苦。比如有一名担任统计员的服刑者这样描述她的工作和感受：

> 在工作上应该没有什么所谓的适应过程吧。我现在的工作主要是和电脑打交道，比方说做做报表什么的。应该说现在这个工作也算是跟我以前做的事有一定的联系，因为都是用电脑嘛，而且我以前的工作也是和数字什么的打交道的。另外这也算是自己相对比较喜欢的工作，所以没什么适应不了的。（P – Case No. 13）

不仅没有感到"适应困难"，这位被访者还表示在监狱中的"劳动"还为其带来了很多的"好处"：

> 我是这样看的：首先，对于我来说劳动是一件快乐的事情，它可以打发很多胡思乱想的时间，而且我做的也是我熟悉和喜欢的工作，所以就不觉得它是一项负担；其次，劳动也可以让时间过得充实一些，因为不论劳不劳动，你都必须待在这里，与其无所事事还不如有点事情干得好；最后，当然，劳动可以拿分获得减刑的机

会，我想对于大多数的犯人来说，挣分应该是劳动最重要的目的吧。（P – Case No. 13）

可见，确实有些女性服刑人不存在工作上的困难阶段或者说"适应期"；但客观来讲，这样的服刑人是很少见的。造成这一现象主要有两大原因：首先，那些声称不存在工作适应性障碍的服刑人多数不在制衣流水线上工作。而根据监狱对于服刑人工作的统一安排，这类从事非流水线工作的服刑人只占服刑人总数的很小一部分。其次，在这一小部分人中，只有那些从事着与其入狱前的工作内容相近甚至比其之前所从事的工作更加容易的岗位的服刑者才会声称其不存在新工作的适应期，而这一类的服刑者就更加少见了。在这部分服刑者看来，她们所从事的监狱工作并不是崭新的，而是她们以前所从事的工作的延续或重复，甚至可以算作为她们职业生涯的一部分。所以对她们而言，监狱工作便没有了"痛苦"，也不存在"难以适应"的状况。而除了这一很小部分的服刑者之外，所有剩下的服刑者，无论被分配做何种工作，都面临着新工作、新岗位所带来的不适应。而顺利地渡过这一适应期便是她们继适应监狱规章和日程后须通过的第二个考验。

总结来说，以上两个部分主要讨论了女性服刑者普遍遇到的来自监狱制度环境的挑战；而除此之外，监狱的生活中还包括处理与狱警以及与其他服刑人之间的关系，而这也就是以下两节将要阐述的内容。

第二节　狱警与服刑人间的权力不对称

这一节将着重讨论女性服刑者和狱警之间的关系问题。在中国的监狱中，服刑者都是由狱警所管理的；这两组人群是管理者和被管理者的关系，故而他们之间的权力地位关系是不对称的。在相当程度上，甚至可以说，狱警拥有决定服刑者"命运"的权力。因此，服刑者们在与狱警相处时总是感到强烈的疏离感，一些人甚至在面对狱警时感到恐惧和焦虑，虽然这并非由于狱警对待服刑者的粗暴行为所导致的。事实上，在实地调查过程中，笔者发现多数被访者表示狱警对她们是"公正的、和蔼的、人道的"；甚至还有些被访者认为狱警对她们"特别

好"、"特别关心",以至于让她们"非常感动",就如同以下这位被访者所述:

> 警官是真的对我们很好,这一点让我觉得非常非常感动。我有一次生病,要到医务室去挂水,后来从监区长到值班民警到我们的分管警官,都对我很关心。那天我挂水挂了一夜,监区长一夜都陪着我没休息,真是让我感动得说不出话来。后来的几天,几乎每个警官见到我时都会问我身体怎么样,感觉怎么样什么的,让我觉得心里暖暖的。有时候,我真觉得警官比亲人都亲!(P – Case No. 5)

而另一位被访者则不仅对狱警的"善良"和"耐心"做了整体评价,还以自己的经历为例子作了详细说明:

> 说句实话,这里的狱警真的不错。整体素质都很好,执法很规范、很文明,我进来这么久了还从来没有见过或听说过狱警打骂犯人的事情。即使遇到比较难缠的犯人,她们也都是耐心地批评教育,有时候那种耐心好的真叫人觉得都"难以忍受"!我自己就是搞教育的(该服刑者入狱前曾做过中学教师),已经够耐心的了,但是跟她们相比还是不如。我有时候都觉得受不了了,但她们还是不会发火,还是要和犯人讲道理。有时候就是这个当班民警教育疏导不行,下一个当班民警接着教育,就这样一直到让犯人认识了、明白了为止。这种耐心还真不是一般人做得了的,都是长期锻炼出来的。而且这些民警都是心地很善良、很关心人的,我们每个小组十几个人,就有一个分管民警,她通常对小组里面的每一个犯人都了如指掌,包括犯人的个人情况、家庭情况、身份背景、思想状况等,可以说真是什么都知道、也什么都管。并且分管民警还会定期的找每个犯人谈话,了解她们的想法和要求,一般来说,只要是正当的、在规则范围内的要求,狱警都会想方设法满足的。前两天的一件事儿就很令我感动,那天晚上我最后一个去打开水,结果已经没有水了,我回来以后监舍里面其他人就每人分了一点给我洗漱,结果我刚搞完弄完,当班的两位警官就从她们的办公室借了一盆热

水给我送过来,当时号房的门已经锁了,她们就一个人端着水,另一个拿钥匙开门,特地给我把热水送进来。当时我真的很感动,虽然这件事情很小,但是足可以反映这些民警都是很善良很关心人的。而且,她们的工作也是蛮辛苦的,过年过节都不能和家人团圆,因为监狱里一天24小时都离不开人,也是没有办法。(P - Case No. 9)

相似的表述其他很多服刑人被访者都有提到,比方说以下这几位都对狱警的日常工作态度做了相似的正面评价:

总的来说,这里的警官真的不错。我们不管是在任何时间、任何方面遇到问题都可以跟警官说,一般的要求她们也都会尽量满足。而且对于那些生活困难的犯人,她们还会给予特别的帮助,比方说赠送一些生活用品等。(P - Case No. 9)

警官对我们挺好的,真的是人性化管理。最初刚来的时候,我也是有些恐惧的,后来看到警官们对我们都很友好,经常关心我们、找我们谈话,了解每个人的情况,帮我们解决问题,我就没那么害怕了。慢慢的我还觉得她们是真心为我们好的。(P - Case No. 15)

我觉得警官的管理还是人性化的,为犯人着想的,她们都按规章办事,很规范的,考核什么的也是公开的。没有那些以前想象中的"黑暗"和"不公"的情况。(P - Case No. 38)

上述记录证明,服刑者对狱警的畏惧心理并非来自狱警对待服刑人员的"不良态度"或"暴力执法";究其原因,在于狱警和服刑者基于监狱中地位的不同而产生的权力不对等。故而,本节就将主要阐述女性服刑者和狱警之间这种不平等的权力地位关系;并且这一阐述将主要侧重于对女性服刑者的工作安排的讨论。之所以选择工作安排作为切入点来探讨服刑者和狱警之间的权力地位关系,是因为对于女性服刑者来说,监狱中的工作安排是十分重要的,它不仅仅是一个简单的劳动岗位,而往往意味着整个监狱生活。服刑者们的工作表现在很大程度上是会与她们在狱中所受待遇,以及减刑和假释的机会挂钩的。

依据前节所述,尽管多数服刑者的工作限于制衣,即在服装工厂里工作;然而,这一工作依然可以细分为很多种职位。其中,最大的一块是流水线工作岗位;而流水线工作又有诸多不同的程序,每一道程序又都可以成为一个更加细化的工作岗位类型。此外,虽然不在流水线上"踩机子",但是在制衣工厂车间中工作的机修工、技术员、线长、调度员等也都属于在服装工厂工作的岗位。除此之外还有一些非工厂类工作岗位,例如厨师、艺术团演员、辅导员、清洁员等(如上节所提)。

很显然,在不同岗位上工作的服刑人会做完全不同的工作,以及与之相联系的过着完全不一样的生活;这就和我们在社会中的工作与生活状态相类似。依据其不同的文化程度和阅历背景,不同的服刑人对于"理想的"工作岗位的认识是不一样的;但相同的是,她们都希望在自己认为满意的工作岗位上度过监禁生活。事实上,根据笔者所了解到的,如果服刑者能够被安排在一个她们自己觉得"理想的"或者说"合适的"岗位上工作,就意味着她们在狱中可能拥有一个相对舒适安稳的生活状态。然而不幸的是,在工作岗位安排这一点上,服刑人自己却毫无发言权。

一　"弱势"的服刑人

女性服刑人是不能自行决定自己的工作岗位的,她们需要完全服从狱警的安排。总的来说,狱警会根据自己的判断分配给不同的服刑者以各种不同的且"适合她们的"工作职位。当然,从理论上讲,服刑者也是可以向狱警提出关于担任或者更改某一工作职位的请求的,但该请求是否能够被接受则完全取决于狱警个人(或集体讨论而定)的判断。事实上,无论狱警安排服刑人从事何种工作,她们唯一能做的选择就是服从,而完全没有可能抵抗或者是拒绝。在实际调查中,几乎所有被访者都提到了这个事实。例如,有几位服刑者如此说道:

> 我们在这里的工作种类和具体工作内容都是警官安排的,一般我们犯人自己是不能选择的。警官安排做什么我们就做什么。我觉

得警官安排我做现在的工作（做报表）对我来说真是件很幸运的事儿。我想，要是当时她们让我去车间里踩机子的话，那我可能就会比较郁闷一点了，因为我完全不喜欢，而且以前也没做过，估计会很苦难、难以适应。不过，就算是当时那样安排了，我也只能服从；最多就是在努力干、表现好的情况下，在警官找我们谈话的时候说说自己的想法，这倒是可以的。虽然我们的工作不能选择，但是提提自己的要求也是可以的，但至于警官会不会考虑，就要看我们的表现怎么样了，还有就是警官觉得我们是不是适合某一项工作。至于究竟能不能换工作就不由我们决定了。一般来说，只有表现好，我们的要求才有被接受的可能。（P - Case No. 13）

我刚刚也说了，本来我是在后道车间里做检验的，后来调到艺术团来之后我就觉得挺难的，我后来就跟警官说过很多次自己适应不了，想调回下面做服装；那时候我总是不能理解、想不过来为什么警官一定要让我做这个。后来慢慢的，我也认清了，坐牢就是坐牢，不比在社会上，做什么能由着自己的兴趣；在这儿岗位是不能选的，尽管我还是不能理解为什么要让我来这儿，但是我也认了，还不是警官安排做什么就得做什么吗。（P - Case No. 16）

其实我也想学学别的手艺啊，我想去踩机子，或者哪怕是整烫什么的，都行。我看到人家在那边做这些技术活，我可羡慕可羡慕了！我也不知道当时警官为什么让我来做这个（整理半成品的辅助性工作）。其实我很想去踩机子，我不想再干这个了。我觉得自己也不是不能干别的活儿的人，关键就是她们没让我干别的。（P - Case No. 19）

显然，从被访者的叙述来看，服刑者是无权决定自己的工作岗位的，因为所有的岗位分配和安排都是由狱警做出的。那么狱警究竟是依据什么来决定将不同的犯人安排到不同的工作岗位上去的呢？她们的标准是什么呢？下一节就将从狱警的角度来谈谈对犯人的工作安排问题。

二　"强势"的狱警

以狱警的视角看来，她们强调对于服刑人工作岗位的分配应该在全面考虑其一系列背景和表现因素的基础上进行。她们普遍表示，在安排服刑人工作时会尽可能做到公平、公正以及系统化。具体来说，工作分配是根据服刑人在监狱中的表现、服刑的时间、个人的社会生活背景以及受教育程度、个人的才能以及性格等多种因素决定的。例如，以下两名受访狱警如是说：

> 我们对犯人工作岗位的安排，主要依据其刑期、表现、文化水平、身体健康状况等，将其安排在比较适合她的岗位上。这里大部分的犯人都是从事机缝劳动，因为我们主要是服装工业企业，所以机缝劳动是根本，有60%到70%的犯人是从事机缝的。犯人刚来的时候都是先做一些简单的工序，像是缝边之类的，慢慢再过渡到相对复杂的工序。当然，也有些犯人受自身水平限制，可能不能够适应复杂的工序，那么她就只能停留在简单的工作岗位上。其实在这里，大家的机会都是均等的，只要她想学、想做并且能做得好，那么我们都是会给她们机会的。当然，如果她想学，但是表现不好的话，我们也不会将其安排在重要岗位上。(PO – Case No. 3)

> 如果说我们发现她很难适应我们给她安排的岗位的话，也会想办法调整，找到一个适合她的岗位。其实一般来说，一个犯人的能力如何并不用花很多的工夫就能够发现。有的犯人动手能力强，技术好；而有的犯人虽然动手虽然差一些，但是脑子好，管理能力强。这些我们都是很容易就能发现的。所以说岗位安排上不会出现太大的出入。(PO – Case No. 5)

多数狱警都表示她们允许服刑人表达对工作类型的偏好和自己的想法。但是，在很多狱警的眼中，一些服刑人的请求是不合理的或者说是和她的"实际情况"不相符合的，因此并不是所有的服刑人的要求都可以被满足。关于此，一名狱警这样解释道：

如果犯人认为自己不适合某一岗位的工作，而提出要更换劳动岗位，我们一般来说都会加以考虑。我们通常会首先分析她的要求是合理的还是不合理的。如果是合理的要求，我们会根据她的表现和实际情况进行岗位的调整；但也有些犯人她提出的要求明显不合理，想要调整的岗位超出她的能力范围，在这种情况下，我们就会对她进行教育。其实犯人在刚接触一个新的岗位的时候都会有点不适应的，但是大多数情况下过段时间也就适应了。就像我们自己，就算在社会上工作，刚开始接触一个新岗位时也会有些不适应的，你说对不对？所以遇到这种情况的时候我们通常都会鼓励犯人做好手头的事，先观察一段时间再看是否真的需要调整。（PO – Case No. 5）

可见，狱警们在大多数情况下倾向于鼓励服刑人做好手头的工作而不是一遇到困难就给其换份新工作。这也是她们遇到服刑人要求更换新劳动岗位时通常的应对方法。一名服刑人以自己的亲身经历证实了这种倾向：

我以前是做过服装工作的，不过当时是做童装，跟现在这个不太一样，那个不是流水线，而是一个人完整的做一件下来，所以对数量的要求不是那么的高。现在就不一样了，因为是流水线，所以必须要跟上进度才行。刚来的时候我听说一天要做五六百件工觉得很不可思议，怎么那么多呢？以前我从没一天做过这么多，所以很怕自己完成不了连累大家，就跑去跟警官说"我不适合做服装"。警官当时就说我以前都是做过服装的，怎么会不适合呢？人家那些从来没做过的都能做，然后就让我先熟悉一下，先适应适应。后来我慢慢地熟练了，也觉得没什么了，现在我一天做五六百件也不觉得辛苦。（P – Case No. 22）

在这里，我们确实很难判断狱警是否仔细分析过每位服刑人的长处和短项，并以此为基础分配给她们合适的岗位。但至少有一点可以肯定的就是,尽管狱警们认为她们仔细考虑过每位犯人的背景、能力以及狱中表现从而正确的决定了她们的工作安排,却并不能改变她们在服刑人工作岗位选择和分配这一问题上掌控一切的事实。并且,由于这些安排对于服刑人而言是至关重要的,和其在狱中的生活质量以及减刑和假释的机会紧密相关,故而狱警们在与服刑人的相互关系中便拥有了强大的权力。

除了可决定服刑人的工作岗位,狱警们还拥有评估服刑人的日常表现,以及影响服刑人在狱中日常生活的权力。比如,狱警有权根据个人判断,惩罚服刑人的不良行为,以及鼓励服刑人开展"有意义"的活动。因此,服刑人通常无法自由地选择自己在狱中的生活方式和行为,她们往往需要遵循狱警的统一安排,或者按照狱警的指引来行动。而这也成了监禁生活的一项重要内容,是每一名服刑人都必须接受的现实。

正因为狱警和服刑人之间"权力"的不对等,尽管她们在日常生活中对服刑人的态度是友好的,服刑人在面对狱警时还是表现得很"畏惧",说话、行事都秉承"小心翼翼"的精神。她们通常是不敢违抗狱警所做出的决定的,哪怕是心中有些不服,也只能遵从狱警的安排。正如以下几位被访者所言:

> 比方说吧,有时候被警官批评了,虽然心里面不服气,也不好反驳,就只能自己忍着。(P – Case No. 4)

> 说实话,我觉得和警官讲话我还是会自卑的,除了特别需要,我不会主动跟警官讲话。之前我在这方面吃过亏。我觉得当时不是我的错,但就是因为跟警官汇报时说错了话,就给我扣分了。所以我就知道,和警官不是随便怎么说话都可以的,一定要注意这些。本来我这个岗位是可以和警官多聊聊的,但我不喜欢,我总觉得身份毕竟有差异,所以还是应该保持一些距离为好。面对她们,我还是有些紧张和害怕的。(P – Case No. 37)

如此,狱警对服刑人的权力优势便很明显的存在于监狱生活之中,并对服刑人的想法、态度和行为模式有着显著的影响。而除此之外,另一个影响服刑人监狱生活状态的便是不同服刑人之间的人际关系处理问题，这也是下一节所重点关注的内容。

第三节　服刑人之间的信任缺失

在监狱中，女性服刑人还必须处理好与其他服刑人之间的关系。依据参与者的叙述，服刑人相互间的关系是十分"复杂"的，而其根本原因就在于她们相互间信任的缺失。本节即将具体解释这种"复杂"的人际关系的状况以及程度。其中，第一部分主要将考察不同类型的服刑人的情况；第二部分则会研究服刑人在选择与何人接触时的"有限的"自由；第三部分是关于服刑人对监狱人际关系问题的态度。

一　不同类型的服刑人

所谓人际关系的"复杂"首先意指监狱将不同类型的服刑人置于同一个封闭的环境之中；较之正常的社会生活，她们生活地更加集中和密集，同时其人群背景也更加的多样化。正如几名服刑人提到的：

> 我觉得在监狱里面和人相处还是和外面有些不同的。我在外面接触到的基本上都是和自己差不多的同一类人，通常不和自己不同圈子的人打交道。在监狱里面就不一样了，什么背景的人都能遇到，形形色色的，不可能只和自己同类的打交道。(P–Case No. 3)

> 在监狱里面嘛，各个年龄的都有，好多都比我妈妈年纪还大，都跟我奶奶他们差不多年纪了。有时候觉得他们做得不对，也不太好意思说，毕竟人家那么大年纪。哎，反正挺难相处的。(P–Case No. 4)

> 我觉得在这个里面确实是能近距离的接触到各式各样的人。都说监狱是个小社会，我觉得可比外面的社会复杂得多。主要是因为我们居住的集中，而且来自各个地方的、各种各样背景的人都有；在外面不可能这么多不同种类的，来自各个阶层的聚集到一起，而

且这么近距离的暴露在你面前的。(P – Case No. 44)

由于服刑人的背景有着相当大的差异,生活在一起必然会出现很多问题。在调查中,有33名被访者表示在她们刚入狱时出现了相当程度的适应困难,无法很好地掌握与其他服刑人相处的"窍门"。比方说,其中几位这样说:

> 刚进来的时候我很不适应,老是和别人吵架,自己也觉得很烦躁。我那时觉得五年的时间好长啊,怎么过啊,天天和这些人在一起,我一天也过不下去。(P – Case No. 4)

> 这里的人际关系和外面很不一样。毕竟被囚禁在这里的都是些特殊的群体,大家的年龄、文化、背景都不同,看人、看问题的角度和方式都不一样,但我们就是要每天和这些人相处在一起,所以想要生活得好真的还不是一件容易的事。(P – Case No. 14)

> 我觉得这里面真是和外面太不一样了,在外面时我是没遇到过性格、脾气那么古怪的人。怎么说呢,这里面人这么多,大家都生活在一起,总免不了磕磕碰碰的,相互迁就一下就完了,但就是有人碰一下磕一下就发火,就吵架。真是太不容易了。(P – Case No. 19)

> 首先,这里的人年龄跨度很大,不像在外面,接触的大都是和自己差不多年纪的人。在这里各个年龄段的都有,好多都比我妈妈年纪还大,我都不知道怎么和她们相处。其次,这里的人性格千差万别,在外面大家都是(性格)差不多才走到一起,在这里就不一样了,有时要和性格脾气完全不一样的人交往,挺难的。(P – Case No. 31)

> 刚开始进来时觉得很不习惯,感觉无法与人交流,在人际交往上遇到很大的困难。因为原来自己交往和接触的圈子都是些自己的"同类",但进来之后就不一样了,这里什么样的人都有,有很多

是偏僻农村来的，还有好多是文盲半文盲，跟这些人根本就没办法交流；还有每个人的想法、思想都不同，很难说到一起去。（P-Case No. 51）

有一位服刑者甚至说道，自己无法和除了家乡以外其他地方来的人交往，并且因为无法忍受"外地人"，她宁可被送回家乡当地的看守所服刑：

> 当时我就想，哪怕让我回我们家那边的看守所待个五年都成，就不想在这儿待着了。怎么说呢，在看守所虽然也是坐牢，可能硬件条件各方面还不如这儿好，但是最起码都是我们当地的人，感觉各方面还适应些。这儿呢，什么人都有，来自五湖四海的，有些人的脾气性格很古怪，很难相处。（P-Case No. 19）

不过，尽管如此，仍然有9位参与者声称她们并不觉得在监狱中遇到的人比之前在社会上遇到的更为"复杂"；相反，在她们看来，在监狱中遇到这么多形形色色的人是很"正常"的。例如，有一位服刑人这样说道：

> 很多人都说监狱中人际关系复杂，我倒也没觉得在这里面接触到的人和外面有多么的不同，在外面接触到的还不是形形色色的什么人都有？都一样的，没什么好奇怪的。（P-Case No. 42）

类似的，另一位服刑人这样形容：

> 确实监狱里面什么样的人都有，什么样背景的人都能遇到，不过我觉得和在外面遇到的人差别不是很大。我想也可能因为我本来在外面时接触的人就比较杂吧。（P-Case No. 32）

总的说来，只有很少一部分参与者认为监狱中的人际关系同社会上相比没有很大的差别；而这些服刑人的共同之处就是她们大多在入狱之前就生活在比较复杂的社会关系网之中。相反，对于大多数的服刑者而言，她们在社会生活中的人际关系较为简单，大多数情况下都只和与自己社会经济背景相仿的人交往；进入到监狱中之后，周围的服刑人来自四面八方，各种背景的都有，并且都有着不同的脾气、习惯和个性，所以自然会觉得有很强烈的反差，继而带来严重的不适应感。

有趣的是，在这种情形下，服刑人并不都如我们想象中的那样选择和那些"好相处"的人来往，相反很多人也和那些"脾气差"、"无法相处"的人待在一起。这很容易让人们心生疑问，难道她们是在"自寻烦恼"吗？还是有什么其他原因呢？在下一节的论述中相信各位读者将会找到答案。

二　"被迫接触"的交往模式

在中国的监狱里，服刑人都是被安排在一个个小组中生活的，同一小组约有十几名成员，她们同住在一间监舍，共同吃饭、活动和学习。平时她们在参加监狱组织的集体活动时也常常是以小组为单位进行的。狱警决定了每组人员的组成，服刑人是没有自己选择属于哪个小组的权力的。监狱中对服刑人工作岗位的安排并非是以她们生活的小组为单位的，但它们就如同在上一节中提到的那样，同样是由狱警所决定。因此，即便工作伙伴同她们生活小组里的同伴不同，在工作伙伴的选择上，服刑人仍然没有话语权。此外，根据监狱的规定，不同组或者不搭班工作的服刑人是不得随便交谈和联系的。因此，监狱中的生活情况实际为：服刑人被迫与指定的同伴待在一起生活和工作，而无权决定自己要与谁交往。对此，一名服刑人如此形容：

> 其实，在监狱里面的人际关系和在监狱外面大不一样。因为在外面（人际交往）有的选择。和谁来往，不和谁来往，都是可选择的。和谁关系好就可以整天在一起，假如关系不好就可以一刀两断。在这里面就不行了，没得选择，分了你在哪个小组就在哪个小组，就是和这些人相处，过得好不好都要每天在一起。警官在分小组的时候肯定不会考虑说你们能相处得来还是相处不来的。我觉得一般考虑的通常都是便于她们管理吧。当然可能有时也考虑文化程

度啊、年龄啊什么的搭配一下。另外就是关系好的或者是同案犯的一般都不会放在一个小组，她们也是为了避免（我们）搞小团伙吧。我们不同小组之间虽然也可以来往，但是如果想和其他小组的人说话什么的都是要请示的。所以我们一般没什么特别的事也不会相互串门。（P – Case No. 13）

另一名被访者也表达了类似的观点：

> 不过呢，在监狱中与人相处还是和在外面不一样的，最重要的差别就是，在监狱中要更加克制自己、多忍耐和为别人着想。你想，在外面，我们都是和别人处得好就来往，处不好就不来往，但在监狱中不行，无论处得怎么样，都要来往。你说，如果是一个小组的，大家几乎一天 24 小时生活在一起，就算是处得不开心也还得继续在一起过下去。（P – Case No. 1）

监狱中的人际交往并不容易，因为服刑人相互之间无权自由往来和结交朋友。在社会中，尽管依然可能在一些特殊的情形下使得人们被置于一个特殊的制度环境中，且被迫与某一特定人群交往——例如学校、军队或工作机构等——但人们仍然有权与机构内以及机构外的所有人自由联系。更进一步说，当人们实在无法忍受与某一组织中的特定人群交往时，他们还可以选择退出该组织。因此，在社会生活中，人们是很容易自由选择交往对象的，而不必被迫与那些没有共同语言的人来往。然而在监狱中，服刑人却无法无视同一小组里或者同一工作岗位上那些"不喜欢"的人，因为她们必须要和这些人在一起；此外她们还无法与其他小组的犯人自由交往，更不要说监狱之外的人了，所以她们没有办法自由选择和"气味相投"者做朋友；当然最后，无论她们觉得如何不适应，她们都无法从监狱环境中撤离。

三 "小心谨慎"的处世之道

监狱中的服刑人形形色色，而交往的对象又多受限制，结果就导致多数的女性服刑人在狱中与人交往时采取"小心谨慎"的处世之道。

她们彼此间信任甚微，不知道何时何地就会被谁"出卖"；如此以至于整个监狱生活都笼罩在谨言慎行的气氛之中。

首先，在52名参与者中有46名均表示她们在每日的生活中都小心处事，因为她们不知道谁是朋友，谁是敌人。她们不敢轻易相信别人，也不敢轻易向别人示好；事实上，即使有人真心待人，其他服刑者也未必会感激，甚至反而会觉得奇怪。有一名被访者曾这样谈到她的经历和看法：

> 其实我刚进来的时候，开始也是有一些盲目的。我开始总是把事情想得太单纯了，就拿这里像大学宿舍那样对待。那时我每天收工回去都会和一个房间的其他人谈谈天，说说笑笑的。但是后来我发现这样做是有问题的，毕竟这里不是大学校园，也没有那么单纯。大家的生活环境、素质都有很大的差别，其实是不能什么话都讲的。有时候我讲得无心，也许有的人就听得有意。我觉得这里和原来我生活的环境最大的不同应该是思维上的吧；这里的人防范心都很重，没有人会和你交心的，大家都是各忙各的，把自己的事情做好就行了。你对别人表现得过分亲近，人家反而会有想法。所以慢慢的我也学会了，说话做事都谨慎很多。（P – Case No. 13）

另外几名被访者也表达了类似的观点和看法：

> 在外面大家都是相互帮助的，一般朋友之间没有什么坏心眼。在这里就不那么简单了，我觉得自己要尽量地克制，管好自己，不能话多。这里面的人际关系是很复杂的，形形色色的人很多，比外面复杂多了。在外面交往的无非是自己的同事、朋友和家人，不会接触到别的人；而在这里则是什么样的人都有可能接触到，所以还是应该谨言慎行为好。（P – Case No. 38）

> 通常我是有什么高兴的事情就在小组里面说说，要是有困难什么的就去找警官，比如说家里面的事啊，还有就是影响改造的事情。小事的话我也不会去找警官的。我刚开始来的时候，不太知道

这些，整天跟人嘻嘻哈哈的，什么都说，把谁都当作好人。但是后来发现，身边有人因为乱讲话，散布谣言被扣了分，我才明白了有些话不能乱讲的，还是少说为妙。而且这里本来就规定不允许犯人随便说闲话，散布流言，我一开始还不太清楚这个规定，就什么都说，现在就不会了。好多犯人就是因为背后议论别人发生冲突的，我后来意识到这样很不好，多一事不如少一事。要知道，往往一点小事传到最后都是很夸张的。（P－Case No. 39）

在外面，你接触到的基本都是一个圈子里面的人，大家的背景、想法也都差不多，知根知底的，所以相互间都很信任；在里面呢，什么样的人都有，大家互相都提防着，谁也不晓得对方心里面是怎么想的，对方的人品如何，来历是什么这都不知道。而且你就算是真诚地对待别人，恐怕她也会觉得你是有什么企图的。（P－Case No. 51）

在监狱中，服刑人彼此间交流的话题很少，尤其不会谈论真情实感。在很多被访者看来，"言多必失"的顾忌是切实存在的。多数人都认为掩盖自己的真情实感是自我保护的最佳方法。关于这一点，有两名参与者是这样描述的：

在这里面与人相处，我觉得还是与在外面不一样的。最重要的是，要学会掩饰自己的真实想法和情绪，不能想怎么样就怎么样。原因嘛，怎么说呢，因为这里毕竟是监狱，环境复杂，什么样的人都有；而且人人都想表现，都想给警官留个好印象，都想多拿分早点儿回家。往往你不留心说的一句话或者做的一件事，就会被人家做N种解释，最后可能没事也被传出来有事了，到那时估计就讲不清了。所以说，一定要自律，不能轻易和别人开玩笑或者暴露自己的真情实感。大概就是要做到喜怒不形于色吧。其实这也是被迫无奈，虽然说监狱就是一所学校，但怎么说呢，说得难听点，这毕竟是一个社会渣滓集中的地方，有时候还真不能不多长点心眼儿。（P－Case No. 12）

　　这里面的人际关系和外面可是大不一样。这里都是罪犯嘛,基本上都是很小心眼、很多疑的;再加上在监狱这种环境里,大家都相互防备着。所以我感觉在一起相处确实很累,也很紧张。这么些年,我学会了要"隐藏好"本来的自己,不能让别人知道自己是怎么想的、自己真实的感受是什么,因为那样只会给我带来灾难。要做的就是刻苦、努力表现,因为想着要早点回家。(P – Case No. 16)

在这种情况下,服刑者们彼此间交流的内容就变得非常有限,其中,最常见话题就是日常琐事,另外就是一些和改造有关的话题,而其他的"私人事务"以及"想法观点"却甚少涉及。可见,在谈话内容的选择上,大部分服刑人倾向于选择较为"安全"和"无伤大雅"的话题,而对于那些与自身利益或者真情实感切实相关的话题却不常被提及。对于此,一些被访者这样说道:

　　其实我们也没什么可聊的,一般都不多啰唆,要聊也就是聊些改造的话题。或者就是比如每日都做了些什么呀,完成了多少件衣服啊之类的。少说多做,总是不会错的。(P – Case No. 4)

　　我们(指同属一个小组的服刑者)在一起也就聊一些开心的事情,不开心的一般就不说了。(P – Case No. 5)

　　我自己是不太爱说话、也不太会说话,所以和她们(指同小组的其他服刑者)交流的也不太多,就算说也就是收工了相互鼓励一下吧,别的也就没什么了。(P – Case No. 7)

　　其实,我们相互交流也不是特别多,因为监狱的活动安排得都很紧凑,属于我们自己的时间其实也挺少的。平时大家交流时最多也就是聊聊监狱的生活或者改造方面的事,别的也不会多说。家里面的事都不太会说。(P – Case No. 15)

有人说，"三个女人一台戏"，我们在生活中总形成了这样的印象：女性集中的地方是非就多，因为大家惯常认为女性比较喜欢聚在一块儿聊一些家长里短，进而成为所谓的"是非"传播的渠道。可是在监狱中，情况却并非如此。虽然 X 监狱里关押的全部都是女性，而且她们也整天集中在一起生活，可是她们却几乎不怎么议论他人的是非，这也是因为她们大都秉承着"小心谨慎"的处世之道。正如有被访者提到的：

> 我们很少聊天，更不会说别人的事情。可以说大家在这里很忌讳像在外面那样无所顾忌地聊天，所以相互交流的机会也非常有限。（P – Case No. 28）

> 我也会和其他犯人聊天，一般都是聊一些开心的事情，很少谈论别人，因为这里面关系复杂，说别人不好，搞不好就会惹事。（P – Case No. 39）

一些被访者也解释了她们这样做的原因，比如说：

> 怎么说呢，因为大家在这里面都怕惹麻烦。有时候你说了什么话自己没注意，可是也许别人就会给你添油加醋地说出去，会很麻烦。（P – Case No. 14）

> 在这里面，这么多人住在一起，肯定是有很多是非的。但是我们都不怎么会议论，总归多一事不如少一事吧。而且不论怎样，在这里的每个人都是因为犯了错误才进来的，或多或少都有这方面那方面的缺点，你也不知道你议论别人会不会造成什么问题，所以还是少说为妙。（P – Case No. 28）

> 在这里面，说话、做事都要很小心的。毕竟你身份在那边，跟警官肯定是不能乱讲话；跟其他犯人更不可能，因为你根本不清楚她背后会搞什么鬼。所以还是万事小心为妙。（P – Case No. 37）

正因为如此，多数被访者都认为监狱里是不存在真正的友谊的；在这里，每个人都必须依靠自己独立的生活。她们普遍只关注于自己的工作和日常表现，通常情况下选择掩藏自己真实的感情，不会轻易向他人敞开心扉。不过，在调查中，笔者也发现了一个例外：该名服刑人明确提及其在狱中交到了真正的朋友，并且表示会在出狱后继续和对方维持友谊。

> 有人说在监狱里面是不能交到真正的朋友的，我不同意这个说法，因为我自己就交到了好朋友。现在我们还很要好，有什么事情我都会跟我的朋友分享。我觉得和朋友的友情对我在这里的生活来说非常重要。在那些不舒服、不开心的日子，我都可以去跟朋友聊聊天。我觉得这是我能在这里生活下去的一种支持。我对我的朋友都是很放心的，讲话也不用藏着掖着。这样的朋友，我想出去了以后我们都还会联系的。（P – Case No. 45）

此外，这名被访者还向笔者描述了她在监狱中"结交朋友"的几大原则：

> 我觉得我在这里交朋友有这样几个原则吧：第一，邻近城市的，我觉得家乡人还是比较有亲切感的；第二，谈得来的，那些钩心斗角的，我觉得我处不来；第三，年龄上相对接近的。（P – Case No. 45）

尽管这名被访者认为她在狱中结交到了真正的朋友，但是她仍然承认她无法和自己朋友之外的其他多数服刑人处好关系。她认为自己是很幸运地被分到了特定的一组，因而认识了她的朋友。

> 不过我觉得大部分别的犯人我还是很难跟她们处得好，很多人都是钩心斗角的，我觉得很难应付。总归这里什么人都有，很复杂。那些处不来的，就很少说话。其实我有时想想，我还挺幸运的，要不是被分在这个小组，我就遇不到我的朋友，也许在别的小组，我就交不到朋友，这也是很有可能的。（P – Case No. 45）

如此看来，"复杂"这一概念并不是意味着监狱中就存在着比社会上更多类型的人际关系，而是说监狱中的人更加以自我为中心和缺乏相互间的信任。在社会上，人们通常与跟自己相似社会地位或相似背景的人交友。并且，由于大家有着多种多样的人生目标的追寻，人人都有自己的特殊利益和观念，因此即使背景、地位相近，产生相互冲突的可能性也不大。而在监狱这个相对狭小而凝滞的环境里，事情可大不一样。在这个小小世界里，背景迥异的各色人群一起生活、工作，却为着"早日出狱"这样一个共同的目标而挣扎。目标如此一致而诱人，机会却如此紧张而渺茫，如此便导致大家为着共同的"利益"相互明争暗夺，而同时又害怕自己成为牺牲品。"复杂"便是描述了这样一幅情景：在自我中心的驱动下，所有的人无从得知谁会在下一秒做些什么。

第四节   总结：制度环境与人际关系

以上三个方面——制度环境的挑战，与狱警权力的不对称以及服刑者之间信任的缺失——都是影响女性服刑者监狱适应好坏的重要因素。我们不难发现，由于封闭、严酷和枯燥的监狱生活所致，多数被访者在以上三方面都表述了在监狱生活中的不愉快经历。

当然，并非所有人都有相同的痛苦经历。尽管服刑者们生活在同一个环境中，从事着相似的工作，不同的人的感受还是非常不同的。这是因为服刑者们彼此之间社会经济背景差别很大，且她们的个人性格也影响着她们在狱中的感受。具体而言，某些挑战是具有普遍性的，比如紧张的日程和监狱规章，以及崭新的工作安排所带来的挑战。除了少数例外，其他服刑者无论来自哪个社会阶层、处于哪个年龄段、拥有怎样的性格，都表明其经历了这些痛苦。而与之相反的是，并非所有被访者都表示她们经历过处理人际关系所带来的挑战。事实上有相当一部分服刑人在人际关系的处理上是没有任何障碍的。由此可见，不同的服刑者，因其个人能力和背景的不同，在选择应对和适应监狱环境的策略上展现出了不同的能力和方式。而这些具体的适应策略将在第五章中作进一步的讨论。

第五章　应对策略

本章将探讨女性服刑者在面对监狱环境带来的各种挑战时的应对策略。在计分考核制度（一种在中国的监狱中使用的计分奖惩制度）下，服刑者普遍关心的是自己能获得多少分数，因为分数的多少与她们能够获得减刑和假释的机会密切相关。如前一章所述，在监狱中，服刑人需要面对来自于制度环境的挑战，并且还得处理好与狱警以及其他服刑人之间的关系。而如果能较好地面对和解决这些问题，她们就能够获得相应的分数。换句话说，获得分数的多少与她们处理三种挑战的方式、态度以及能力相关。故而，她们"设计"出了三种针对性的应对策略——即完全遵守监规监纪，取悦狱警以及有意识的搞好与其他犯人的关系——以期在这三种挑战中很好地生存下去。

第一节　计分考核制度

计分考核制度是一种在中国监狱中普遍推行的计分奖惩制度。它致力于考察服刑人日常生活中几乎所有的行为，大致上包括她们对监狱规定的遵守、工作表现、学习成果、参加活动的意愿以及与其他服刑人的关系等。所有的奖惩，尤其是减刑和假释的机会，都将根据服刑人所获得的分数而定。

一　计分考核制度的实施

在 X 监狱中，计分考核制度分两步实施：基础分考核与奖励分考核。前者用来评估服刑人的奖励级别用以按月给予其"奖励分"；而后者则用来评判服刑人是否有机会获取实际的行政和司法奖励。

基础分考核根据《服刑人员行为规范》（规范服刑人员行为的监狱规章）为基本内容实施。该《规范》包括五方面内容：（1）基本规范考核。主要考察服刑人员的改造态度，以及对于各种规章制度的遵守和执行状况等；（2）生活规范考核。考察服刑人员生活规范的执行状况、内务的整洁程度、物品摆放的条理性等；（3）生产劳动规范考核。这一项是基础分的最大组成部分，对于不同的劳动岗位而言，考核的标准是不一样的，但总的说来基本是根据服刑人员完成的产量和产值来计算的，多劳者多得分；（4）学习规范考核。主要包括政治学习、文化学习和劳动技能学习三部分的学习，旨在考察服刑人员在这三种学习中的态度和效果；（5）文明礼貌规范考核。主要考核服刑人员能否正确使用文明礼貌用语、遵守社会公德、礼貌待人。这五个方面考核相互配合，共同起到对服刑人行为规范矫治的作用，也保证了考核权重的相对平衡和多样化，即保证对于服刑人员的改造是全方位的，而不仅仅局限于某一个方面。

监狱管理层根据女性服刑者的基础分表现每月进行一次奖励分评估。在考察了女性服刑人当月的基础分排名之后，狱警会将奖励分分级别分配给服刑人。所以说，奖励分主要和服刑人当月所获得的基础分在整个监区的排名有关。当服刑者获得足够多的奖励分之后，她们将有机会获得行政奖励和法律奖励。行政奖励包括监狱表扬，监狱积极分子以及省级积极分子等称号。法律奖励则包括减刑和假释，它的依据为服刑人所获得的行政奖励以及基础分累计积分排名。通常，当服刑人的行政奖励达到一定基准，她们将有资格获得减刑或假释。减刑期限的长短不仅和服刑人所获得的行政奖励有关，还与其本身的刑期相关联。至于假释，一般除了一些法律上规定不能够假释的罪行（如暴力犯罪、贩毒等）之外，其他的服刑人员如果其行政奖励达到要求且余刑也在规定的期限之内，原则上都是可以享受假释这一政策的。

除了获得行政和法律奖励，分数的多少还关乎服刑人在监狱中待遇。凭借高分，女性服刑人有更多机会给亲属打电话和寄信，在亲属来探监时候，她们也能得到更好的待遇。此外，获得高分的服刑人还能享有优先使用监狱设施和获得重要工作岗位权利。当然，对大多数服刑人而言，改善狱中待遇远远不及减刑和假释重要。因此她们在访谈中提到关于获取分数的经历和态度时，很少谈到这个"优势"。

二 计分考核制度的实质

从其本质角度考虑，计分考核制度可被视为是一种"代币制"疗法，即一种通过代币来鼓励好的行为以及纠正不好的行为的行为治疗方法①。

所谓"代币制"，是在伯尔赫斯·弗雷德里克·斯金纳（Burrhus Frederic Skinner）的操作条件反射理论②，特别是在条件强化原理的基础上形成并完善起来的一种行为主义治疗方法。根据伯尔赫斯·弗雷德里克·斯金纳的操作条件反射理论，人类的某种行为如果得到奖励，之后便会频繁地发生该行为；而如果受到惩罚，则这种行为将会被抑制。"代币制"就是通过某种奖励系统，在"患者"做出预期的良好行为表现时，马上就能获得奖励，从而使"患者"所表现的良好行为得以形成和巩固；同时在其出现违反预期的不良行为时及时给予惩罚，以使其不良行为得以消退。它是一种"在有限背景中的微型货币制度"③。在这个制度中，代币是"可用来交换实际奖励的象征性奖励"④。它作为阳性强化物，可以通过不同的形式表示出来，如用记分卡、筹码、证券、打钩分值、卡片上打眼以及金星等各种象征性的方式⑤。代币在其使用的范围中具有如同现实生活中的"货币"那样的功能，即可换取多种多样的奖励物品或"患者"所感兴趣的活动，从而获得价值。当"患者"的行为符合某项标准，她们便能够得到相应的代币奖励。接下

---

① Dennis Coon, *Introduction to Psychology: Exploration and Application* (6th ed.), St. Paul, MN: West Publishing Co., 1992.

② Burrhus Frederic Skinner, *About Behaviorism*, New York: Alfred A. Knopf, 1974.

③ William C. Coe, "Token Economies: A Description", In John G. Cull and Richard E. Hardy (Eds.), *Behavior Modification in Rehabilitation Settings*, Springfield: Charles C. Thomas Publisher, 1974, p. 19.

④ Ibid., p. 572.

⑤ William C. Coe, "Token Economies: A Description", In John G. Cull and Richard E. Hardy (Eds.), *Behavior Modification in Rehabilitation Settings*, Springfield: Charles C. Thomas Publisher, 1974; Dennise Coon, *Introduction to Psychology: Exploration and Application* (6th ed.), St. Paul, MN: West Publishing Co., 1992; Alan E. Kazdin, *The Token Economy: A Review and Evaluation*, New York: Plenum Press, 1977.

来她们就能够使用这些代币"购买"实际的好处和特权，比如食物、休闲、使用特定设施的机会、外出权力或者单独与治疗师交谈的机会等①。

代币制被认为是有效的，因为它拥有行为治疗的潜在优势。在这一系统中，用代币作为强化物的优点在于：（1）不受时间和空间的限制，使用起来极为便利，而且可进行连续的强化；（2）只要"患者"出现预期的行为，强化马上就能实现；（3）用代币去换取不同的实物，从而可满足受奖者的某种偏好，可避免对实物本身作为强化物的那种满足感，而不至于降低追求强化物（奖励）的动机。并且在"患者"出现不良行为时还可扣回代币，使阳性强化和阴性强化同时起作用而造成双重强化的效果②。正因为拥有这些优势，代币制被广泛应用于各种类型的机构之中，例如矫正机构、精神病院、军事机构、戒毒中心、智障学校、犯罪改造中心、家庭中心甚至普通中学和大学等③。

通过各种实践表明，在集体行为矫治中实施代币制是较为有效的。因此它在精神病院、特殊教育的班级、工读学校、管教所以及监狱中都得到了广泛的使用。研究表明，在对多动症儿童、药瘾者和酒癖者等人群的矫治中，以及在对精神病人的康复治疗中，代币制疗法都起到了良好的效果④。相类似的，在中国的监狱中，计分考核制度也可算作是一种代币制的实践方式。在这个制度中，分数如代币般运转——服刑人员如果积极地劳动、学习以及认真遵守监狱中的各种规章制度、听从狱警的安排、好好表现，便能得分；反之，她们将会被扣分。凭着足够的分数，她们便有机会获得各种实际的行政奖励和法律奖励（实际的"好处"）。

---

①　Denise Coon, *Introduction to Psychology: Exploration and Application* (6th ed.), St. Paul, MN: West Publishing Co., 1992; Alan E. Kazdin, *The Token Economy: A Review and Evaluation*, New York: Plenum Press, 1977; Susan Nolen - Hoeksema, *Abnormal Psychology* (4th ed.), Boston: McGraw - Hill, 2007.

②　Malcolm Payne, *Modern Social Work Theory* (3rd ed.), Basingstoke: Palgrave Macmillan, 2005.

③　Dennis Coon, *Introduction to Psychology: Exploration and Application* (6th ed.), St. Paul, MN: West Publishing Co., 1992; Alan E. Kazdin, *The Token Economy: A Review and Evaluation*, New York: Plenum Press, 1977.

④　Malcolm Payne, *Modern Social Work Theory* (3rd ed.), Basingstoke: Palgrave Macmillan, 2005.

三 计分考核制度下女性服刑者的经历

在计分考核制度下，在中国监狱中的每名服刑人都有迈出监狱大门的机会，即使是那些被判无期徒刑或死缓的重刑犯也不例外，如果他们的表现足够良好的话。正因为此，在 X 监狱中，女性服刑人最关注的事儿就是分数。分数够了，她们就能早日获释。在 52 名被访者中，有22 人表示她们曾获得过一次或多次减刑，时间最少的 4 个月，最多的则总共有 3 年半之多。比如，一名被判无期徒刑的服刑人在 2003 年入狱；2005 年，由于她在狱中表现良好，刑期被改判至 19 年半；而在2008 年，她再次获得 18 个月的减刑。

在 X 监狱，有句在服刑人间广为流传的顺口溜是这样说的："分，分，分，犯人的命根。"它充分表达了分数对服刑者的重要性，也表达了服刑人对其的重视程度。一名服刑者甚至说："在狱中，分数比生命更重要！"（P – Case No. 40）因此，"挣分"成为服刑人适应监狱生活的最大动力。几乎所有的服刑人参与者都承认，获取分数是她们监狱生活中最重要的事。对此，有两人这样叙述道：

> 在这里面的各种表现都是和分数挂钩的，因为它直接影响到我们的改造的好坏。只有不断努力，不断进步，不断提高认识，才能够多拿分，才能够表示你改造得好，才能够早点回家。（P – Case No. 10）

> 在这里，拿分是很重要的，拿分就相当于在外面（社会）拿钱一样。不过我觉得拿分比拿钱还要重要，因为没分就减不了刑，就回不了家。（P – Case No. 47）

另一名服刑人则表示：拿分是自己好好表现的最大动力。

> 其实也没那么难，我觉得在这里生活，找到一个努力的动力很重要。开始进来时总觉得漫长的刑期遥遥无期，很茫然，对监狱的规定也抗拒。但是后来认识到只要努力劳动、努力改造就可以拿

分，就可以减刑，就可以早日回家，所以就有动力了，也便觉得这些规章不那么难适应了。

一名被访的狱警也表达了类似的观点：

> 计分考核制度在我们整个工作中的地位还是很重要的，因为它本身对犯人的改造有一定的促进作用。我们常常说"分数就是回家的船票"，任何的表扬、奖励以及减刑、假释都依靠分数的多少来决定；换句话说，分数的高低就是改造表现的证明。对于大部分犯人来说，计分考核这种制度的约束对于他们还是有效的，因为每个人都想要早点回家，所以是一个激励。（PO – Case No. 1）

对服刑者来说，想要获得分数，就必须成功的应对在上一章中所提到的三大挑战（制度环境、与狱警的权力不对称以及服刑人之间的信任缺失）；而为了达到这个目的，她们设计出了如下三种策略。

第二节　完全遵守监规监纪

在狱中，服刑人要做的第一件事就是依据监规监纪好好表现。在52位服刑人参与者中，有30人认为遵守监规监纪是得分的一项最基本策略，其中一位服刑人如此解释道：

> 因为只有表现好，好好劳动、遵章守纪，才能够拿分。你也知道，在里面最渴望的就是自由，就是减刑，就是回家。（P – Case No. 51）

而这里所说的"遵守监规监纪"意味着应做好如下几件事情。首先，最主要的就是服从狱警的工作安排，认真做好自己的本职工作。几乎所有的服刑人被访者都表示这是得分的最重要的方法，比如有一位被访者这样说道：

> 我觉得在这里，劳动好（意指做好狱警安排的工作）还是很重要的，怎么说呢，劳动是考核的基础，不管怎么样，在这里面都要把自己该做的事情做好，才有可能拿分减刑。（P–Case No. 23）

这是因为对于女性服刑人来说，从工作中得到的分数占了全部分数的最大比例（约为45%）。尽管服刑人都从事不同工作，但她们的分数也可以根据具体工作的产出和价值进行计算。这在具体的操作上很像工资的计算方法。除此之外，良好的工作表现也可以带来额外地获得高分的机会，例如"升迁"到重要岗位，或同时兼任一些职位等。因此，为了显示自己表现好、能力强，服刑人都愿意通过努力工作获得更高的分数。她们也并不排斥"较难"的工作，且很多人都愿意超额完成自己的工作或者在完成自己分内的任务之后从事额外的劳动，正如以下三名被访者所描述的：

> 其实在这里，越难的工序往往拿分越多，所以能做的话还是尽量做重要些的工序，这样可以拿到比较高的分数。（P–Case No. 23）

> 在这里面大家都是很积极的，有事情都抢着干，根本就不用警官催。因为大家都要挣分啊，都想早点回家，所以都很积极的。（P–Case No. 21）

> 我觉得我工作挺努力的，每次都超额完成任务。完成了规定的额度之后，如果有些空余时间的话，我还可以帮帮别人的忙，争取多加分。（P–Case No. 31）

除了工作努力之外，女性服刑人要做的第二件事就是遵守监狱的规章和日程安排。这通常是避免丢失从工作和其他活动中所获之分数的关键方式。如果无法很好的遵守监狱规章和日程安排，就会被扣分，那之前的辛勤劳动和努力付出就白费了。毫无疑问，被扣分是服刑人最不愿意见到的。一名服刑人这样解释了原因：

现在的扣分都是连锁性的，一个地方被扣了，可能联系到别的
分也会相应的下浮。所以说，现在在里面绝对不能违规，一违规整
个就完了，可能会因为一个小小的违规影响一个季度甚至半年的成
绩。得不偿失。（P－Case No. 25）

偶尔为了鼓励服刑人对监规的遵守，狱警也会为表现非常突出的服
刑人给予额外的加分。例如，一名服刑人这样谈到她的经历：

我是不会犯规的，我每天都是老老实实按照监狱的规定来做事
的。因为如果不遵守规定就会被扣分，我可不想被扣分。但是如果
我老老实实的、表现好的话就能加分。前两天我才加了分，警官说
我表现好，鼓励我，给我加了3分。（P－Case No. 26）

当然，因为遵守监狱规章而被加分并非狱中的普遍现象，因为按照
规定，所有的服刑人都应该遵守监规和监狱日程安排。可见，遵守是义
务，是本就应该做到的；而违反日程或规定则会导致减分。故而前述例
子通常只会发生在两种情况之下：第一，一些服刑人非常的顺从并且长
期未违反任何监狱规章，表现非常好，加分是对她们长期表现良好的认
可；第二，一些服刑人处于相对弱势的地位，她们几乎不能从工作或其
他活动中得分，此时加分通常是为了对其表示鼓励，消除其挫败感。在
这两种情况下，狱警可能会适当的考虑给她们额外的加分。

除了在工作和日常作息中表现良好之外，女性服刑人要做的另一件
事便是参加监狱组织的各种活动以获取额外的分数。当然，这些活动必
须是有意义的并且是得到狱警认可的。对此，一名服刑人这样概括道：

其实还有很多额外加分的机会的，比方说写文章啦，帮助警官
做清洁、做整理等，还有就是给其他犯人理发什么的都是可以加分
的。总之就是无论哪方面，只要是警官们觉得是积极向上的活动，
都有可能加分。（P－Case No. 47）

比方说，一名服刑人描述了她通过为监狱广播站写新闻稿而获得分

数的经历，她认为这对于她来说是个很好的"挣分"的方法：

> 你看，像我这样的，手脚也不是很勤快，做一个星期也就才能拿1分，多不容易啊。不过我平时还能发个稿子什么的，就好一些。往广播站发稿子如果中一篇也能拿1分，那就抵得上我干一个星期的活儿了。（P－Case No. 40）

在所有可能的监狱活动的选择中，最常被提到的就是参加监狱组织的集体活动。有37名参与者提及她们很喜欢参加不同类型的集体活动，因为这是额外加分的一个好办法。例如，有参与者表示：

> 有时候，监狱也会搞一些集体活动，比方说合唱比赛、体育比赛什么的，我觉得也挺好的，一般我都会去参加，因为表现好了也能得分的。我觉得既能参与活动，放松心情，又能拿到额外的分数，多好啊。（P－Case No. 1）

此外，参加兴趣小组（多数由服刑人自己组织并获得狱警认可）也是获得额外分数的一种办法。有12名参与者表示她们曾参加过兴趣小组，比如，其中一个说：

> 还有就是参加兴趣小组活动也是可以加分的，虽然不是很多。兴趣小组都是我们自己组织的，也是自愿参加的，有很多种不同类型。我参加了舞蹈组，我觉得很有意思。警官对我们参加这些活动还是很认可的，所以会适当地给我们加一些工时什么的，也就相当于是加分。当然，这个工时加的很有限，可能基本上我们参加排练舞蹈七八个小时才能相当于劳动两个小时的工时。虽然这个工时和真正的劳动是不能比的，但至少对我们也是一个鼓励吧。（P－Case No. 30）

因为参加兴趣小组比参加监狱组织的集体活动得分少（假设花费相同时间的话），有一些服刑人就表示相比较来说，如果时间和精力有限的话，她们大多更愿意选择后者：

> 监狱经常举办集体活动，唱唱跳跳的，要不然就是知识竞赛什么的，不管警官有没有要求必须参加，只要是我能参加的我都尽量去，因为表现好了都能加分的。监狱里也有些兴趣小组活动，不过我不愿意去，又不能加到多少分，好像现在也会加一点了，但是很少，我觉得没什么意思，有这个时间不如多休息休息。（P – Case No. 16）

概括起来说，在监狱中得分主要建立在遵守监狱的规章制度以及狱警安排的基础之上。这主要可包括以下几个部分：最重要的是保质保量完成狱警指定的工作内容；其次是依照监狱的每日日程行事以及遵守监狱的规章制度；此外，为了获得更多分数，服刑人还可以选择参加其他"有意义的"活动，如监狱的集体活动、服刑人自发组织的兴趣小组，以及其他受到狱警认可的活动。当然，多数服刑人在参加这些活动时是怀有功利心的，比如，她们大多选择那些容易得分的活动参加，而并不完全从自身爱好的角度出发。

第三节　取悦狱警

除了遵守监狱规章和安排，与狱警搞好关系也非常重要。狱警不仅有权决定服刑人的工作岗位，还有权评价她们的日常表现，而这些都与其是否能够获得分数息息相关。因此，服刑人普遍认为与狱警搞好关系是件十分重要的事。总的说来，她们多数人都会选择服从狱警，按狱警指令行事（消极方式）；不过，有些足够"聪明"的服刑人还会寻找各种机会以及采取不同的方式讨好狱警（积极方式）。

一　消极方式

服从狱警的决定和安排，是取悦狱警第一要务。对于服刑人员而言，在所有的狱警中，"分管警官"是和她们接触最多的人。在 X 监狱里，服刑人都生活在不同的小组里（见第四章第三节介绍），每一个小组由一位专门的狱警负责管理，该狱警就被称为该小组的"分管警官"。分管警官有权直接决定和负责自己的小组里的服刑人有关的各种事务。因此，对该小组的服刑人来说，分管警官就是她们监狱生活中最重要的人，也是首先必须要服从的人。对此，几名服刑人这样描述道：

> 我们每个小组的分管警官真的就像家长一样的，可以说是吃喝拉撒什么都管。她对我们每个人的了解比任何人都清楚，每个星期都找我们谈话，了解我们一周的情况啊什么的。我们可以说不管是在任何时间、任何方面遇到问题都可以跟分管警官说。（P – Case No. 13）

> 我们每一个号房都有一个分管警官，她就是我们的"大家长"，全面负责我们的思想、文化、劳动等各个方面，每周谈话日都找我们谈话。而且我们分管警官和我们犯人小组成员，没什么特别的情况都不会经常调整，所以警官对我们每个人的事情都很了解的。我们有什么问题和想法都可以找自己的分管警官谈。（P – Case No. 14）

> 我们都把我们的分管警官叫作"家长"，她们也确实就像一家之长一样，管着我们方方面面的情况。（P – Case No. 20）

根据被访狱警的陈述，分管警官的核心任务是与所管理的女性服刑者定期谈话，频率大概是每周一次。正如一位狱警所述，这种谈话通常分为四部分：

> 第一种是就事论事，有什么事情就谈什么事情，这种情况最多，基本占到60%；第二种呢就是表达关心，犯人在坐牢期间，可能会发生很多很多的变故，像是婚姻出现问题、孩子的照顾或上学以及家中有长辈离世等，这个时候我们都要去表示关心；第三种就是批评教育了，比方说哪个犯人违规了，劳动上出了什么问题，或者是态度不认真，我们都要及时地进行教育；第四种就是纯粹的

了解情况，有时我们为了了解犯人的情况也会找一些犯人过来谈谈话。（PO – Case No. 11）

对此，有两位服刑人被访者也表述了相似的观点：

警官经常找我们谈话的，每周都有固定的时间，还有平时也会有不定期的谈话。有的时候是有一些具体的事情，有的时候就是主动关心我们，看我们最近有没有什么新的想法什么的，还有的时候会跟我们讲一些道理，像是怎么和其他犯人相处啊，遇到事情怎么处理等。（P – Case No. 24）

警官常常找我们谈话，内容很多的，包括思想、家庭、个人背景、所犯案情、具体时间、与其他犯人的关系、劳动，还有生活、内务等，真是无微不至。无所不包。（P – Case No. 42）

分管警官有权根据从与服刑人的谈话中所获得的信息，加上其日常观察所得，决定其分管小组中每一名服刑人获得的分数；并且，分管警官的意见对服刑人的工作安排（通常是在狱警会议上决定，但主要听取分管警官的意见）也起着很大的影响作用。所以总的来说，分管警官全面负责服刑人的日常生活与工作，她们通常是决定服刑人所获分数多少最重要的人。因此，几乎所有的 52 名服刑人参与者都认为分管警官是她们在狱中所要服从的第一人。就像一名被访者所说：

反正我现在就是什么都听我们分管警官的，警官让我干什么我就干什么。（P – Case No. 22）

而另一名被访者则提到，即便她对分管警官的决定感到不快，也不敢提出任何质疑，因为不想被扣分：

有时候被我们分管警官批评了，虽然心里面不服气，也不好反驳，就只能自己忍着，不然的话肯定会被扣分的。（P – Case No. 4）

当然，除了分管警官之外，服刑人在监狱中也须服从其他狱警的要求和安排。比方说，假如她们在工厂工作，她们就必须服从分管生产的主管狱警的安排；而当她们参加学习或娱乐活动时，她们也须遵从当时负责该活动的狱警的要求。关于这一点，我们可以从以下三名服刑人的表述中看到她们的经历和看法：

> 在这里，凡事我也不多想，我会好好做好每一位警官分给我的工作和安排，再晚再累我也会做好，因为我不想被扣分。（P – Case No. 40）

> 虽然说我的岗位是统计，但是经常也要做一些别的事情，不可能像在外面工作一样那么纯粹。在车间里，当班警官临时安排我做点什么是很正常的。反正警官安排了，不管是什么都得服从。（P – Case No. 37）

> 我们在车间里面就要服从当班警官的安排。有的时候做得好好的，突然被安排去做一个别的事情，这也有可能。比方说前两天吧，我本来是做上口袋这个工序的，但是可能上腰那边在赶工缺人手，我就临时地被分了一些上裤腰的活儿。（P – Case No. 24）

在这些服刑人员看来，所有狱警的决定和安排都是必须不折不扣执行的，无论这些要求是什么。关于此，一名被访者这样总结道：

> 警官说的话肯定都要服从啊，不管是哪个警官，不论是让我们做什么事情都要服从。在这儿，不听警官的话肯定不行啊。（P – Case No. 42）

通过服从，服刑人员可以给狱警留下"听话、顺从"的好印象，从而大大减少被扣分的可能；并且她们也有可能获得更多地被安排在重要岗位上工作的机会，而这通常意味着能得到更多的分数。

二　积极方式

除了服从狱警这种消极的方法，一些服刑人还尝试用一些更加积极的方式来取悦狱警。具体说来，这包括以下三种形式：打小报告，和狱警拉家常，以及适当的故意表现自己。

第一种方式，打小报告，也就是偷偷向狱警汇报狱中其他服刑人的情况或者监狱中发生的而狱警可能还不知道的事情。根据参与者的透露，有一些服刑人很喜欢通过打小报告的方式来取悦狱警。一名受访者以其亲身经历描述了这种现象：

> 当时那个组长对我很不好，经常说我，还会经常向警官举报我。记得有一次为了什么事的，我一生气就说了句"大不了还有四年半我不减刑了"，结果当天她就给我举报了，然后第二天分管警官就来找我谈话了。还有一件事，上个月劳动时，我和我的搭档吵了架，就是因为劳动中有一点小摩擦，后来她就说我，我就回了她几句，就吵起来了。本来吵完了也就算了，结果没想到第二天就被人举报了，然后我们两个都被扣了分。我没想到就这么吵两句还会被举报，而且我连是谁举报的都不知道。（P – Case No. 19）

几乎所有的狱警参与者都表示她们还是欢迎这种行为的（即打小报告的），或者她们至少不会反对，因为这种行为在某种程度上表明了服刑人的一种愿意与狱警靠近的立场。所以说，尽管这种方法不够"光明正大"，并且往往会遭到其他服刑人的谴责，但仍然有不少人会选择这样做来接近和取悦狱警。对此，一名服刑人这样说：

> 很多人都是当着警官的面表现得又温柔又体贴的，背着警官就净做些可恶、讨厌的事情。她们还专门喜欢在背后打小报告，狡猾的很。其实这也是现实所迫吧，毕竟在这里面想要多拿分是要付出很多努力的，但是扣分就太容易了。无论什么地方有一点做得不好就会被扣分，而想要多拿分就难了，所以大家都要为自己着想，想在警官面前争个先进，也顾不了别人那么多了。（P – Case No. 22）

与此相比，第二种方式就较能为大多数服刑人们所接受，这就是：与狱警拉家常——也就是定期或不定期的与狱警闲聊天。在 X 监狱中，确实有一小部分服刑人在感情上非常依赖狱警；即使没什么事，她们也愿意找狱警聊天。比如，有 6 名较为年轻的服刑人就提到她们倾向于把年纪稍长的狱警当做自己年长的家庭成员看待，有的甚至认为"警官就像是自己的妈妈"，就如同下面这三位被访者所说：

> 我觉得这里的警官就像是妈妈一样，我对她们都很依赖，主要是心理上的依赖吧。我喜欢跟警官说话，我觉得能学到很多东西，她们会经常开导我，教我一些自我调节的方法、做人的道理，让我学会调整心态。我觉得常常和警官聊聊天这样很安心。(P - Case No. 31)

> 有时候，我们一些年纪小的犯人还会跟警官撒娇呢。我觉得她们没有看不起我们，她们对我们都挺好的。我觉得我现在就挺依赖警官的，我经常没事也会找警官聊聊天什么的。(P - Case No. 1)

> 我们要是遇到什么困难，警官都能细心的跟我们谈话、了解我们的问题，有时我们这些年轻的犯人还能和警官开开玩笑、撒撒娇。我觉得这样很亲切。(P - Case No. 4)

除了年轻的服刑人，另外有 8 名较年长的服刑人也表示她们喜欢和狱警聊天。她们这样表达了自己的看法：

> 我要是遇到什么事情，或者心情不好的时候，第一个就是去找警官。我们可以预约和警官谈心。就是平时没什么事，也可以和警官聊一聊，说说自己的想法，聊聊家里的事什么的，我觉得这样挺好。我觉得和警官聊聊对我们肯定是有帮助的，警官的想法总归比我们全面和正确。(P - Case No. 20)

要是自己心情不好的时候，我一般也会找警官聊天，说说自己的想法，聊聊家里的事什么的，我觉得这样挺好。警官对我们大事小事都很关心。我觉得，警官的帮助给了我们信心，让我们能够安心改造，认真劳动，不去想什么别的事情，该干什么就干什么。我觉得和警官多聊聊是件好事儿。（P－Case No. 28）

比方说我们的分管警官，我就挺喜欢的，没事儿的时候我就喜欢和她多聊两句。虽然她年纪很小，跟我儿子差不多大，但是人特别好，也不拿我们当犯人，特别的善良，所以有时候遇到什么事情我就会跟她说说。（P－Case No. 37）

虽然拉家常不能直接为服刑人带来加分，但是却是一个和狱警拉近关系的好方法。狱警通常不会拒绝与服刑人交谈，因为她们觉得那是一件好事——不仅能近距离的了解服刑人的心理动态和现状，而且也可算作是服刑人表现出改造意愿的一种行为。相对来说，服刑人使用这种方式也较使用前一种更少承受心理压力，所以也更易被大家所接受。

除了前两种方法之外，服刑人用来取悦狱警的最后一种方法是：在适当的时候故意表现自己。比方说，一位狱警提到她之前分管的监区里的一名服刑人时颇为满意的说道：

我曾经管过一个犯人，我印象很深。她是个职务犯，原来也是个大企业的高管，被判了很多年，不过现在已经出去了。这个人非常聪明能干，常常都能想到我们想不到的事情。可以说，很多工作上的事情比我们想的都要周全。另外，她做事情也很主动，根本不需要我们操心。我很喜欢她，有时候遇到什么事还愿意跟她讨论讨论。我觉得，我从来没有把她当成一个犯人看待。（PO－Case No. 7）

可见，在狱警看来，故意表现自己不是件坏事；不但不是件坏事儿，如果表现得当还能赢得狱警的喜欢甚至"尊重"。当然，这一自我表现并不是那么容易做好的，因为在狱中，绝不是表现得越突出越好，关键是要"适度"。在 13 位被访狱警中，有 8 人认为服刑人是应该积极主动的，但是不能"太过分"。可见，不适度的、过分的表现不但不能取得良好的效果，也许反而会引起狱警的反感。事实上，如果服刑人太过"积极主动"，狱警们也许会留下这样印象："这个人喜欢自行其是，而不是服从狱警的安排。"对此，一位狱警这样说：

> 我们一般比较喜欢那些听话的犯人，让做什么就做什么。当然，能在自己的职责范围内更加积极主动一点更好。不过不能太过分，要是整天想做什么做什么那肯定是不行的，还是要以听我们警官的安排为前提。（PO – Case No. 10）

可见，在狱警面前自我表现是需要相当技术的，通常只有那些"最聪明的"服刑人才会尝试，因此该方法在服刑人群体中并不十分流行。在 52 名被访服刑人中，只有 5 人表示她们会尝试使用在狱警面前故意表现自己的方式来取悦狱警。

总的说来，女性服刑人都愿意和狱警搞好关系，无论是以消极的方式，还是以积极的方式，或是两者并用；因为她们都认为与狱警搞好关系将使她们在狱中的生活变得不再那么艰难。正如前文所述，监狱的狱警是握有主宰服刑人生活的权力的，故而这些女性服刑者们从未想过要冒犯她们；反而在一定程度上，服刑者还是需要依靠狱警的。这正如一名被访者总结的：

> 我觉得应该和警官多交流，搞好关系。说起来，其实我们在这里面也靠不了其他人，只能是求助于警官。（P – Case No. 6）

因此，取悦狱警被认为是除了遵守监规监纪之外的另一个在狱中可能获得更多分数和避免忍受痛苦日子的方法。

第四节　有意识的与其他服刑人搞好关系

最后一条获取分数的策略便是和其他服刑人搞好关系。尽管其他服刑人并不能决定某个服刑人分数的高低，但维持与她们的良好关系仍然对其得分情况有很大的影响。首先，狱警们并不喜欢那些和其他人处不好关系的服刑人，因其往往意味着此人"不好相处"或者"好惹麻烦"，所以她们一般也不会把"好"的工作岗位交给她（而通常这些岗位意味着能够获得较高的分数）；其次，如果和其他服刑人处不好关系，还会面临着很大的扣分危险，因为其他服刑人有更多的机会（或动机）在她犯错的时候向狱警打小报告，此外，她甚至会有被其他服刑人诬陷的可能。因此，与其他服刑人搞好关系在监狱生活中也是至关重要的。

一　消极方式

　　与其他服刑人维持良好关系的最基本方式是避免与他人发生冲突。事实上，多数服刑人彼此之间是不会有很大的冲突发生的，因为她们都懂得冲突会导致扣分。在这里，几名被访者强调说：

　　　　小矛盾倒是有时候会有一些，但是大的矛盾，像是打人、骂人什么的，一般就不会发生了。像我来了这么多年了，还没发现有打人的呢。你想想，其实大家都是来改造的，谁不想上进啊，打架闹事对自己也没什么好处，对吧。大家都是明白人，一般能忍就忍了。（P – Case No. 1）

　　　　在监狱里，我觉得总的来说大家相处还是不错的，而且是越来越好、越来越和谐、越来越融洽。因为大家都明白，只有好好相处，才能好好改造。而且现在的计分考核也原来越完善了，所以大家也不会觉得分打的不公平而相互计较，所以平时也没什么好吵的。就算有点小矛盾，小组内组长调解调解也就解决了，大的打骂事件倒是真没看到过。（P – Case No. 3）

　　　　因为工作比较分散，大家（指同一小组的人）平时在一起的时间也少，所以交流的机会也不多，交流起来呢，通常也就是些简单的事情，一般不会谈什么知识啊文化啊之类的。大家可能平时聊得多的也就是些身边的事，像是拿了多少分啊，什么时候减刑的这

些，或者是谁谁谁长得漂亮啊什么的，此类的东西。所以矛盾很少。(P – Case No. 12)

我们在这里面呢，大家相处的还是不错的，基本也没什么大的矛盾。因为监狱是规定提倡和谐、亲切的氛围的；而且你和别人关系不好，对自己也没什么好处，所以大家相处也还好。(P – Case No. 13)

真正大的矛盾，什么打人骂人之类的，很难得碰见的。要是有的话，双方都是要被扣分的，这个谁也不想。所以大家都会维持一个好的关系。(P – Case No. 31)

正如第四章中所提到的那样，服刑人都来自中国不同的地方，她们也都拥有不同的背景和想法；因此，与监狱中的每一个人搞好关系并不是件容易的事儿（详见第四章）。但是，在监狱中，大家都知道要谦虚、容忍和克制；和他人搞好关系是能够保证自己在狱中好好生活的唯一一种可取的与人交往的方式。因此，服刑者们都尽量尝试着彼此间相互逐渐适应。

当然，长年累月地生活在一起，服刑人之间还是难免会有些小摩擦、小冲突。在全部52名服刑人被访者中，有29名表示在发生一些小矛盾的情况下，她们多半会选择自行解决冲突，或最多请小组长调解。其中，有几人如是说：

其实小矛盾吧，也会有，毕竟大家天天待在一起，抬头不见低头见的，小摩擦肯定是有的，一般遇到小口角什么的，大家说两句也就过去了，或者就是请组长调解调解。(P – Case No. 1)

其实小矛盾、小摩擦总是有的，所谓"三个女人一台戏"，这么多人生活在一起，磕磕碰碰总是免不了的。但一般也就是工艺上的事情什么的，也就是劳动的时候有什么问题，大家说说也就算了，一般不会闹得很厉害，吵起来要是被线长知道了就要报告警

官，那就不好了。（P‒Case No. 22）

其实我们也不怎么会有大的矛盾，因为本身交流的也不多，即使有也是小问题，一般自己内部调解一下就没事了。（P‒Case No. 28）

选择自行解决冲突而不是让狱警介入调解的主要原因是：如果矛盾闹到狱警那里解决，矛盾的双方都会被扣分，而这是服刑人最不愿看到的。对此，几名被访者都表达了相似的观点：

在这里面，要是吵架什么的被警官知道了，是要扣分的，而且两边都会扣。那个主动惹事的一方可能扣的多一些，但另一方也是会扣的。所以我们一般都尽量大事化小，小事化了，自己调解一下就算了。其实平时大家都各忙各的，也不怎么吵架。（P‒Case No. 38）

其实我们相互之间即使是有矛盾，也都是些小矛盾、小事情，或者是因为拿分低、没人接见什么的导致的情绪低落，有时候组长私下里调解调解就行了，不行的话就报告警官。但这种情况不多，因为闹到警官那儿免不了要扣分。真正大的矛盾，什么打人骂人之类的，很难得碰见的。（P‒Case No. 31）

在这个里面，确实是什么样的人都有，什么层次的人都有，一天 24 小时，一年 365 天时时刻刻生活在一起，没有矛盾是不可能的，因为确实有很多素质低的人，一般小的矛盾就内部解决解决就算了，大家也相互体谅，我们一个小组有一个组长，通常一些小矛盾都是组长调解一下就完了，真的遇到大的矛盾还是会向分管警官汇报的。其实打人啊之类的事情也是会发生的，一般如果是打人之类的事情，当事人双方都要被扣分的。（P‒Case No. 52）

正如第四章所述，因为狱中复杂的人际关系，服刑者们普遍都能意识到在狱中，她们必须与其他人维持相对和谐的氛围，否则，她们就会被扣分。因此，她们普遍倾向于保持低调的态度和行为以避免与别人发生冲突。中国有句老话："枪打出头鸟"，这就是说人如果太突出太显眼了，就容易遭受周围人的打击。因此，保持低调的态度是在监狱中自我保护的上佳方式。在这点上，52 名服刑人参与者中有 37 人认为在监狱里与人交往的过程中最好是保持"沉默是金"的态度——即选择沉默和忍受，以维持和他人的良好关系。例如，有三名参与者如是表述了她们的观点：

其实那个车间里面跟我做上下道（即分别承担前后两道工序）的人是个出了名的大麻烦。她是经常跟我吵吵的，有事没事就骂我几句，但我已经习惯了。她骂她的，我不理她，她骂完也就算了，也没什么。我觉得在这里跟其他犯人搞好关系还是很重要的。其实我还是蛮受大家喜欢的，不管是多麻烦的人都不会讨厌我。我采取的方法就是尽量忍着，少说话，我常常想，在这里面，最好是做哑巴，那就什么都不用说了。说多了会被人传来传去的，到最后都会变样，总归不好。少说话，这就是我的方法。（P – Case No. 40）

我觉得我在小组里面和别人相处得还不错。其实我现在不怎么讲话，除了有时说点开心的事情，大部分时间我都是沉默为主。我以前还蛮爱讲话的，但是现在我觉得讲的多了反而会影响我和别人的关系。（P – Case No. 39）

在这里面与人相处，我学会了"包容"别人。因为在这里，大家心情难免不好，只有多理解别人，为别人着想，各自让一步，少说两句，才能相处得好。在外面的时候我就不会考虑这么多，不会那么在意别人的感受，也不会那么在意自己说话的方式，可能想说什么说什么，可是在这里面，就要多想想了。很多时候都只能够改变自己的处世方法，一切"以和为贵"，每人各让一步，保持良好的心态，就可以了。（P – Case No. 15）

总的来看，服刑人之间并无导致冲突的本质性矛盾，因为服刑只是她们人生的暂时状态；出狱之后，她们彼此间基本不会再有联系（只除了有一位参与者表示出狱后还会与其狱中所交的"朋友"联络，详见第四章所述）。因此，她们每个人都知道，在狱中和其他服刑人的关系搞得太坏并无实际意义。对此，一名参与者详细阐述了这样的看法：

> 矛盾是肯定会有的，毕竟监狱里这么多人，环境也相对闭塞，磕磕碰碰的总会遇到。怎么说呢，在这种环境下，大家都比较的"燥"，有矛盾在所难免。不过，这里面的所谓的"矛盾"都是些鸡毛蒜皮的小事儿，很多都是因为高墙内环境压抑导致的，没有什么根本性的、原则性的矛盾。原因很简单，因为大家都晓得，在监狱里的生活只是暂时的，没人会把它当作自己永远的归宿，所以大家来了，在这里几年一起过着，出去后天南地北，谁还管谁啊，所以也不可能有什么本质性的矛盾，也没什么意义。（P – Case No. 12）

因此，避免与其他人发生冲突是确保在狱中安稳生活的底线。此时，保持低调的态度、少说话以及行为谦恭是非常有用的；尽管这并不能给服刑者带来很多明显的好处，但这却是安全的和不讨人厌的。当然，为了在这方面做得更好，一些服刑人还会采用更加积极的方式与其他服刑人交往，详细阐述如以下所述。

二　积极方式

积极地、有意识地与其他服刑人建立"友好关系"的方式有很多种，其中，最常被提到的两种是主动帮助别人和博取他人的同情。

主动帮助别人是与其他服刑人培养良好关系的好办法。总共有 11 名被访者提到她们曾尝试过使用这个方法来与人交往。在监狱环境里，服刑者们都在为争夺分数而努力，所以普遍表现出以自我为中心的态度，故而真正的友谊在监狱中是很难建立起来的（详见第四章）。然而，为了受到其他人的欢迎，并且免受扣分的困扰，假装友善、适时地帮助别人是个经常被使用的好办法。服刑者们普遍认为她们喜欢那些愿意帮助别人的人。为此，一位被访者就给出了一个因乐于助人而被大家欢迎的服刑人的例子：

> 其实我觉得她（某个服刑者）人还不错，我也从她身上学到了一些东西。她是个很直爽的人，做什么事情都很爽快、直接，常常帮助别人。比如在劳动上，她自己的活做完了就会主动帮别人代工。她的口碑挺好的，所有人都觉得她人好，确实是的，因为她很喜欢帮助别人，心眼好。(P – Case No. 40)

当然，提供帮助需要的不仅仅是意愿，更需要能力。无论这种能力是一种劳动技能还是一种知识储备。总而言之，只有那些有"能力"的服刑人才有可能采取这个办法，而并非所有服刑者都可能完成。比方说，如果一个服刑人自己都不怎么识字，那么她即使非常热心也不可能帮助其他服刑人完成写家信的任务；相反，像是帮忙写信这种"助人"的机会往往只能是由那些学历较高的服刑人才有可能把握。

而如果服刑人本身能力欠佳，又希望积极和其他服刑人搞好关系，那么她就可以使用第二种方法，那就是想办法博取其他服刑人的同情。这种方法通常就是为那些自认自身能力不足以帮助别人的服刑人所采用的。有 7 名被访者提到她们曾采用这种方法来维持与别人的良好关系。对于这部分服刑人来说，尽管她们在能力上并不突出，但她们善于利用自身的"弱点"来博取其他服刑人的同情，这在日常交往中也是非常"卓有成效"的。并且，从某种程度上而言，这也是一种人际交往的特殊"能力"。一名参与者阐述了这种现象：

> 有的犯人就善于利用自己的小聪明和交际能力在同犯中获取同情。这些犯人通常自己能力一般，也没权没势，但是她能够用各种方法获得别人的好感，让别的犯人同情她，从而吸引别人的帮助。比方说给她点吃的、用的，或者让别人帮她写信，甚至做一些劳动等。(P – Case No. 12)

总的说来，相对弱势的服刑人比较容易博得他人的同情。一名参与者就曾经这样描述她的亲身经历：

　　说起来我很可怜的，来了两年了，我一直都是三无人员（无人探视、无往来信件、无人寄钱的服刑者被监狱管理方统称为"三无"人员）。什么都没有我的，也没有人来看我，也没有人给我写信，也没人给我寄钱，家里面的人都不管我了。家里面小孩都恨我恨得要死，恨我杀了他们爸爸，往家里打电话都不接，说是就当没我这个妈。我身上穿的衣服，还是在看守所的时候，看守所的警官找检察院的同志去我家取的，还拿了些钱给我买吃的。我很可怜了，小时候没了妈妈，老了还要坐监牢，又得了糖尿病，什么都不能吃，还不知道能不能活着出去。不过我跟我们小组的人相处得挺好的，我们组里那些小孩都挺喜欢我的，可能因为我可怜吧，经常帮帮我，有时候给我零食吃，还带我一起参加活动。（P – Case No. 26）

　　这算是一个比较典型的用自己的"不幸"经历去获取其他服刑人员同情的例子。相似的情况在实际调查时还发现一些，就如以下这名狱警被访者所总结的：

　　确实有的人吧她就是能让别人同情她、对她好。可能也是因为她们本身就比较可怜吧。我们这儿有不少都是家里面从来没人管的，说起来也确实不容易。（PO – Case No. 7）

　　概括以上各节所述，我们可以得出这样的结论：无论服刑人采用哪种策略去适应监狱的生活，其最主要目标就是获得分数。这正如一名被访者总结的那样：

　　其实，这里的每一个人都想早点回家，谁不想早点出去呢？说实话，这个地方，真是一天都不愿意多待。想要早点出去的话，只有多拿分，但是每个人用的手段和方法不一样。大部分犯人还是埋头苦干型的，凭着自己的好好努力多拿一些分；但是还有些人会弄些旁门左道的、耍小聪明的办法。毕竟在这个环境里面，可以说是

分数决定一切，大家都在争这个分数。所以能够多拿分才是最重要的，不管用什么样的方法。（P – Case No. 37）

第五节　总结：制度与规训

正因为计分考核制度是全面考核女性服刑者的狱中行为的计分体系，这些服刑者们就依据"能否顺利获得分数"这一要素为基础设计出了三种针对性的应对监狱三大环境挑战的策略。所以说，从监狱纪律及监督的角度来考虑的话，计分考核制度毫无疑问是一项重要的规训和控制机制。

而因为受监狱环境的限制，服刑人们相互接触较为有限、工作相对较为单一、所拥有的资料也很少，故而她们应对环境、实现目标的策略相对来讲是局限的。当然，即使是在这有限的策略中，如果有人想在监狱中有着超越普通水准的表现，她们还是能够选择一些特别的方式的（尽管这也很有限）。而这些特定的选择最主要的就是建立在服刑人自身背景、性格和能力上；不同的服刑人往往会对不同的策略有所偏好。而根据选择三种策略的方式和使用三种策略的能力，服刑者们可以被分为不同的类型。下一章就将详细的介绍这些不同类型的女性服刑者。

第六章　女性服刑者的类型

　　根据女性服刑者运用三种策略的意愿和能力，以及由其导致的适应监狱环境程度不同，她们可以被分为三种类型：适应良好者、适应一般者以及无法适应者。在 X 监狱中，适应一般的女性服刑者占最大比例，她们普遍能够做到遵守监狱规章和狱警的安排，但较少能做到和狱警以及其他服刑者维持良好的关系。适应良好的以及无法适应的女性服刑者均占少数。其中，适应良好的女性服刑者除了能够遵守监规监纪、较好完成预警交代的任务，还能够较好的处理和狱警以及其他服刑人的关系。而无法适应的女性服刑者则无法使用任何一种策略来适应监狱的环境。本章就将分别分析这三类女性服刑者的情况，包括她们的适应结果、适应过程以及她们的个人背景和性格。

第一节　适应一般者

　　适应一般者在监狱中占绝大多数。在全部 52 名服刑人参与者中，有 36 人是属于这种类型的。总的来说，她们获得的分数普遍不高，在监狱中也并不担当什么重要岗位的工作；不过她们普遍能够比较好地完成狱警指定的任务，且遵章守纪、很少惹麻烦。

一　适应的结果

　　适应一般的服刑人普遍没有办法采取积极的方式（具体方法详见第五章第三节和第四节）主动营造和狱警以及其他服刑人的良好关系；她们通常只能被动的、消极的、低程度的维持和处理和他人的关系。在这一类型的 36 位参与者中，有 29 位提到她们曾试图使用更加积极的策略去和狱警以及其他服刑人搞好关系，但是由于自身能力以及人际沟通方面技巧的缺乏，她们并不成功。比如，有人这样提到：

　　在这里（监狱里）与人相处，我觉得问题挺大的。虽然我来这里已经差不多六年了，但是还是觉得不能完全地融入。怎么说呢，我觉得和别人打交道不那么容易，经常不知道该怎么和人打交道。所以我一般除了劳动，就是在看书，很少会与别人接触，独处的时候比较多。其实我也挺想和大家搞好关系的，有些人她就能做到大家都喜欢，我有时候觉得很羡慕她们，也想要是自己也那么受欢迎就好了。不过话说回来，原来在外面的时候，我也不是个很会和别人打交道的人，所以也不太晓得该怎么做。（P – Case No. 25）

　　不难看出，这些被访者因为不能很好地处理和狱警及其他服刑人的关系而感到沮丧。她们崇拜那些能够很容易和别人搞好关系的服刑人，在她们看来，后者在狱中的生活更加"成功"，也能挣到更多的分数。不过，另有 7 名属于适应普通者类型的服刑人表示她们本来就不愿意花很多的时间和精力在处理和别人的关系这一问题上，因为她们觉得自己有"更重要"的事情要做。

　　其中，10 号参与者就是一个典型例子。她的年龄在 45 岁上下，因贩毒而被判处无期徒刑。在刚入狱时，她还没有完全戒毒，在监狱中用了相当长的时间才在生理和心理上完全戒除了毒瘾。她提到，自己原本脾气很暴躁，所以刚开始时完全没办法适应监狱的环境。但逐渐地，她因为喜欢上了自己在狱中的工作而最终适应了监狱生活。自入狱开始，她就一直在监狱的合唱团中担任美声唱法的歌手。开始时，她缺乏自信，因为觉得自己年纪偏大，又没有专门学过唱歌，是不可能胜任这一岗位的。可是后来，她逐渐转变了想法，并且开始积极地投入到歌唱技巧的训练中。现在在她看来，唱歌已经不仅仅是一项狱警安排的、她应该在监狱中完成的任务，而是成为她在监狱里快乐生活的源泉。据该名服刑者所述，唱歌是能够给她带来快乐、希望以及让她感到年轻的美好艺术。她甚至觉得现在能接触这样"高雅"的艺术是"因祸得福"；因为如果不是遭受牢狱之灾，恐怕自己还在社会上"醉生梦死"，过着浑浑噩噩的生活。因此，她非常热爱现在的工作，并且十分投入和充满热情。而由于其在"歌唱事业"上投入了太多的时间和精力，她无暇关注和他人的关系好坏问题，因为在她看来，那些都远不及唱歌来的重要。在她看来，只要听警官的话，并且不和其他犯人发生冲突就行。

与 10 号参与者类似的，其余 6 名表示自己不愿花费时间在人际关系的建立和维持上的参与者也有自己各自不同的爱好。其中有些人将自己的时间和精力投入到学习和实践服装制作的技能中；而另一些人则致力于开发个人的兴趣爱好，例如中国画、书法、剪纸等。这些服刑人并未因为和他人缺乏良好的关系而感到沮丧；她们也并不羡慕那些能拿到高分和担任重要岗位工作的人。事实上，她们虽然也看重分数，但是却并不显得那么"急功近利"；在"挣分"这件事情上，她们显得比较平和，而更多地倾向于把服刑期当做发展个人兴趣的机会，并且真正从中找到了满足感。

二　适应的周期

在属于一般适应程度的 36 名参与者中，有 9 人表示她们仅花了很短的时间就适应了监狱的环境。这一般意味着，在两个月的新进服刑人员入监教育期内，她们就已经能够适应监狱的"新生活"了；有些被访者甚至表示她们刚进监狱几天就已经适应了。

综合分析来看，这些能够迅速适应监狱环境的女性服刑者有一个共同的特点，那就是她们都能够迅速的发现监狱生活的意义（或者说"服刑的意义"）所在。当然，所谓的"监狱生活的意义"对不同的人而言有着不同的含义。例如，有 3 名服刑者说她们在监狱中的任务就是"弥补过去的罪行"；她们之所以会尽自己最大努力迅速适应环境，是因为她们认为这就是忏悔和自新的标志。其中两位这样说道：

> 我已经下定决心要在这里好好改造，所以很快就适应了这里的环境。我非常后悔以前自己做的事情，我觉得我犯的错对家人、社会还有其他人都造成了伤害，所以我决心要用我的努力去弥补以前的错误。我要把坐牢的这段期限，当作是自己学习的期限，这也算是我人生的一段磨炼了。我以前做错了，但是我以后不能再错，这

段时间就是我学习和重生的过程。(P – Case No. 43)

虽然我是短刑期的犯人，但是我也觉得自己应该好好劳动，动力就是我觉得自己是真的犯罪了，我是以一种弥补和赎罪的心理在改造的。我犯了罪，对家庭对社会都造成了伤害，我也应该为此付出代价。我觉得在这里面只有好好劳动才能让自己的心里更踏实一点。而且我既然做了，就不想马马虎虎的，就要认真做好，不想被别人说什么。虽然时间不长，我也觉得我改变了很多，首先我学会了做很多事情，以前都是不会做的；并且，我的生活变得很有规律，这也是一件好事。(P – Case No. 45)

除此之外，另有 2 名参与者说她们感觉到服装制作是很有趣的，或者是很有用的，所以她们非常希望能多多掌握和实践服装制作的技能，而这也是她们能迅速适应监狱生活的原因。她们是这样说的：

在进来之前（指入狱之前），我从来都没有接触过服装产业，所以刚进来的时候我就觉得做衣服挺有意思的。而且我学得挺快的，很快就学会怎么做了，所以我在很短的时间里就适应了这里的生活。(P – Case No. 31)

我有点担心出去以后不知道要做什么，所以我现在的想法就是在里面（监狱里）好好努力，认真学习缝纫技术，作为自己的资本，这也是我要在这里认真努力的一个主要动力。所以我很快就适应了这里的生活。(P – Case No. 43)

由于工作占据了女性服刑人生活的绝大部分，因此，如果她们能对自己的工作或者是相关的劳动技能培训产生兴趣，那么她们就能很快地适应监狱的生活环境。

此外还有 2 名被访者说她们能够迅速适应监狱环境，是因为她们不想让家人为她们担忧。所以，对家人的关切也成为监狱生活的一大意义所在。一名参与者这样表达了她的观点：

　　　　进来以后（指入狱以后），过了几天我感觉就适应了，主要是
很快的就放下了思想包袱，把心态整理好。我想，我应该在这里面
好好表现，不能再给家里添麻烦，让家人担心；我觉得在这里照顾
好自己就是对家人关心的最大的回报。另外，我这个人本身适应力
也蛮强的，所以很快也就适应了。（P – Case No. 41）

　　最后，余下的2名参与者说，她们之所以能迅速适应监狱环境是因
为她们认为"狱中的生活比外面更好"。对于这两位被访者而言，在某
种程度上，吃饭、穿衣、居住以及医疗保健就构成了她们监狱生活的意
义所在。她们说她们对狱中生活没有任何的不满意，觉得生活在监狱中
非常满足。

　　　　我很满意现在的生活。我现在在流水线上做机工，我觉得这是
个很轻松的工作；至少，比我以前我在家里做的农活儿轻松多了。
每天我按时上班、按时下班、按时吃饭、按时睡觉，很规律，什么
也不用烦。所以我觉得每天的生活都挺开心的。（P – Case No. 5）

　　　　我很可怜的。我没有钱，也没有人管我，还得了糖尿病。我觉
得这里（指监狱里）的生活真好，吃的住的比家里好多了，我不
用再担心吃了上顿没下顿了。狱警对我也很好，她们特别关心我，
还给我找医生看病。你看，现在医生给我开了糖尿病的药，还定期
检查，我觉得我的身体也比以前好多了。我没有觉得现在的生活有
任何不好的地方，很满意。（P – Case No. 26）

　　总的来说，这些能够迅速适应监狱环境的服刑人都对服刑生活有着
"积极"的态度。她们能在很短的时间里找到对自己有意义的东西，并
且愿意接受监禁这一现实。相反的，在适应一般者这一组中剩下的27
名被访者则表示她们都花了较长的时间来适应监狱生活。就像以下这位
被访者所言，她花了差不多两年才适应监狱生活：

　　我在进监狱之前，从来没想过有一天会来坐牢，当时心里还是有点紧张的，也不知道自己能不能适应的了。现在来了几年的，觉得也还好。一开始确实是有些不适应的，一直觉得不舒服，睡觉也不好，心里烦，总觉得跟里面的人不好相处。而且我年纪也大了，总觉得不是很好。可能过了差不多有两年的时间，我才渐渐适应。（P – Case No. 21）

　　而在她们适应监狱环境的过程里，都或多或少的得到了来自于狱警、其他服刑者、家人以及社会志愿者①的帮助。

　　首先，狱警是女性服刑者适应监狱环境的主要支持力量。有 18 名被访者说她们觉得狱警在适应期内对她们的帮助很大，比如以下这几位参与者说道：

　　警官对我的帮助挺大的，开始的时候，我什么都不适应，表现也不好，警官就找我谈心，跟我讲道理，我很感动的。而且听警官讲完之后，我就晓得了应该怎样去干活、怎样拿分。以前我从来没想过什么加分、扣分之类的事，就想破罐子破摔，大不了不减刑了，没什么大不了的。现在看到大家都这么努力，警官又给我讲了很多道理，就想到自己一定要好好努力。（P – Case No. 22）

　　警官对我的帮助是很大的，原来我刚来的时候，很自卑、很内向，也不会主动参与什么活动。后来，警官经常鼓励我，找我谈话，给我讲道理，我逐渐变得开朗活泼了很多，也愿意参加活动了。而且，以前自己总有很多东西想不通、没法理解，去找警官谈了以后，就知道了，也能想通了，我觉得这对我的改造还是有利的。其实，总的来说我觉得我的心态还算好的，只是有时候会遇到一些问题，生产上的、生活上的或者是人际关系上的，这些都可以找警官去说，不过一般都是些小事情，还没有遇到什么大事。（P – Case No. 23）

---

①　有一些服刑者在适应阶段受到了来自多方面的帮助和支持。

我刚来的时候觉得挺不适应的。生活上、劳动上都还好，主要就是心理上，我觉得自己的刑期很长，不能够接受。我当时觉得这么长时间怎么过啊，情绪很低落。后来警官就来找我谈话，她们用家人的等待来鼓励我，说家人都在外面等着我呢。这样就激发了我好好努力的决心，后来慢慢地也就接受了这个现实。（P – Case No. 33）

服刑者们大多认为狱警和她们的定期谈话对她们的心理适应有很大的帮助。其中几名参与者这样说：

这里的警官都是很耐心、很细心的，每周都会定期找我们每个人谈话，了解情况。平时看到有人心情不好也会主动关心，遇到有心理问题的犯人更是特别关照。我觉得这种谈话对我们的帮助很大，有时候想想，一个人在这个里面，也见不到家人朋友，心里面的事也不知对谁说，警官常常跟我们聊聊，很多事情也就想开了，也就知道该怎么做了。（P – Case No. 1）

对我们来说，谈话是件好事，是对我们有帮助的。其实有时候犯人闹情绪就是因为烦闷、没地方发泄，而谈话就是一个发泄的渠道，有什么事情和警官说了，也就发泄掉了，就舒服了。还有就是，犯人总是会觉得自己不受重视、没人管，警官一找谈话，她就觉得警官还是关心自己、信任自己的，就觉得舒服了。（P – Case No. 16）

我觉得警官对我们的帮助是很大的。她们主要是开导我们，帮助我们调整心理压力，更好地面对这里面的生活，其实，在这里面，最重要的也就是调整心态，所以，我觉得警官对我们帮助最大的也是心理方面的。（P – Case No. 27）

一名被访者甚至说，如果她做了不符合狱警要求的事，她会因此而感到内疚，因为狱警帮了她很多：

> 警官对我的帮助挺大的，说实话，有时候看到警官对我们那么好，自己都不好意思不努力了。（P－Case No. 3）

相反，如果得到警官的表扬和关心，她便会感到"十分高兴"：

> 我们如果表现好，或者任务完成得出色，警官就会表扬我们，那时候就觉得特别开心。说实在的，在这里面可能更在乎有人给你鼓励、给你关心，不像在外面，可追求的东西很多；在这里面，大家都希望好好改造，做了点事情就希望有人肯定，所以警官的鼓励就显得更重要了。（P－Case No. 3）

另一位被访者也表达了类似的想法：

> 我很听警官话的，警官说什么我就听什么。我都很听话的，干活儿监区长都表扬呢，我就是累死也高兴，即使不要什么产量，我也争个表现。（P－Case No. 26）

其次，家庭的支持对女性服刑者的监狱适应也十分重要。有11名服刑人承认是来自家庭成员的支持促使她们慢慢适应了监狱环境。其中几人说道：

> 我觉得我现在最大的动力，就是家人的鼓励、希望和支持，以前我不懂事，不听话，现在懂事多了。我就想着早点回去，回家是我最关心的事情，在回家这件事情面前，其他什么事情都不是事情了。（P－Case No. 4）

> 家人对我的鼓励挺大的，我刚进来的时候很不适应，我爸爸来看我的时候就鼓励我教育我，跟我说坐牢是对我的一种惩罚，我应该自己去承担它；另外坐牢这也是对我的一个锻炼，出去之后肯定

在各个方面都比现在强多了。我觉得家人对我的支持很重要，让我觉得温暖和有希望。说实话，之前我都不懂这些的，觉得父母对我好是应该的，现在我懂了要心疼家人，要孝顺父母，以前太不应该了。我觉得家人的支持是我最大的动力吧。就是因为他们鼓励我，我才慢慢适应了这儿的生活。（P – Case No. 32）

我刚来的时候很不适应，很迷茫，也想过不活了。但是后来我家里人经常来看我，给了我很多的鼓励和安慰，我就渐渐想开了。我现在就是想好好劳动，好好表现，多拿分。我觉得促使我改变的最大动力还是来自我的家人，家人的期盼，盼着我早点出去，我不能对不起他们。（P – Case No. 33）

在那段时间（指刚入狱时）我感到日子特别难过，每天都特别的消极。我进来的时候是 24 岁，当时就想，自己还这么年轻，人生最美好的时光就都要在监狱中度过了，特别难以接受。这种消极的时光大概维持了两年左右，后来才慢慢地调整过来。主要就是通过家人的鼓励和希望减刑吧。因为只有表现好，好好工作，才能够得到减刑，才能早点回家。就是因为这种动力吧，我慢慢地就逐渐适应了这种生活。（P – Case No. 51）

家人的期盼、鼓励以及支持始终是这些服刑人员坚强的后盾。很多被访者都表示，家人的不离不弃不仅是她们在监狱里好好生活的动力，也在一定程度上令其坚定好好努力以便早日能够减刑回家的信心。

再次，有 7 名参与者表示，她们在适应阶段受到了来自其他服刑人员的帮助。比如，一位被访者这样说：

我觉得我们组长对我特别好。我当时刚来嘛，自己心情也不好，压力也很大，觉得干什么都提不起劲来，什么都觉得没意思，就这样混日子。我们组长就开导我，说在这里面（指监狱里）虽然生活不容易，但是也要好好努力。后来我想想，确实也是，有好些老犯她们都年纪一大把了，还在拼命努力表现呢；我还年轻得

很，还有很多的时间，好好努力就有希望出去。大概差不多过了有几个月的时间，我就适应了。（P – Case No. 22）

除了小组长之外，普通的"组员"也可能成为她们适应监狱生活的帮助者：

> 我在小组里面有个挺不错的朋友，我觉得她对我的帮助很大。其实我刚来的时候我们两个也是不说话的，那时候我还是新犯，很多事情都不是很适应。有一次，我觉得很伤心很难过，她看见了就主动来安慰我，说了很多开导我的话。她跟我年龄差不多，我觉得她很善良很贤惠，而且挺会安慰人的。要是没有她的鼓励，我可能也不能这么快就适应。（P – Case No. 39）

此外，在工厂中劳动时的工作搭档也能够起到鼓励和支持的作用：

> 我一开始踩机子确实很难适应，因为流水线的速度很快，我都完成不了，自己也很担心。后来是在线长、工艺员，还有其他熟练老犯的帮助下，我一点点地改变，积极地去参加培训，去学习，慢慢地也就适应了。（P – Case No. 24）

最后，社会志愿者也在一定程度上为女性服刑者的监狱适应提供了支持和帮助。共有4名参与者谈到了这个情况，以下便是一个典型的例子：

> 我开始的时候不在现在这个监区，而是在另一个监区，后来2006年因为企图自杀，被记过处分之后，就转到了这儿。我记得那时候是我情绪最低落的时候，觉得一点希望都没有，想到还有这么多年的改造就不知道该怎么办。后来警官看到我改造出现了问题，就帮我找了专门的社会帮教，请了个很有名的民间剪纸艺术家来教我剪纸。那天我记得很清楚，我刚好生病在医务室住院，然后管教部民警就进来跟我说，给你请了个剪纸老师，你愿不愿意学？

我当时觉得很意外，没想到警官们还想着我，特地帮我请老师，我很感动，就说愿意学。然后那个剪纸老师就来见了我一次，之后一直到今年年初都保持着书信联系，就是他给我布置作业，教我怎么剪，然后我剪好了再交给他。今年年初开始，我们监狱专门开了剪纸兴趣班，也是由这个老师教的，他现在每个月来一次，教我们大家剪纸。因为我学的时间长了，就担任了我们剪纸班的班长，我觉得挺光荣的。当时我的改造状况特别差嘛，警官也觉得不好办，而且我年纪小、刑期又长，就说把我交给那个社会帮教的教授了，看怎么能帮助我。后来那个教授就出了个点子，说让我学剪纸。这个点子的来源其实是他看到有一年母亲节我送给我妈妈的礼物就是一个小剪纸，他觉得我会喜欢，还有就是他们都认为剪纸能够静心养神，对我的改造有好处。经过这两年的努力，现在我的改变可大了，脾气、性格都变了，不像从前那么暴躁了。以前，我都不知道自己要干什么，不晓得要往哪方面努力，现在明确了，知道了今后的努力方向，心里面觉得特别踏实。而且警官也说我变好了，这段时间表现也很平稳。(P - Case No. 11)

相似的，另一名参与者表示，自己能够适应监狱生活最主要来自"心理咨询老师"的帮助：

其实，对我的转变功劳最大的还是心理咨询的老师，从我刚进来没多久，因为老是适应不了，觉得压力很大，警官就安排我去做心理咨询，每周一次，我一直持续做了3年1个月，直到去年才停掉，我觉得这对我的帮助非常的大。我以前小，干的坏事也多，很小的时候就打架、吸毒，做很多坏事，也不怎么跟人来往，什么都不懂。那个老师就教我要怎么调整心态，怎么看待问题，遇到事情该怎么处理等，一点一点地教我，后来慢慢地我就明白了很多道理。一直到去年，那个老师就跟我讲，我现在已经可以自己应付了，不需要再去咨询了，所以就停掉了。我很感激她对我的帮助。(P - Case No. 16)

其实，大部分此类服刑者接受的帮助都并非来自单一的社会支持，而往往得益于各种不同的人群的帮助，就像这位被访者所述：

> 我觉得吧，我能有这么大的改变，和警官、社会帮教以及家人对我的帮助太有关系了。要是没有社会帮教的帮助、没有警官对我的信任、没有家人对我的关心，我想我肯定完蛋了，我都不敢想自己会变成一个怎样的人，我根本不可能像现在这样这么好、这么优秀、改造的这么平稳。监狱给我提供了很多好的改造平台，不但让我当扫盲班教员，还让我参加剪纸比赛，因为比赛获了奖也可以拿分的。还有就是家里面，我家人每个月都来看我，以前都是我爸爸来，后来我爸爸去世了，现在就是我妈妈每个月来，基本上都是聊聊我的情况，给我一些鼓励什么的，我觉得他们来看我就是在行动上说明他们是爱我的，是没有放弃我的，也促使我好好改造。(P - Case No. 11)

与此类似的还有以下这位被访者，她花了一年的时间才适应监狱环境，期间也是得到了多方的帮助：

> 我觉得我用了差不多一年的时间才适应监狱的生活。刚进来的时候，觉得监狱很陌生、纪律性很强、很严格，虽然说在劳动上我没有觉得跟不上，但总觉得周围压力很大，主要是因为初来乍到，对环境不熟悉，有些紧张。后来，劳动上面靠着老犯带、技术员指导，思想上面靠着警官的教导还有家人的鼓励，我慢慢地才适应了，想开了，也能融入集体了。(P - Case No. 30)

与前述的 9 名迅速适应者不同，这里所提到的 27 名适应缓慢的参与者并非人人都是以积极的态度来对待监狱生活的。其中，有 19 人还算是比较积极的，她们都在他人的帮助之下逐渐找到了服刑的"意义所在"；而剩下的 8 人则表示即使是在得到他人帮助的情况下，也几乎不能找到服刑的"意义所在"，她们只是在狱中待的时间长了而逐渐接受了现实罢了。用她们自己的话来说，她们就是"被迫适应"监狱生活的，因为别无选择。正如以下这两位被访者所说：

> 我大概到监狱半年左右的时间才逐渐适应了这里的生活。刚进来的时候，我觉得五年的时间好长啊，怎么过啊，简直觉得一天都待不下去。而且刚开始进来的时候我脾气很不好，老是和别人吵架，再加上一开始不习惯监狱的生活，所以自己也很烦躁。但是慢慢的，也就习惯了。反正就是通过和警官沟通、和其他同犯相处吧，我渐渐地也就适应了。也谈不上好不好，反正我现在不跟别人吵架了。我觉得过一天是一天吧，在这里面，也就是这样。每天也有很多事情要做，就觉得挺充实的，时间也一晃就过去了。现在回头看看，几年的时间也没那么难过，就这么过来了。（P – Case No. 4）

> 开始的时候确实有些不适应的，毕竟失去自由了。差不多进来之后有一年的时间都在调整，主要也就是靠自己。既来之、则安之，都到里面来了，也没选择了，只能是尽快地调整好，变得坚强一点，开心也是一天，不开心也是一天，想想看还不如早点让自己适应。而且反正我的刑期也不是非常长，熬一下也就过去了。（P – Case No. 20）

这部分服刑人只是试图混日子，她们抱着"过一天算一天"的想法，对未来没有任何考虑和计划。在某种程度上，她们是所有服刑人中最消极的一群。她们最想要的就只是不被扣分而已。她们不会刻意地展示自己，但也不会试图违反规定或者惹麻烦，而只是整日消磨时间。

三　遇到问题时的求助途径

当问及"在监狱生活中如果遇到问题时，该如何解决？"这一问题的时候，大部分适应一般的服刑者会选择求助于他人，而求助的对象包括狱警、家人、其他服刑者以及社会志愿者①。

求助于狱警在服刑者中是普遍的解决问题的途径，共有 19 名被访

---

① 有一些服刑者在遇到问题时会多方求助各种不同的人群。

者表示她们在监狱中遇到问题时会去向狱警求助或者希望狱警能够给她们以解决问题的建议。比如，有一位被访者以其亲身经历这样说道：

> 我觉得警官对我们很好，帮助很大，我们有什么困难，都会首先想到要去找警官帮忙。我自己三四月的时候，有一次不知道怎么搞得，突然面瘫了，而且自己还不知道，后来警官一看到我，就赶紧带我去医务室看，慢慢吊针、吃药，过了好几个星期才好。我觉得特别感谢警官。我们在这里面也靠不上其他人，求助于警官是最好的。（P – Case No. 28）

与此相类似的，另外三名被访者这样说：

> 如果遇到什么问题，无论是思想上的，还是生活上的，都可以找警官解决。（P – Case No. 31）

> 我觉得遇到什么事情都可以去找她们（指狱警），而且只要好好表现，认认真真、踏踏实实的，警官都会照顾我们的。（P – Case No. 49）

> 我以前总觉得自己小，不晓得宽容，不为别人着想，自己也没什么耐心，很任性。要是没有警官的教导和一次次的找我谈话，我觉得我可能一直都不晓得学好。所以我现在有什么事儿都会去找警官。（P – Case No. 24）

至于为何有事儿要去找狱警帮助，而并非求助于其他人，一名被访者表示，那是因为"在监狱中，警官是最可靠的"：

> 我这个人呢，性子比较直，平时大大咧咧的，刚来的时候不是很在意的，也经常和别的犯人说说笑笑的，有什么事都会和小组里面的人谈谈啊什么的，特别是我们上下铺的关系也蛮好的。不过后来觉得犯人之间有点事情都会传来传去的，传传也就变样子了，我

也有点担心。所以现在心情不好的时候啊，或者遇到什么事情的时候，我会去找警官聊天，我觉得这样反而能很好地解决问题。警官相对来说都是公正的，眼界也更高一些。而犯人会乱传话，也不可能真正给你什么有价值的意见，我觉得不可靠。家又那么远，指望不上。相比较来说还是警官最可靠。（P – Case No. 32）

可见，服刑人员间信任的缺失直接影响了她们在遇到问题和麻烦时向"同伴"求助的可能和意愿。不过，也有一些服刑者持完全相反的意见，在她们看来，反而是同为服刑者的"姐妹们"更加可靠，有 9 位服刑者表示她们在遇到事情时会向其他服刑人员求助，比如以下这位参与者如是说：

有什么事情我都会跟小组的姐妹们分享。我对她们还挺放心的。我一般不会去找警官聊天，我觉得不需要去找警官啊，而且有时候向警官汇报了反而会把事情弄得很僵，特别是与同伴相处的时候。相对来说，我比较在意和同伴间的关系，我觉得我们在监狱中可以互相帮助。（P – Case No. 45）

而另一位参与者则表示，有一些"特殊的事儿"只能和其他"姐妹"分享，而不能跟警官说。而这一"特殊的事儿"指的就是感情问题和对性的需求：

犯人也有性要求，情感要求啊，没有就不正常了，特别是有的年纪轻的，也会说说，但是也就是说说就算了，一般嘛找谈得来的姐妹聊聊，时间长了，慢慢也就接受了，想多了也没有用。这些事情是不会去找警官的，也不好意思。（P – Case No. 33）

除了狱警和其他服刑者，服刑人有时也会倾向于在遇到困难时求助远在监狱之外的家人或者社会帮教志愿者。有 11 位被访者表示，她们在遇到问题时会写信或者打电话向家人求助，家人是她们最大的支持。就像如下这几位被访者所述：

　　家庭也是我的坚强后盾，我家里面妈妈、丈夫、女儿、外孙、还有两个妹妹，他们轮流每个月来看我，是我很重要的精神支柱。只要和家人在一起，什么困难都可以面对。（P－Case No. 14）

　　遇到事情的时候，我还是会跟家里人说，写信或者打电话，如果他们刚好来看我就在那时说一说。我一般不会找别的犯人说自己的事儿，也不太会去找警官。（P－Case No. 37）

　　遇到事情啊，我会看是什么事情。如果是和改造或者这里的生活有关的我就去找警官，但是如果是有些自己想不通的事情啊，或者心情不好的时候我还是会选择跟家里人说。我觉得家里人更加理解我。（P－Case No. 43）

当然，也有很少部分的被访者（仅有 2 人）表示，她们在遇到困难时会向社会帮教志愿者求助。比方说前文提到的得到剪纸艺术家帮助的那位服刑者就表示，自己除了剪纸技艺之外，也常常向那位艺术家"请教"其他监狱生活中遇到的问题：

　　我觉得大家对我的帮助都挺大的，警官、父母，还有社会帮教，要不是他们我也不能像现在这样。我现在吧，要是遇到什么想不通的事情我都会去找他们。我很喜欢那个教剪纸的老师，我觉得从他身上学到很多。以前我都是跟他通信的，除了交作业，我有时也写些自己的困惑什么的；他现在每个月来一次，我有的时候会主动和他交流交流。（P－Case No. 11）

总的来说，适应一般者在监狱生活中遇到问题时的求助途径和求助对象和其在适应监狱生活的过程中接受帮助的社会支持来源是相一致的。

四　监狱生活的收获

对于适应一般者这一群体，监狱生活对于她们而言还是有意义的，她们普遍表示能够从劳动（工作）以及教育等活动中学到一定的知识、技能以及为人处世的道理。

（一）劳动的收获

对于服刑者而言，监狱生活的绝大部分是在劳动，或者说是在工作中度过的，因此有超过三分之二的适应一般者（25 人）提及她们在劳动过程中收获了很多。首先，劳动技能的获得是被参与者所最常提到的，绝大多数的参与者都提到她们在监狱生活中，通过参与监狱组织的集体劳动，学会了很多劳动技能。正如以下这几位被访者所述：

> 我学到了很多技术，特别是自从我当了工艺员之后，我觉得自己真的学会了一技之长，不管怎么说出去以后能有个谋生的手段，能养活自己了。其实很多人的犯罪原因都是因为太闲了，没事可做才会不走正道。如果在里面能学会一样手艺，出去后至少能有个落脚点，能有个正当的工作，不会觉得很茫然，不会受歧视，而是能自己养活自己了。（P – Case No. 2）

> 在劳动技能上我学到很多东西，感觉这也是对自己有好处的，如果出去之后找不到别的出路，也可以去厂里做服装的。（P – Case No. 22）

> 在这里面劳动，虽然说学的东西单一一些，但是也还是有用的，最起码可以让改造生活充实一些，时间也过得快一些。而且，出去以后，也能用到现在学的手艺。我也有考虑过出狱以后继续从事服装这个行业的。（P – Case No. 24）

> 首先就是学会了很多劳动技能，踩机子，修机子，做衣服，以前哪会啊，什么都不懂，现在我都会很多不同的工序了。我能完整地做一条裤子，做一件夹克衫出来。我觉得自己比以前强多了，最

起码出去了养活自己不成问题。(P – Case No. 32)

甚至有被访者提到，监狱里的"技能培训"很仔细很全面，她们可以通过这些培训学到整套"手艺"：

> 其实现在监狱对于劳动技能上的培训是很全面的，比以前好多了。以前基本上就教你一道工序，很多人来了之后就只学一样，然后在里面坐几年牢就一直做这一样，到回家了也就只会这一道工序，这样出去以后就很难用这个手艺吃饭。现在就不一样了，一般新犯进来都是进行全面的工艺培训，可以说只要你想学，能认真努力，基本上都能让你全套学下来，一般也就是半年左右的时间就能全部学会。我们的培训一般就是利用休息时间、晚上，或者是当天自己的任务完成了以后的空余时间进行，已经差不多坚持一年多了。我觉得这个改变不论是对我们服刑人员还是对监狱都是有利的，对服刑人员来说，这对我们出去以后的就业有帮助，会了这一套手艺，谋生肯定是没问题的；而对监狱而言，我们每个人会做的工序多了，就提高了车间的生产效率，因为你自己的工序做完了，就可以去做别的，不像以前，大家只会一道工序，就会出现有的人很忙，而有的人闲得没事坐在那里睡觉，所以说现在整个车间的工作效率提高了，也能创造出更多的价值。(P – Case No. 25)

其次，除了劳动技能之外，也有些参与者提到，她们还从劳动中获得了快乐和自豪感。她们不仅学会了"自食其力"，而且也能认识到自己"也是对社会有用的人"。其中一位被访者说道：

> 通过劳动，我学会了很多，也改变了很多。以前在外面的时候，我什么都不会做，什么正经工作都没做过，每天懒懒散散的，根本不知道什么叫做自食其力。你看，现在我都能自己做出一件衣服来，以前哪能想象得出来啊？几片布，缝缝补补就成一件衣服了！有时候想想，都觉得现在的自己很伟大，很有成就感。我想，劳动对于我来说起的最大作用就是这个，就是让我重新认识了自己，知道原

来我还能干这么多的事情，知道了原来我一点都不比别人差！而且通过劳动，我现在变得不怕吃苦了，生活、做事也都很有规律，对生活也有了新的认识，现在我知道了，只有靠自己的双手才能过上好的生活。现在回过头来想想以前的自己，真是觉得很不应该，以前我就是典型的好逸恶劳，什么都不会做，什么也都不做，每天还觉得生活很无聊，吃父母的用父母的，还觉得天经地义。现在我就知道了，父母对我好，我应该知道感恩，我要上进，要自食其力。我常常想，就算以后出去了，我不从事服装这一行业，也一定会正经的找个工作来做，这样才能活得充实。说实话，现在我都觉得，要是让我再过回以前那种无所事事的日子，没活干，反而会难受。虽然我出去之后可能不会再像在监狱里这样作息时间这么严格，但至少我想，在这里养成的良好的生活习惯还是会保持的。而且我不会再怕吃苦，也不会再惧怕做一些辛苦的工作。我以后一定要用自己的双手生活，孝顺父母。（P – Case No. 3）

相似的，另外几位被访者也表示，只有"靠自己的双手创造出来的生活才踏实"。她们通过劳动，对自己之前"好逸恶劳"的生活都有了深刻的反思，锻炼了自己"吃苦耐劳"的精神，并且重新认识到了自己的价值。

通过劳动，我也逐渐认识到了要脚踏实地，不管怎样只有靠自己的双手创造出来的东西才踏实。以前我什么都不会，还一天到晚不切实际的空想，指望着不劳而获，进来以后，通过警官的教导吧，我觉得我长大了很多，那些想法现在都没有了，现在我就知道，只有好好工作才能有好的生活，所以虽然我还没想好出去以后要干什么，但肯定会正经找个工作，踏踏实实生活。（P – Case No. 4）

我觉得通过劳动，我学会了吃苦，感觉有了这几年的经历，将来出去了就什么苦都能吃了。虽然说这里的工作时间也是标准的，劳动也不算很辛苦，但是监狱里面毕竟不自由，要求也比较严格、

规范，而且再加上我以前也没吃过什么苦，所以觉得有了这种经历，吃苦是不怕了。(P – Case No. 15)

再次，从较高的层次上而言，劳动还为一些服刑者带去了快乐和享受以及成就感。正如以下这位在监狱艺术团担任歌唱演员的被访者所言：

> 现在我渐渐喜欢上这份工作了，我也学到了很多的东西。原来我就是自己随便唱唱，从没想过有一天能够有专业的老师教，还能够登台表演。现在我们都有专业的老师给我们培训，平时在排练时我也能感觉到自己在进步。另外，美声是很高雅的艺术，我觉得自己在劳动改造的同时，也获得了高雅的艺术上的享受，所以身心愉悦，觉得人生充满了希望。(P – Case No. 10)

相似的，其他一些在服装工厂里工作的参与者也说道：

> 其实做习惯了，也觉得挺有意思的，也会有一种成就感，想到这么多的衣服都是曾经经过自己的手做出来的，很有成就感的。(P – Case No. 20)

> 我觉得劳动还是很有意义的，不劳动人就没有价值，就像以前的我一样。现在我就觉得我很有价值，也在劳动中找到了快乐。(P – Case No. 33)

最后，还有一些参与者认为，通过劳动，她们对自己的犯罪行为有了更深刻的认识。她们将劳动看作是对自己过去犯罪的惩罚，并期望在此过程中来为自己"赎罪"，这也是她们的收获。正如以下这几位参与者所言：

> 我觉得吧，在监狱中劳动，首先是对我们犯罪的惩罚，因为我们做错了事，所以就应该接受惩罚和教育；其次呢，我觉得这种劳

动也是一种锻炼，让我学会了感恩，学会了反思以前的生活，也学会了自己动手，这在以前都是想不到的，而现在都体会到了。（P – Case No. 1）

我一直是做机工的，我觉得劳动还是挺开心的。不管怎么说，自己也是犯了错的人，给社会带来了很多麻烦，在这里别的不能做，至少，可以用劳动来洗刷自己的污点吧。（P – Case No. 28）

（二）为人处世的收获

在适应一般者群体中，有 18 位服刑者提到，她们在监狱的集体生活中学到了很多为人处世的道理以及对集体生活的感悟，让自己在综合素质上有了一定的提升。

首先，参与者们普遍表示，她们学会了怎么"与人相处"，或者是学会了"很多做人的道理"。正如以下这几位被访者所述：

我也觉得自己有了很大的改变。以前的我可以说是娇生惯养的，家里面一直都惯着我。到这边来以后我学会了独立，学会了与人相处，学会了包容别人，也学会了相互理解和承担责任，可以说是学到了很多做人的知识。（P – Case No. 2）

我在监狱里面学到了很多，也懂了很多，其中我觉得最最主要的就是学会了怎么与人相处。我知道了人与人相处就是要多一份关心，少一点计较，不管是在劳动上，还是在日常生活中，都要好好相处。我想自己将来出去了，也会保持的，毕竟都习惯了，虽然环境不同了，可以自由选择和谁交往了，我想我还是会把在监狱学到的东西保留下来的。（P – Case No. 4）

在这里面几年，我确实改变了很多。最主要的就是脾气、性格上的改变。我原来基本不怎么跟人讲话，就像你这样问我什么，要是原来我肯定什么都不会说，而且我做事情从来不考虑别人，都是自己想怎么样就怎么样。因为我从小就不走正道，干了很多不好的事情，也不怎么会轻易地相信别人。现在就不同了，我觉得这么些年下来，自己的脾气也被磨得差不多了，耐心也有了，也学会了为别人着想。其实现在在这里做的很多事情都是磨性子的，比方说我现在做病犯组组长吧，那些病犯很多都是有精神问题的，那是真的要特别特别的有耐心和爱心的，要关心她们，要为她们着想。（P – Case No. 16）

我觉得自己学会了与人相处。我以前不怎么会与人沟通的，也不懂说话的技巧，人际关系很不好的，现在我知道和不同的人说话要用不同的方法，我觉得这是一个进步。（P – Case No. 32）

我觉得我在这里还是学到了很多的，其中最主要的就是为人处事。这里跟外面不同，这里接触到的人也和外面完全不一样。在外面大家都是相互帮助的，一般没有什么坏心眼，在这里就不那么简单了，自己要尽量的克制，管好自己，不能话多。这里的人际关系是很复杂的，形形色色的人很多，比外面复杂多了。在外面交往的无非是自己的同行、朋友和家人，不会接触到别的人，而在这里则什么样的人都可能接触到，还是应该谨言慎行。（P – Case No. 38）

其次，还有一些参与者表示，在监狱集体生活中，她们更加清楚的认识和感受到集体荣誉感，懂得了团体在人类生活中的重要性，这让她们在一定程度上改正了"自私、自利、自我"的不良观念。就像以下这几位被访者所说：

像是集体的活动，比方说合唱比赛，体育比赛什么的，我觉得也挺好的，特别能培养我们的集体荣誉感，参加了吧大家就都想争第一，都想努力表现，所以大家也特别的团结。（P – Case No. 1）

有些跟时事结合的活动我觉得也很有意义，比方说上次四川地震（指的是汶川地震），我们监狱里也组织了悼念活动。这也许跟社会上的活动相比很微不足道,但是也培养了我们的爱国心和集体荣誉感吧,反正我觉得我参加了活动挺感动的。(P – Case No. 3)

我也会参加监狱组织的文艺活动,觉得很有意思,也可以为小组争光。一般来说,不论是文化上还是别的什么活动上,只要是代表小组参加的,我都会去参加。我觉得为小组争光很光荣。(P – Case No. 24)

最后,一些参与者表示,监狱生活令她们的思想发生了很大的转变,人生观、世界观都变得积极向上了。正如以下几位被访者所述:

我的思想发生了根本性的转变,现在的我觉得生活很有意义,不像原来生活得那么消极,可以说人生观变得积极向上了,也对自己产生了自信,有了努力的方向和动力。(P – Case No. 10)

其实,我觉得这次坐牢的代价是很大的,这段经历在我的人生中是本不应该有的。现在既然已经有了,就应该要勇敢地面对,人生总有不平坦之处,有了挫折也要勇敢面对才行。我觉得我的思想境界有了很大的提高。(P – Case No. 20)

我也改变了对生活的态度,是通过思想教育、警官教导等学会的,我现在知道了该如何做事情、如何生活,这些都对我的帮助很大。比方说,在消费方面,我懂得了钱是来之不易的,要珍惜;与人相处方面,要感恩、要宽容;另外,我还知道了亲情的重要性和家人的不易,总的说来,我觉得自己成长了许多。(P – Case No. 30)

我觉得我的人生观价值观有了180度的转变,以前我只知道玩,什么事也不烦的,就想以后找个人嫁了就算了,有人养着,也不要我努力奋斗什么的。但现在我不这么想了,我知道了未来都要靠自己的努力,要自食其力才能生活得自在。(P – Case No. 39)

（三）知识的收获

最后，还有 15 位服刑者提及，在已经过去的监狱生活里，她们学到了很多知识，这些知识有法律方面的，有传统文化方面的，也有识字扫盲类的。比方说，以下这几位参与者便表示，自己因为在监狱里学到了法律知识，才更加清楚地认识到自己所犯的罪行：

> 我觉得对我来说，最有用的就是法律课。我的罪名是虚开增值税发票。以前我根本就没意识到这也是犯罪，只觉得是帮朋友的忙，我们当时几个朋友都在同一个圈子里做生意，都是自己家的生意，觉得你帮帮我，我帮帮你是应该的，根本没想到这是一种犯罪行为。直到我被捕了，我也没觉得自己有多大的过错，总觉得自己没罪。后来进了监狱，警官给我们上了法律课，给我们讲法律知识，我才晓得这么做是不对的，是犯罪。我以后出狱了，回家就算再帮着家里做生意，也再不会犯这种错误了。今年春节，我因为表现好，被批准回家探亲 5 天，那时见到了很多当时生意上的朋友，我就跟他们讲了在监狱学的这些法律知识，他们通过我的事，也都认识到了我们以前做的事是错的，我想，大家以后都不会再做这种事了。（P – Case No. 1）

> 我们常常讲，监狱也像一所大学一样，在里面也学到好多东西呢。不仅仅是劳动技能，我还学会了很多法律知识。我原来都不懂法律，还老觉得自己没做错什么，后来经过学习才晓得自己不对，是犯了法。（P – Case No. 4）

> 还有呢，就是法律知识，其实进来也是因为不懂法，不知道自己做的事情是违法的，现在就知道了，以后出去也不会再犯了。（P – Case No. 17）

除了学习法律知识，也有些原本文化水平较低的服刑者在监狱里参加了扫盲班的学习，认识了很多字，有的还学会了写简短的家信，这对于她们而言是莫大的收获。正如以下两位被访者所言：

我还参加了文盲班的学习，就是教我们认字啊、写字啊什么的，不过我学得慢，现在还不会写自己的名字。其实，不认识字，我是感到很自卑的，特别是在你们有文化的人面前，就觉得自己很矮很矮，也不会讲话，什么也不懂。我想，要是能在出去前学会写信、能看报就好了。我就觉得那样的话我的牢就没白坐。（P-Case No. 5）

我小学没念完，也不认识几个字。进来之后参加了扫盲班，现在基本学会看书写字了。我觉得特别高兴！（P-Case No. 7）

而中国传统文化教育则更多的使服刑人员懂得了爱、孝道等中华民族的优良传统美德。就像几位被访者所叙述的：

比方说我们学习中国传统文化中的《弟子规》，就是教大家行孝的，里面也有很多做人的道理。我想这种学习主要就是在让大家从心理上对犯罪这件事情有一个认识，有受到良心的惩罚的感觉。以前我都没有学过这些，现在在这里面学了，很受触动。像是行孝这件事情，我就觉得给我的教育很大，让我知道了孝顺不仅仅是物质的，它包括身、心、质各个方面。以前我认为给父母一些钱，就是很孝顺了，其实不是这样的。就说我们犯罪这件事情，就是大大的不孝，它让父母痛苦，而且他们还要忍受许多负面的压力，这都是要使我们的良心受到谴责的。所以在这里面好好的劳动、改造，也是对父母的一种弥补。（P-Case No. 37）

我还学会了孝顺父母。这主要是通过传统文化《弟子规》的学习，我知道了要孝顺父母，以前我对父母有很多抱怨的，现在都没有了。（P-Case No. 39）

以前我总觉得对父母孝顺就是给他们钱，给他们物质上的需要。但现在我觉得不是这样，我觉得要更加实际的了解父母需要什么，然后再给他们需要的。我觉得要真正做到孝顺是很难的。以前我跟我爸爸的关系很不好，但是后来，我进来了，他来见我的时候，我都能跟他开口说对不起了，以前在外面我根本不可能跟他说这三个字的。我觉得这就是我最大的收获。（P - Case No. 45）

综合看来，适应一般者大多认为，虽然自己普遍用了较长的时间来适应监狱环境，期间也经历了很多的挫折，但是一段时间的监狱生活对她们而言还是带来一些益处的。这些"监狱生活的收获"包括劳动、为人处世以及知识的获取等多方面，服刑者们也大多对自己在监狱中的转变持正面评价。

五　适应一般者的特征

适应状况一般的服刑者们通常背景并不十分"优秀"。首先，从教育背景上看，她们多数只接受过一般程度的教育。在36名适应一般者中，16人初中毕业、9人高中毕业、8人小学毕业、1人是文盲，而只有2人上过大学。其次，她们的社会经济背景亦十分普通。多数此类型的服刑者入狱前是农民、工人或小商贩，鲜有位处较高社会阶层者。最后，她们大多来自于普通居民家庭，而并无显著的家世背景和特殊经历。

在狱警们看来，这些就是所谓的"最普通的犯人"（PO - Case No. 7）。尽管她们由于不同罪行而被判入狱，但其在狱中的生活状况和适应过程却十分相似。对于此，一位狱警详细介绍说：

一般的犯人在她入狱以后都有一个或长或短的适应过程。刚开始的时候，她肯定是有一点惧怕的，对环境的陌生、人员的陌生，以及对监狱生活的未知都会让她们觉得不适应。这时候我们就找她们谈话，通过各种方法让她们尽快适应这个环境，让她们知道监狱的生活是什么样子的。我觉得当犯人能够在监狱里面找到一个努力的方向或者说是让她感兴趣的事情，那她就比较容易适应了。确实，有的犯人她是能够很快找到她的方向的，有些就慢一点，还需要别人的帮助。这里我主要讲的就是"普通的犯人"，那些能力特别强的或者是特别差的可能情况不同。至于人际关系方面，其实大多数普通的犯人她们的人际关系能力不是很强的，很多人进来以后也因为这方面的问题苦恼过。所以我们一般也就是要求她们能和同犯和睦相处，能听警官的话，认真做好自己的事情就行了。毕竟，那种八面玲珑的犯人是非常少的。(PO – Case No. 7)

概括说来，由于天生禀赋和背景的平凡，适应一般者只能做到关注于她们手头的工作，而缺乏与其他人"搞好关系"的能力。因此，她们对监狱生活的适应状况只能被认为是中等程度的。

第二节　适应良好者

共有 12 名参与者被认为在监狱中适应地较为良好。她们通常能够拿到很高的分数，并且常常占据着重要的工作岗位。她们不仅能够遵守监规监纪、保质保量完成分配的工作，还能够积极使用不同的策略和狱警以及其他服刑人主动搞好关系。她们还在一定程度上拥有着权力，因为她们通常有机会作为狱警的助手来管理其他服刑人。

一　适应的结果

在这 12 名适应良好的服刑者中，有 11 人是"特岗犯"。所谓的"特岗犯"就是指那些在特殊岗位上工作的服刑人（犯人）。虽然我们都说，劳动岗位不分贵贱，在监狱里不管从事何种劳动岗位都是为了改造自我而服务。不过实际上，确实有一些工作岗位比其他的岗位更加重要。这个重要性主要表现为：（1）在这些职位上工作的服刑人有权监督其他服刑人；（2）她们通常能获取较高的分数。这样的重要岗位主要可分为四类：（1）管理生产类的职位（例如线长、车间调度、程序技术员和检查员）；（2）管理学习类的职位（例如文化教员和扫盲班教师）；（3）管理生活类的职位（如卫生管理员）；（4）管理监狱秩序的职位（如巡夜员）。而在这些岗位上工作的服刑人就被称为"特岗犯"。通常，成为一名"特岗犯"需要比大多数其他的服刑人表现更好并且需要得到狱警的认可才行。

在所有这些重要职位中，最重要的一个岗位是小组长。在适应良好的 12 名服刑人参与者中，共有 8 名担任此职务。在 X 监狱中，小组长其实并不是一个独立的工作，而是一项"兼职"；所有的小组长都还有其他的"正职"工作①。因此，对于一个兼任小组长的服刑人而言，除了从自己的"正职"工作中和其他活动中挣取"常规"的分数之外，她们还可以拿到额外的担任小组长职位的加分。

小组长的主要工作是协助分管警官管理全组服刑人（通常为十余人一个小组）。因为分管警官无法全天 24 小时待在她分管的小组里，所以她需要一个助手，而这个助手就是小组长。小组长的职责范围覆盖小组组员生活的各个方面，比如学习、卫生、生活秩序等，但不包括工作方面的内容。她负责分配协调组里的各种工作和事物；在监狱组织活动时，她也负责组织全组成员参加活动。小组长通常还是小组组员发生争端时的调解者。当组员们遇到麻烦或问题时，她们首先会找小组长来调解。如果小组长遇到自己不能解决的争端时，她有责任汇报给分管警官或者当班警官。这个小组长的职位多少有些像学校里辅助教师管理全班同学的班长一职。比如，有名小组长就这样介绍了自己的工作：

> 我是我们那个小组的组长，小组长的工作就是起到好的模范带头作用，协助警官处理好日常事务，一般也就是负责协调整个组的生活、卫生、学习状况，促进大家相互帮助、共同进步。有时候，我也会根据警官的要求组织大家搞一些活动，比如带领大家讨论讨论什么话题、组织一些小组集体活动等。总之，小组长肯定是比做组员的任务要重一些，当然，也可以多加一些分。小组里面的人有什么事一般也会找组长，实在无法解决才会找警官。所以我常常在休息时也要处理一些小组的事情，有什么问题的话还要及时地向警官反映。有时呢，我也会帮小组的成员写信什么的，因为很多组员她们文化水平比较低，写信还有一定的困难。基本上，小组的组员都能听我的，因为我都做对大家有利的事，帮她们解决困难啊，向警官反映问题啊什么的，她们也没必要和我作对。通常警官选小组

---

① 有时，小组长的"正职"岗位依然是特岗。

长都会选用聪明、能干、素质高、有一定管理能力并且警官信得过的人。我觉得让我当组长，也是警官对我的肯定吧。（P – Case No. 27）

如此可见，"小组长"不但是一个荣耀头衔，也是连接普通服刑人和狱警的桥梁。担任这个职务的服刑人拥有一些对其他服刑人的权力；比如，她们有权分配后者在小组事务中的任务。通常，各个小组的组长们都维持着与狱警的良好关系并且能够得到狱警的信任。可以说，她们是狱警不可或缺的助手。

除了小组长，监狱中还有其他一些重要岗位。担任这些岗位的服刑人也是有相应的权力的。比如，有些服刑人担任线长、车间调度员和程序技术员等在车间里管理生产的工作，她们就有权分配具体的工作和技术步骤给生产线上工作的不同服刑人。而担任"卫生管理员"和"巡夜员"职务的服刑人便有权监督和指出别人在卫生或者夜晚休息期间的不良行为（比如，如果哪个犯人卫生做得不好，或是晚上不睡觉，她们就可以报告给狱警）。

所有这些承担重要岗位的"特岗犯"都由狱警选择和分配的，用以帮助她们更有效的管理其他服刑人。因此"特岗犯"通常都是受到狱警信任的服刑人。在这 11 名参与研究的特岗犯中，有 9 人表示她们与狱警的关系良好。其中一名坦言与狱警关系紧密能给她们带来很多好处：

> 我觉得能力所及的情况下，处理好和警官的关系还是很重要的。这跟在社会上是一样的，警官作为管理者，决定了我们能够处于一个什么位置，做什么事情，有什么样的权力。也不说是刻意讨好吧，我觉得既然我有这个能力，为什么不和警官处好关系呢？和警官保持良好的关系，能得到警官的信任，我觉得在监狱中的生活就成功了一大半了。（P – Case No. 48）

根据狱警的陈述，那些能与狱警搞好关系的服刑人通常在监狱中生活地更为"成功"：

　　一般来讲，和警官关系好的犯人在群体中确实有比较高的地位，其他犯人有时候会有点怕她们。（PO – Case No. 7）

　　所以，当比较与狱警搞好关系以及与其他服刑人搞好关系这两者时，5 名参与者表示如果两者只能选其一的话，她们宁可侧重于前者。就像以下这位被访者所言：

　　我觉得还是警官的看法更重要。我不会特别在意其他犯人的看法，我知道，可能有很多人看我不顺眼，但是也没什么关系，我也不会有什么损失。也许有人去向警官打我的小报告，但是我觉得警官都是公正的，我没做错不会诬陷我的。我是相信警官的，所以一般遇到什么事情的时候，我都会去找警官，我觉得这样反而能很好地解决问题。一般不怎么跟其他犯人多啰唆。（P – Case No. 48）

　　此外，有 4 名参与者表示她们有足够的能力处理好和狱警以及其他服刑人的关系，所以她们会同时跟这两部分人都"好好相处"。而这些服刑人也往往是监狱中最受欢迎的人，因为她们能够同时受到其他服刑人的尊敬和狱警的信任。一名狱警通过分析整个女性服刑人群体，提出她认为的最"出色"的服刑人是这样的：

　　犯人也是有地位高低的，就像社会上一样。不过，在这里（指监狱里），不是那些钱多、文化高的犯人就能够服众的，还是要有一点能力和人格魅力的。一般来讲，既要做事做得好，又要得到警官的信任，还要有威信，这样的犯人才能受到别人的尊敬。这个还是要看各个人的性格、能力以及处事方法。一般地位高的犯人，都是既能做好自己的事，也能和犯人搞好关系，同时又能得到警官信任的人。（PO – Case No. 7）

　　当然，还有两位参与者表示她们与狱警并没有很密切的交往，因为她们觉得和其他服刑人搞好关系更加重要。其中一位这样说道：

　　我很少跟警官交流。因为我不想说。在这里，犯人的疑心病都很重，要是整天有事没事地跟警官唠叨，其他犯人会以为什么小报告都是我告诉警官的，我不想让别人这样怀疑。我不愿意听到那些犯人骂我，觉得不舒服，所以我很少会说。虽然我的工作每天都要跟警官打交道（在车间做统计工作），因为好多文字材料要警官签字，那我也就是让她们签个字就算了，从来不多说一句。"事不关己，高高挂起"就是警官对我的一贯评价。我也经常因为这个挨批评，尽管如此，我依然认为这样做是对的，并且会坚持这样做。（P – Case No. 40）

虽然多数狱警并不鼓励这种行为，但是她们有时也会安排这类服刑人从事重要的工作。一位狱警解释了这样做的原因：

　　一般情况下我们当然是喜欢愿意和警官亲近的犯人。不过确实，有的犯人她自己呢也是有些能力的，其实工作也是做得不错的，但是就是不愿意跟警官亲近，相反她们很受其他犯人的欢迎。这个时候我们也会考虑适当的用一用她们，给一些重要的岗位给她们做，但主要是一些与其他犯人打交道比较多的工作。有的时候，这些有号召力的犯人她反而比较容易做其他犯人的工作。对我们警官，虽然她不亲近，但是也肯定不敢对着干。相对来说，也还是放心的。（PO – Case No. 4）

　　除了这 11 名"特岗犯"之外，适应良好者的人群中还有一个特殊案例。这名服刑人虽然只有一个"普通"的工作职位，但她十分聪明并且受到狱警和其他服刑人的喜欢。事实上，她是狱警的"线人"。
　　在 X 监狱中，狱警有时会发展一些"线人"以获取服刑人更详细的信息。她们通常选择那些平时就积极和狱警靠拢，并且喜欢打小报告的服刑人。这些服刑人需要聪明、谨慎以及受人欢迎。她们都在别人的视线外工作，必须时时注意自己的"秘密工作"并隐藏身份；因为如果暴露，她们会遭到其他服刑人的憎恨。当然，有的时候，狱警也会为自己的"线人"提供保护，以消除其他服刑人对其怀疑。比方说，在狱警和"线人"谈话后，她们还会再找一些别的服刑人来聊天，以模糊他人的视线。有时，"线人"也会采取其他方法向狱警传递消息，例如采用传递纸条的方式给狱警报告消息而不采用口头报告的方式进行，以避免自己遭人侧目。这些"线人"如密探般定期搜集其他服刑人的信息并将其汇报给狱警。她们在监狱中也是有相当的权力的，因为她们的报告有时能够影响甚至决定某一个服刑人的命运。

二　适应的周期

12 名适应良好者普遍都具备较强的个人能力，因此她们多半只花了很少的时间就适应了监狱环境。事实上，有 10 人表示她们用了不到两个月的时间就适应了监狱环境。这 10 名参与者能够快速适应的原因是因为她们能够迅速的掌握监狱生活的"游戏规则"，尽管她们也许并不觉得服刑对她们而言有什么积极的意义。例如，一名参与者说：

> 既然进来了（指入狱了），就要认清现实。虽然环境可以说发生了很大的改变，但人还是要一样的活着。可以说我没有一个所谓的适应的过程，一进来就自然适应了。这里是什么地方，我清楚得很，对抗和消极怠工都是没有任何作用的。而且这些狱警又不是代表她们自己，都是代表政府代表国家的，我们个人怎么可能和国家抗衡呢？以卵击石是不可能有好结果的。所以我一进来首先做的事就是把各种规章制度了解清楚，然后知道自己该干什么不该干什么。其实规则的作用是为了对付违规者的，一旦你所有的行为都按照规则行事，那规则就不会对你起到任何的威胁作用。记得刚进来的时候，警官还找我谈心，跟我说就相当于换个地方继续教书（该服刑人原本是教师，现在在狱中也从事教员的工作）。虽然环境是不同了，但可以说干的事情对于我而言并没有什么难的，所以没有任何的不适应。（P – Case No. 9）

在上一节中笔者曾经提到，适应一般者通常是通过寻找到监禁生活的"意义所在"来适应监狱生活的；而与之不同的是，本节中所叙述的适应良好的这一类服刑人多半不承认服刑是有意义的。首先，她们中的一些人并不认为自己应该被禁锢在监狱中。并且，她们通常拒绝"改变"或者"改造"自我，因为她们中的多数人认为自己并没有什么需要改造的不良之处（例如不恰当的世界观和人生观，以及吸毒、酗酒、赌博等恶习）。此外，她们都能很快了解并掌握监狱社会的"游戏规则"，并且快速调整自己的心情。所以总的来说，她们适应得很快也很好。

不过，也有两名适应良好的参与者说她们是花了很长时间（超过六个月）来适应监狱生活的。不过，这并不意味着她们在遵守监规监纪或者处理人际关系等问题上有什么困难，而是因为她们不愿接受身陷囹圄这一现实。比如，一名前公务人员这样说道：

> 我一开始真的无法接受这个事实。我辛辛苦苦为党工作这么多年，却只落得这个下场，我太想不通了！（P – Case No. 14）

而另一名曾担任过大企业经理（并获得 MBA 学位）的参与者则这样说：

> 我觉得我花了超过一年的时间来进行心理调适。我大概在进入监狱一年多以后才真正的从心底里接受了这个事实，以及能用一种平和的心态来面对监狱生活。（P – Case No. 48）

不过，这两位"花了很长时间适应"监狱生活的服刑人都认为她们在适应监狱规章和处理与他人关系方面并不存在问题；而唯一的问题就是她们用了很久才接受自己作为犯人的新身份。

三 遇到问题时的求助途径

适应良好者在遇到问题时的解决方式和适应一般者非常不同，她们大多不会考虑寻求他人的帮助和外在的社会支持，而通常选择自己解决。比方说以下这位被访者就强调自己"没什么事儿处理不了"：

作为我来讲，我觉得我已经对这里（指监狱里）的规章制度
都很了解了，我自己也有很丰富的阅历，我觉得没什么我处理不了
的事情。有时候也会遇到一些事情，一般都是自己分析、解决。用
不着求助别人。（P–Case No. 9）

相类似的，还有几位被访者也表达了这样的态度，比如：

我不会和别人太亲近，大多数时候我都专注于自己的事情。我
觉得我已经逐渐习惯这里的生活了，一切都很有规律，一般也没什
么处理不了的事情。（P–Case No. 13）

遇到不开心的时候我一般不太和别人说，我都是自己看看书，
冷静一下。偶尔会找警官说说，但也很少。一般我不会找同犯说自
己的事。很多犯人之间都很八卦，没事的时候说别人的事情，遇到
别人不好的时候会幸灾乐祸，我觉得挺不好的，而且在这个里面
嘛，毕竟也有些竞争，关系到自己利益的时候，也很难说会不会出
卖别人，所以留个心眼还是要的。而且没特别的事儿我也不习惯找
警官，大多数事情我觉得自己都能处理好。我觉得在这里面做好自
己的事情最重要，毕竟改造是自己的事情，别人怎么样都跟我没什
么关系。我既不会没事找警官聊天，也不会跟同犯说什么，都是自
己做自己的事。我觉得吧，努力过好每一天就好了，付出努力总归
是会有回报的。（P–Case No. 51）

可见，适应良好的这一群服刑者通常对自己的能力持乐观、肯定态
度，一般都相信自己绝对有能力处理好自己在监狱生活中的各种事务，
而不太需要来自外界的支持和帮助。

四　监狱生活的收获

适应良好的群体在监狱生活中有无收获呢？经过调查和分析，可以
发现，属于适应良好组的女性服刑者相比较适应一般组而言，较少表示
自己在监狱生活中有所收获，尤其是关于劳动和知识方面的收获，几乎

无人提及，唯有少数两位参与者表示，她们在为人处世的技巧方面有了些"改进"。这两位参与者对于自己的情况是这样表述的：

你要说在知识上学到了什么，我觉得还真没有，唯一学到的恐怕就是拓展了我对于人性的认识。怎么说呢，以前的我，可以说是一个比较"厉害"的人，对人也比较苛刻，现在就宽容多了，或者说是变得"圆滑"了，因为见到各种各样的人多了，大家也都生活在一起，就渐渐能够忍受别人的不同，渐渐能接纳和自己不一样的人，总的来说，就是学会了一些在特殊环境下的生存方式吧。造成这种改变的原因，我觉得首先是一种落差吧。原来的我，可以说是生活环境很优越的，进了看守所之后，突然发现，原来我们的社会还存在着另外一个世界，还有很多人过着和我们完全不一样的生活，这是我原来所没有认识到的。后来，我就认识到，进来之后，不论以前的生活如何，如何的风光，或是如何的悲惨，进到这个特殊的环境中之后，就一切归零了，全部从头开始了。把自己的身份放低一些，低调处世，就更容易理解别人和容忍别人。这些都是我自己进来之后才"悟"出来的。总的来说，就是学会了理解别人，学会了从不同角度看人的方法。（P – Case No. 12）

我觉得在这里的生活对我的性格也有一定的影响，让我学会了"含而不露"。有的时候的确是树大招风，做人还是应该谨慎和低调。其实我觉得在这里还真的能学到蛮多做人的道理的。虽然这可以说是我的人生的一段弯曲吧，但俗话说"塞翁失马，焉知非福"，也许这种经历对我而言也不是毫无益处的，至少它让我认识到了社会的另一面，了解了许许多多不同种类的人，这就是一大收获。（P – Case No. 13）

而其余的 10 位参与者均表示，自己进入监狱一段时间以来，并没有发生什么改变，当然，也就更谈不上什么收获。如下这位参与者的叙述可说是一个代表：

你说有什么变化吧，我是觉得我还是原来那个我。当初被捕的时候，我和我老公就达成了共识（夫妻二人同案，均被判入狱），不论里面的环境怎样改变，我们都不能因此就改变我们自己，要尽可能保持自己原来的样子。其实环境变了，考验的只是人的适应能力和理解力，你只要认清形势，就没什么好怕的。现在，也有人说，在监狱里时间长了，出去又会不适应，其实我觉得这也不是绝对的。像我，我觉得我出去以后也不会不适应，因为我没有什么改变。(P - Case No. 9)

可见，从收获和改变的角度来看，在监狱生活中适应良好的这一群人并不完全等同于在监狱中改变最大、收获最多的人。对此，也有一位服刑者坦言，在监狱中改变大的不是"像她们这样的人"，而是那些"低层次、低学历"的服刑者：

我觉得在一定程度上，目前的监狱制度还是能够起到一定的改变犯人的作用的，至少这是这个制度所想要努力达到的一种目标。其实，在这里，改变最大的是文盲，是低层次的人，你看，有的人进来的时候一个字不识，过了几年都可以看小说了，而她们如果不进来的话可能一辈子都没机会念书识字，所以说她们的改变最大。为什么这样说呢，因为现在监狱里面教的东西基本上是很低层次的，比方说简单的文化知识、法律知识、卫生习惯等，所以对人的改变只能是一种行为上的，而不是思想上或是意识形态上的。大家都说"江山易改，本性难移"，思想或者说意识形态这种东西，是很难改变的。但有时不一定需要思想的改变，有时只是行为上改变，或者说有了一定的知识之后，为人处世的方法也就会发生变化，比如她就知道应该讲卫生、应该多学知识、应该懂法律等，而一旦生活方式改变了，变成一种健康、文明的生活方式，自然就会引起人的性格的改变，这都是相关的。理论上来讲，通过什么外在的方法，把一个坏人完全变成为一个好人，也是很难实现的。所以我想，目前的监狱制度所起到的作用，只能是教会大家养成良好的生活方式、生活习惯，至于说思想的改变，并不能依靠外界的力量完成。不过呢，对于我们来说，我觉得这一套就太浅、太低层次了，甚至我觉得像是我自己不是很懂的法律知识，他们都教得太浅了。不过你想想，这也是没办法的事，这么多人，大家背景差距这么大，讲得深了，那些文盲什么的确实也听不懂，所以只能是这样。（P – Case No. 12）

与此相反，适应良好的服刑者由于大多数都拥有较高的学历以及在入狱之前都有着较高的社会经济地位，在入狱之后她们通常在保持自身"不变"和充分按照监狱规章行事的情况下，还会对现行的监狱制度以及监狱环境形成自己的思考和判断，而这些想法常常是很有逻辑性和系统性的，并且往往会有一些建设性的意见。我们可以从以下几位参与者的叙述中看到这一点：

我是这么考虑的：第一，很多犯罪的种类，比方说职务犯、经济犯，他们犯罪很大程度上都和手中的权力和职位有关，一旦不在其位了，想犯罪都没这个条件了。对于这样的人其实解除了他的职务就可以了，关在这里一关十几年真的没有任何必要。第二，你也看到了，不管是犯了什么罪进来的，所有人都干同样的工作。这样的劳动肯定不是对每一种犯罪类型的改造都有效的。可能对于那些本身游手好闲的人这样的劳动改造是有效的，但是对于那些经济犯什么的你让他劳动根本不可能解决任何问题。第三，把这么多人关在这儿，国家的投入是十分巨大的。不是我说，就是我们这个工厂每年创造的效益还不够补贴监狱的日常开销呢，国家每年都要投入很大一笔钱，同时还有警力的投入，硬件设施的投入等，都是无底洞。第四，其实你把一个人关起来不仅仅是影响到他本身的生活，也影响到他的家人、朋友和周围的人。可以说受到影响的人很多很多。其实如果这些人不能很好地接受现实的话，很容易引发大家的不满和反社会的情绪。就拿我自己来说吧，我进来了，我能够自我调适，没有问题，但我不能保证我的家人都能跟我一样，他们很有可能无法自我调适，而造成心理障碍。第五，把一个人一关好多年，她（他）的丈夫、妻子常年无法团聚，必然会造成家庭的瓦解，未成年子女失去父母对他们的心灵和成长道路也是巨大的伤害。这些因素对家庭的稳定都造成了不良影响，可以说都是社会不稳定因素。所以我认为可以作一些调整，比如将罪犯分门别类，有些类型的罪犯，比方说暴力犯，杀人放火贩毒的，你可以把他关起来接受教育；那些游手好闲小偷小摸的，就可以让他们参加劳动，学习技能；至于一些经济犯、职务犯其实解了职，把他从高位上撤下来也就没什么危害了。我觉得西方国家的这种监外服刑还是可以借鉴的，至少可以为国家节省大量的开支。我常常想，国家少建一所监狱可以多建多少希望学校，很多人就是因为无知、没有文化才走上犯罪道路的，多建两所学校比什么都强。当然，我觉得同西方国家特别是同美国的监狱相比，中国的监狱还是有一定优势的，最重要的就是比较的人性化。从各种媒体、资料上都能了解到，在国外，犯人一般都是一个人一间单独的囚室。特别是一些重犯，可能连出来放风、吃饭都是一个人，从不与人交流。其实这是非常痛苦的，人是社会性动物，不与别的人接触的日子是很难过的。在这里，我们一间监房十几个人，虽然可能有的人会说这么多人一间多难过啊，但是从另一个角度讲，你始终生活在一个群体中，有人交流，有人讲话，比单独一个人要强得多。另外，在美国你如果被判了终身监禁，那就是要做一辈子牢的，没有出头之日，没有任何希望。在中国的话，只要不是被判了死刑，即使是死缓都有刑满释放的那一天。所以在监狱里服刑的每一名犯人都是有走出监狱的希望的。这无疑给大家的改造增加了动力。另外，可能西方国家也会攻击我们的劳改制度，说强迫犯人劳动是不人道的，但事实上劳动固然比较辛苦，但人活着就应该要劳动，劳动应该说是人的本能，如果让你每天就这样待着，无所事事，也是件很痛苦的事。（P－Case No. 9）

　　如果抛开现有的体制，我觉得最理想的监管状态应该由以下两个方面构成：首先，监管者的思想应该改变。应该真正做到"以人为本"，把罪犯看作一个完整的人来对待，而不仅仅是一个犯了罪的个体存在，他们应该采取的是一种教育的思想，而非惩罚的思想。作为一个教育者，他应该要考虑到受教者的接受程度和需要，而不是一味地灌输、强加式。其次，应该实施分类关押。我也承认劳动是一种比较好的改造手段，因为确实有很多人犯罪就是因为好逸恶劳，但是并不是每一个人都是如此，比如，我就不承认我是不爱劳动才进监狱的。而像现在，不论犯了什么罪，是什么样的背景，进来之后通通做一样的事，接受一样的教育，就是所谓的不论得了什么病通通开一样的处方，吃一样的药，药是吃不死人，当然也不会有很好的效果。往往是基层警官已经尽了最大的努力，却还是达不到最好的效果。而一旦实施分类关押，就可以针对不同类型的犯罪或者是犯人的背景进行有针对性的帮助和教育，就能做到对症下药，效果自然要比现在好。我知道，要实现分类关押是很难的，因为很烦琐也很复杂，但是这一点如果不解决的话，我觉得永远也不可能起到最佳的效果，因为不可能有适合所有病症的药方。所以总的来说，我觉得改革就应该做到以人为本的思想和多元化的改造和教育方式。（P－Case No. 12）

其实我是非常支持社区矫治工作的，可以说我对这一块也是比较关心的。我觉得这一工作的力度应该加大，为什么呢？我认为社区矫治至少有三大好处：首先，有利于社会稳定。特别是长刑期的犯人，肯定面临着家庭破裂，这就造成了社会的不稳定。而对相当一部分犯人实行社区矫治，则可以避免很多的家庭破裂。其次，犯人长时间坐牢就会长期脱离社会，以致出狱时也要花很长时间才能够再次重新回归社会。而那些重新适应不了的则难免会再次走上犯罪的道路。而社区矫治则可以避免这种现象。最后，减轻国家负担。目前监狱越来越多，而且每个监狱都人满为患，耗费了国家大量的人力、物力、财力。如果有些罪犯可以在监外服刑，则可在很大程度上减轻国家负担。像那些年龄大的、刑期短的，肯定不会再犯罪的都可以实行社区矫治。那么社区矫治该如何实施呢？我觉得可以有以下几种方法：第一，你让一个本来应该坐牢的人回家了，他肯定会心存感激的。并且肯定会明确：我不能再犯罪了。这些人定期的和监狱联系，表现不好可以随时抓回去。第二，他们都在群众的监督之下。归社区公安部门管，定期向社区汇报。特别是在重大节日期间，社会治安不好时，尤其要做好定期报告工作。第三，是为社区做义务工作。第四，是定期向组织汇报思想。第五，是发挥自己的一技之长，为社会服务。（P－Case No. 50）

从上述这三位适应良好者的陈述我们不难看出，这些具有较高学历以及较好社会经济背景的服刑者在"适应"监狱生活的同时，往往根据自己的经验、阅历出发，对监禁这一问题进行逻辑性的思考和作答。当然，我们必须承认，这些"见解"和她们所拥有的背景和目前所处的境地有很大的关系。为何她们强调"分类关押"以及支持"社区矫治"？其主要原因便在于这部分人本身就是她们话语中那些可以被特殊对待的或者甚至不需要被关进监狱的那一拨人。因为她们的犯罪不是因为"好逸恶劳"，她们也没有那些所谓的"恶习"，所以她们认为自己不应该和那些"低层次的"、"有着恶劣行为"的"普通犯人"关在一起。从这个角度而言，与其说她们是为监狱和改造工作"出谋划策"，不如说她们是应用了一套体系化的话语建构了使自己免于牢狱之灾的合理性和可能性。当然，从某种程度上而言，监狱生活给她们带来了思考的背景和机会，这也可算是一种"收获"吧。

五 适应良好者的特征

适应良好者多数受过良好的教育（12 人中有 9 人受过大学本科以上教育），并且在入狱前普遍有着比较优越的社会经济背景。其中一些人曾担任过政府官员、教师或是企业经理，她们通常因为经济犯罪或职务犯罪而入狱。

根据狱警的描述，这些受过良好教育、曾身处优越地位的服刑人能够比较容易地适应监狱环境，因为她们"能够迅速把握监狱的情况"（PO－Case No. 1）。以下便是一些狱警的描述：

我觉得犯人的适应还是跟文化程度有关，有文化的犯人适应的还是快一些。有些文化的犯人一般一来，你跟她一谈话，她就基本上清楚了。而且她们通常后面也是那些表现好的，能够担得起重要

岗位的人。(PO – Case No. 10)

其实这种适应能力与个人的经历和受教育程度有关。一般个人素养高的人，就比较容易适应，因为这些人都很容易认清现实。(PO – Case No. 7)

同样，也有一些服刑者持有类似的观点：

其实这种适应能力（即适应监狱生活的能力）与个人的经历和受教育程度有关。一般个人素养高的人，就比较容易适应，因为这些人都很容易认清现实。就像我刚才讲的，素质高的人相对而言认识能力也比较强，只要能坦然面对现实，一般都不会有认识的适应障碍，所以在哪边应该说都能够生活得比较好，也不需要去钻这个空子（意指用一些"投机取巧"的方法获得分数）。当然，也有些高学历的调整不好的，那就是心态不好，或者落差太大一时接受不了，这就需要进行一些心理疏导，但一般总的来说学历高的适应力还是强。(P – Case No. 9)

要说怎么去适应和调整，我觉得其实也不是自己能够决定的，因为这里的一切都是强制性的，所需要的就是服从，就是按规定做事，不存在你自己愿不愿意的问题。其实要接受监狱的生活方式是需要一定的时间的，比方说夏天洗澡加洗衣服一共只能用十分钟的时间，这就需要一个适应过程，不过并不需要很久，一般通过两个月的新犯学习都能学会。真正的心理的适应我觉得至少也需要一年以上的时间，这里我指的是真正接受现实，能够很坦然地面对一切，能够心态较为平稳地生活下去，要达到这种状态没有一年肯定是不可能的。当然这也和文化水平有一定的关系，文化水平高的、见世面多的人自然适应力要强一些。(P – Case No. 48)

总的来说，这一类型的女性服刑人通常有着强于他人的能力和智商，这点从她们入狱前的学业和职业成就可以看得出来。过人的知识和技能背景保证了她们能够迅速地适应监狱环境；具体来说，她们能够快速认识和理解监狱规则，出色完成所有分配的工作及处理和不同人之间的人际关系。在监狱生活中，她们都能运用不同策略去力争高分并采取最合适的行为方式去应对不同的问题。

第三节　不能适应者

有4名参与者被划入不能适应者这一组，因为她们无法运用三种策略中的任何一种来帮助自己适应监狱的环境。

一　适应的结果

在不能适应者中，有两名服刑者是完全不愿意适应监狱环境；换句话说，她们选择"自暴自弃"。她们不愿意好好工作、不愿意遵守监规监纪，也不愿意和狱警或其他服刑人搞好关系。最重要的是，她们对获取分数这一其他女性服刑者都非常热衷的、可谓在监狱中"最重要的事"完全不感兴趣！在笔者看来，"无欲则刚"这个成语最适合用以解释她们的状态。由于分数对于她们来讲毫无意义，所以她们反倒在狱中过得"自由自在"、"无拘无束"。

多数被访的狱警都认为这样的服刑者在监狱中是最"难以管教的"一群，其中的一位这样说：

> 有的人根本不把坐牢当回事，这些犯人都很狡猾，比方说诈骗犯，或者那些多次犯罪的。她们根本不在乎，平时也不好好干活，还会背后搞很多小动作。而且是见人说人话，见鬼说鬼话，经常没事找事，莫名其妙编出一些事情来。有时候我们明明知道她说谎，但是没有证据的话也没有办法。所以对这些人，我觉得也只能是用真情感化她吧。因为扣分啊之类的手段对她并没有太大的作用，或者就是抓不到把柄，那么就只能是用真情感化。但要是真的遇到那种顽固不化的，我们也确实没什么办法。（PO – Case No. 2）

在狱警们看来，这些服刑人是"积极"的而并非"消极"的，只不过这个"积极"的方向不是改造自我，而是"制造麻烦"。可以说，她们在监狱中一点儿都不安分；事实上，她们（尽管人数不多）制造了狱中绝大多数的麻烦。

除了这两名"麻烦制造者"之外，还有两名无法适应监狱生活的服刑人都是因为受到健康问题的折磨，而几乎无法达到监狱对她们的要求。比如，其中一人就因患艾滋病而倍感绝望：

> 我对未来没有任何的想法。你说如果我有一个好身体，我可能会很自信很要强的。我有时候也羡慕其他人忙忙碌碌的，有事情做，总觉得生活的有意义、有价值。像我呢，什么都干不了，我觉得挺自卑的。就因为生了这个病，心理上有了阴影，感觉自己就像一个废人。这两年我的身体越来越差了，我也没什么奢望，顺其自然，多活一天是一天。自己的身体情况在这边摆着，也不能像别人一样努力，只能每天就这样待着。我也很少和其他犯人来往，怎么说呢，虽然别人嘴上不说什么，但我得了这个病，人家总归心里有想法的，我也能理解。好在我的刑期也不长，反正熬一熬吧，也就过去了。（P – Case No. 46）

而另一位服刑人则被精神健康的问题困扰着。访谈中，笔者发现她和其他服刑人的想法非常不同，对世界的理解也十分奇怪。在咨询过她的分管警官之后，笔者了解到她患有"偏执型人格障碍"。因此她几乎无法遵守监狱规章，也无法与他人很好地相处。正如她的分管警官评价的那样：

> 我最近正在头疼的一个犯人，是个全监狱有名的重危。她有偏执性人格障碍，可以说什么样的缺点她全都有，她自卑、自负、冲动、暴力，还小心眼。这个人患白癜风十几年了，可能也经常受人歧视，导致她的心理扭曲，性格也发生变化。她是因为杀人罪进来的，她杀人也是因为受到别人讽刺一冲动就杀人了。所以她这个人非常的敏感，很在意别人的眼光，就怕别人看不起她，而且她自己特别会胡思乱想，没事也会想出一点事情来。我们现在都十分头

痛，也不知该拿她怎么办。（PO－Case No. 10）

与前面提到的两名"自暴自弃"型的被访者不同，这两位服刑人是愿意好好表现的，然而因为健康的原因，她们无法如愿。除了这些有健康问题的服刑人，根据狱警的介绍，那些年龄偏大、身有残疾或者受教育程度较低的女性服刑人也比较容易滑入"无法适应"的这一组。

概括起来说，无法适应的女性服刑人大都生活在监狱的"底层"。这些人几乎不能做好狱警指定工作，也不能按照监狱的规定行事或者好好表现。她们几乎没法儿获取分数，还常常给他人"惹麻烦"。在狱中，她们通常受不到尊重，且常常受到狱警和其他服刑人的轻视。

二　无法适应者的特征

无法适应者几乎全都来自社会弱势群体。属于这一组的4位参与者都来自社会底层且仅受过很少的教育（1位文盲，3位小学文化程度）。此外，正如前文所述，4人中有2人健康状况不是十分好。

文盲或者只接受过较少教育的服刑人（尤其是那些来自偏远地区的），比较容易成为无法适应者。一名服刑人被访者通过讲述一个真实的事件表达了她的观点：

> 我觉得，那些文盲算是监狱里面最弱势的群体了，她们比我们承担了更多的压力。她们可能不太容易明白各种规定，也不太能够理解这些制度是怎么运行的，或者在心理调整上存在一些障碍；而且她们通常思想都很单纯和狭隘，不愿意和别人交流，比较自卑。特别是那些偏远地方来的，有很多人甚至都没有见过电视、电脑什么的，这在以前的我是很难想象的。我每次用电脑打印表格的时候都会有很多人围着看，因为她们以前从来没见过。记得有一次有个人还突然问我说："我发现这个上面的字和电话上的是一样的，这个可以打电话吗？"我当时就愣住了，后来才反应过来她说的是电脑小键盘上的数字键。当时听到这个话我真是很震惊的，我真的没想到世界上原来还有这样一群人的存在。（P－Case No. 13）

老龄和较差的身体健康状况也是影响适应结果的不利因素。一位狱警这样认为：

> 应该说大部分 55 岁以上的老年犯她就生活地比较难了。因为老年人的话她体力、智力、活力各方面肯定都退化了，不可能竞争得过年轻人。特别如果刑期又比较长的话，就基本上失去努力的信心了。还有就是一些身体状况不好的以及有残疾的犯人，她们通常也是没办法很好地在监狱中生活的。这些人常常情绪上也比较的低落，觉得生活没什么指望。对于她们，我觉得也没什么特别好的办法，安排工作上我们也会根据她们实际的状况适当安排轻松一些或者难度低一些的。最关键的就是要保证她们思想和生活都比较平稳吧，毕竟谁也挡不过年龄的老去和健康的恶化。（PO – Case No. 11）

此外，精神健康问题也不容忽视。患有精神疾病（如上述参与者那样）的女性服刑者通常感到难以维持在狱中的"正常生活"。她们十分敏感，常常以奇怪的视角看待问题。根据狱警的叙述来看，与这种类型的服刑人交流十分困难，因此她们几乎不可能适应监狱环境。

简言之，来自社会弱势群体的服刑人极有可能进入无法适应的人群。从以上 4 名女性服刑者的经历可以看出，缺乏适量的教育是她们的第一劣势。由于知识的有限，她们几乎不能很好地理解监狱规章、安排好自己的工作或是调整出积极的态度以对待监狱生活。此外，健康问题（包括生理和心理上的）也是一个劣势。不佳的健康状况通常会使服刑人陷入"心有余而力不足"的境地。那些存在生理健康问题的服刑人，她们常常由于健康状况所限而难以实现自己想要的结果；而那些存在心理问题的服刑人则无法按照"常理"行事，或许，她们不断惹祸的原因正是出自想要做一件"有意义"的事这一良好的意愿，可是却反而导致了很多不良的后果。

第四节　总结：适应监狱生活的动力

在以上三节，笔者使用了"适应一般"、"适应良好"和"不能适应"三个评语将女性服刑者们分为"好中差"三类，从而说明她们对监狱环境的适应程度。事实上，这一划分依靠的是在计分考核制度下女性服刑者们获取分数的能力；这也是服刑人和狱警以及服刑人相互之间在复杂的权力的环境中进行不断博弈、协商和妥协的产物。根据笔者的调查显示，那些能够使用各种不同策略获取较高分数的服刑者就被认为是在监狱中"适应良好的"人。而服刑人之所以愿意采用不同的策略去适应监狱生活，其背后最大的动力便来自可以"获得分数"，具体可以参照以下几位参与者的陈述：

> 我觉得促使我改变的原因是多方面的，但最主要的是监狱这个环境和考核制度吧。按照现在的考核制度，监狱里面的竞争性是很强的，因为大家都想要认真做事去获取分数。确实，只有不断努力、不断表现才能得分、才能减刑，所以竞争的氛围到处都存在的。就是因为这样，也就促使我们努力学习，认真做事，让我们努力去学去干。也不容我们不赶快适应这里的生活。（P–Case No. 3）

> 在这里面的各种表现都和分数挂钩的，因为它直接影响到你的改造的好坏，只有不断进步，不断努力，不断提高认识，才能够多拿分，才能够早点回家。（P–Case No. 10）

> 我想减刑，所以我必须要好好努力，多得分。只有按照警官的要求，按照监狱的规章制度，我才有可能早日减刑回家。（P–Case No. 25）

> 在这里，拿分是很重要的，拿分就相当于在外面拿钱一样，没分就减不了刑，我已经减过两次刑了，可能马上四季度再减一次我就能回家了。（P–Case No. 47）

> 只有表现好，好好工作，好好努力，才能拿分，才能减刑，才能早点回家。你也知道，在这儿最渴望的就是自由，这没什么好奇怪的。我感觉，不说全部吧，至少80%—90%的人都认为劳动、

努力干活儿、听警官的话就是为了减刑，为了早点儿回家。（P -
Case No. 51）

故而，在此情形下，所谓的"适应良好"、"适应普通"以及"无
法适应"只是用来描述服刑人运用策略获取分数的能力，并不完全能
够反映出她们改造质量的好坏。事实上，从本章的分析中可以看出，真
正在监狱中有很大改变、有较多收获的往往是那些"适应普通"的服
刑者，而并非"适应良好"者。

此外，在 X 监狱中，人际关系是女性服刑者们生活的重要组成部
分。它虽然并不能直接决定服刑者获取分数的多少，却间接对她们的得
分情况和可能性产生影响。通过前文的分析，可以清楚地发现，遵守监
规监纪、做好本职工作只能保证女性服刑人对监狱环境的普通程度的适
应。而适应良好的决定因素是她们处理人际关系的能力。而该能力又和
其本身的受教育程度、社会经济背景、人生经历以及性格等个人背景特
征紧密相关。因此，女性服刑者的个人背景因素极大影响着她们的监狱
适应结果。至于人际关系本身，在 X 监狱的事实显示，取悦狱警比和
其他服刑人搞好关系更加关键。因为相比较而言，与狱警维持较好的关
系能够给服刑人带来更多的好处，包括被分到重要的岗位的机会以及获
得更高分数的可能性。

第七章　讨论和结论

最后一章的主要内容是讨论和结论。其中，第一节简要总结了本书的主要发现。第二节则使用相关的社会学理论对这些发现进行了分析。其中，中国文化要素的运用为解释这些发现做出了很大的贡献，并且丰富了现有的两大监狱适应理论——剥夺模型和导入模型。正如前文所述，追逐分数在中国女性服刑人的生活中是最重要的议题；并且她们对监禁的看法、行为模式以及适应的结果都受到"实用主义"这一中国文化重要信条的影响。中国的监狱中涉及的权力问题与米歇尔·福柯所论述的规训权力基本相似；不过，规训与反抗的实践却在很大程度上受到中国"关系"文化的影响。这也是重要的和西方文献中所提到的关于服刑人监狱生活的描述的显著不同之处。第三节则讨论了本书对推动针对中国女性服刑人员的监狱工作的启示。而在最后一节，笔者探讨了本书的贡献和局限，以及对本领域未来研究的建议。

第一节　本书的主要发现

在本书中，笔者主要描述了中国女性服刑者是如何适应监狱生活的。笔者从分析女性服刑者监狱生活的三大主题入手开始叙述整个故事。首先，她们需要面对充满挑战的制度环境，包括遵守监纪监规、监狱活动日程以及不可选择的工作安排。此外，她们还面临和狱警的权力不对称以及与其他服刑者间的信任缺失。因此除了适应严格的监狱制度环境之外，和狱警以及其他服刑人处好关系也是女性服刑人在监狱中需要面临的挑战。这三大挑战为所有女性服刑人所共同面临的问题。然而，不同的服刑人基于不同的背景和性格，呈现出对这些挑战的不同看法（尤其是涉及人际关系的问题时）。总的来说，监狱可算是一个权力场，需要女性服刑者使用不同的策略去应对。

中国的监狱实施计分考核制度。这是一种利用给服刑人的行为打分来评估服刑人行为，并且以此决定其减刑和假释机会的奖惩体系。从规训与监督的角度来说，它是一种重要的控制机制，以保证规训权力的顺利实施。为了获得减刑和假释的机会（即获得最大的利益），服刑者需要获取尽量多的分数；因此，她们发明了三大应对策略：遵守监纪监规、取悦狱警以及与其他服刑人搞好关系。通过这些，规训得以良好地实施并内化于每一个服刑人个体。

由于女性服刑人在背景、能力和性格上存在差异，她们的行为和应对挑战的方式也有很大的不同。多数被访者都能够遵守监规监纪并在一定程度上适应监狱的制度环境；当然也有一些相对适应得比较好或者完全不能适应的服刑人。根据被访者获得分数能力的不同，笔者将她们分为三组：（1）适应一般者，即那些能够遵守监规监纪、做好自己的工作，但只能维持和狱警以及其他服刑人普通关系的服刑者；（2）适应良好者，即既能够很好地完成自己的工作、遵章守纪，也同时能赢得狱警好感并与其他服刑人相处融洽的服刑者；（3）不能适应者，即那些无法采用上述任何一种策略适应监狱生活的服刑者。根据笔者的发现，人际关系在中国女性服刑人的生活中占据关键位置。正如本书第六章中所强调的，对监狱生活适应良好的标志就是能够成功的处理和其他人（包括狱警和其他服刑人）的关系。而处理人际关系的能力又有赖于服刑人入狱之前的教育、职业和社会背景，而与她们的改造意愿关联甚微。

第二节　理论探讨

服刑人对监狱生活的适应被认为受到环境因素（剥夺模型）、个人因素（导入模型）或者二者共同（综合模型）的影响。然而，由于这些理论的产生与确立都是在西方监狱环境中进行了，因而也许并不完全适于中国的监狱环境和中国的服刑人。根据本书的发现，中国文化深深影响着中国女性服刑人的行为。她们的行为和态度虽然在一定程度上是符合剥夺模型以及导入模型所述之状况的，然而总的来讲，中国女性服刑者对其监狱生活还有着自己独特的理解方式。

一　中国女性服刑者对犯罪人亚文化的态度

中国的女性服刑人并不试图建立或融入所谓的"犯罪人亚文化"以对抗压迫性的监狱环境；相反，她们多半选择以独立的方式面对困境，并且大多愿意和监狱方合作（分析详见第四章和第五章）。

从剥夺模型的观点[1]来看，服刑人被认为会自发的结成反制度的帮派或亚文化以应对"监禁之痛"。这一倾向为国内外多项关于男性服刑者的研究所认可[2]。许多之前的西方研究均发现，相较于男性服刑者，女性服刑者较少愿意组成犯罪人亚文化继而产生严重的违规或暴乱行为[3]；相反，组成类似家庭式的亲密关系在西方女性服刑人中则较为普遍[4]。因此，女性服刑人通常被认为没有男性那么暴力，但是却更加追求一种情感上的亲密关系。

然而，根据笔者的研究结果显示，中国女性服刑人的生活并不符合"情感型亲密关系"这一模式；相反，她们通常以个人化的方式来应对监狱环境（详见第四章和第五章）。阿莱卡·曼达拉卡－谢帕德和帕米

---

① Gresham M. Sykes, *The Society of Captives: A Study of a Maximum Security Prison*, Princeton, NJ: Princeton University Press, 1958.

② 狄小华：《冲突、协调与秩序：罪犯非正式群体与监狱行刑研究》，群众出版社 2001 年版；Lloyd E. Ohlin, *Society and the Field of Corrections*, New York: Russell Sage Foundation, 1956; Gresham M. Sykes, *The Society of Captives: A Study of a Maximum Security Prison*, Princeton, NJ: Princeton University Press, 1958。

③ Pamela Baldwin, "Women in Prison", In Simon Backett, John McNeill and Alex Yellowlees (Eds.), *Imprisonment Today: Current Issues in the Prison Debate*, London: Macmillan Press, 1998; Aleka Mandaraka – Sheppard, *The Dynamics of Aggression in Women's Prisons in England*, Aldershot: Gower Press, 1986.

④ Rose Giallombardo, *Society of Women: A Study of a Women's Prison*, New York: Wiley, 1966; Barbara Owen, *In the Mix: Struggle and Survival in a Women's Prison*, Albany: State University of New York Press, 1998; Charles R. Tittle, "Inmate Organization: Sex Differentiation and the Influence of Criminal Subcultures", *American Sociological Review*, Vol. 34 (4), 1969, pp. 492 – 505; Katherine van Wormer, *Sex – Role Behavior in A Women's Prison: An Ethnological Analysis*, San Francisco: R&E Research Associates, 1979; Katherine van Wormer, *Working with Female Offenders: A Gender – Sensitive Approach*, Hoboken: John Wiley & Sons, 2010; Jan D. Walker, *Dancing to the Concertina's Tune: A Prison Teacher's Memoir*, Boston: Northeastern University Press, 2004.

拉·鲍德温也曾在他们的研究中提到女性服刑者倾向于采取个人化的方式应对监狱环境[1]。不过他们认为，尽管女性服刑者的暴力倾向不如男性明显，但是却并不意味着女性服刑者就比男性更加遵守监规监纪；这只能表明女性服刑者倾向于使用不同的方法处理与监狱环境之间的关系而已。而与这两位外国学者所得出的结论不同，根据笔者的研究发现，中国的女性服刑者不仅选择一种个人化的监狱生活方式，而且还非常愿意遵守监狱的各种规章以及与狱警合作（详见第五章分析）。

根据笔者在 X 监狱的调查发现，有两大因素致使中国的女性服刑者没有组成任何帮派或犯罪人亚文化的倾向，并且愿意遵守监狱的各种安排。第一是如同帕米拉·鲍德温所发现的那样[2]，女性服刑者的暴力倾向不明显，并且受到传统文化的影响，较易于服从和畏惧权威；而第二个因素则和中国监狱中的实际情况有关，那就是女性服刑者的群体内部几乎不存在任何形式的信任（具体分析可见第四章）。

尽管生活在同一个环境里，男性和女性是有着不同的价值体系的[3]。因为父权制的影响，中国女性已经习惯了处于从属和受压迫的地位。男性总是倾向于展现他们的权力和力量；而相比之下，女性却一点儿也不强悍或暴力，而是通常表现得较为温和。在传统的中国社会里，妇女被要求遵守"三从四德"[4]，即"三从"之"未嫁从父，既嫁从夫，夫死从子"[5]；以及"四德"之"妇德、妇容、妇言、妇工"[6]。"三从四德"来源于儒家思想，目的是为了维护父权制的稳固和利益。受儒家思想的影响，中国的女性多数生活在顺从之中[7]。她们逐渐接受

---

[1]　Pamela Baldwin, "Women in Prison", In Simon Backett, John McNeill and Alex Yellowlees (Eds.), *Imprisonment Today: Current Issues in the Prison Debate*, London: Macmillan Press, 1998; Aleka Mandaraka – Sheppard, *The Dynamics of Aggression in Women's Prisons in England*, Aldershot: Gower Press, 1986.

[2]　Pamela Baldwin, "Women in Prison", In Simon Backett, John McNeill and Alex Yellowlees (Eds.), *Imprisonment Today: Current Issues in the Prison Debate*, London: Macmillan Press, 1998.

[3]　Rose Giallombardo, *Society of Women: A Study of a Women's Prison*, New York: Wiley, 1966.

[4]　许莹莹：《中华传统女德的历史建构与当代审视》，《黑龙江史志》2010 年第 16 期。

[5]　《仪礼·丧服·子夏传》。

[6]　《周礼·天官·九嫔》，意思是说做女子的，第一是品德，然后是相貌、言语和治家之道。

[7]　陈慧：《当代中国知识女性主体意识的消解与重塑》，《河北学刊》2001 年第 2 期。

了被支配的地位，并变得习惯于服从权威①。故而，中国的女性不仅仅如同西方女性那样"不具有明显的暴力倾向"，而且结合传统文化的影响，我们更容易理解为什么中国的女性服刑者更容易选择遵守监规并使用各种不同的策略以获得监狱管理者的认可。

此外，正如第四章所提到的，中国女性服刑者群体内部几乎不存在任何形式的信任。这主要缘于中国文化中的"自我主义（personalism）"②因素。"自我主义"与西方文化中常常被提及的"个人主义（individualism）"之间的含义是不完全相同的，它指的是人们在超越了规矩和原则的基础之上充分考虑自己利益的最大化③。自我主义倾向往往意味着不择手段地保护自己，而无视其对他人的影响；他们自行其是，不讲规则，也没有任何的集体凝聚力。中国人的特性中就包含了这种自我主义。根据龚艺华的研究发现，在一些男性服刑人之间是存在某种信任关系的④。然而在笔者的研究中，这种人际信任在女性服刑人群体里却不那么明显。女性的天性导致她们较男性更加神经质、脆弱和腼腆，并且也更加胆小。在这种情形下，与其冒险信任他人，她们宁可选择自我保护——即只依靠自己。正因为此，她们很少选择在监狱中拉帮结派或是建立紧密关系。她们的确愿意运用各种不同的策略与其他服刑人维持良好关系，不过这些关系都是策略性的和刻意维持的。她们认为她们不得不这样做以达到监狱的要求而避免扣分。换句话说，她们相互之间的关系是十分功利性的，并不是我们正常意义上所谓的基于情感和信任的"朋友关系"。根据她们的逻辑，人人都有可能在背后打她们的小报告，甚至诬陷她们。因此，这些女性服刑者们觉得只有自己才是最可靠的，别人都不能够轻易相信。在这种情况下，她们几乎不会想到组

---

① 许莹莹：《中华传统女德的历史建构与当代审视》，《黑龙江史志》2010 年第 16 期。
② 余英时：《从价值系统看中国文化的现代意义》，《知识人与中国文化的价值》，时报文化出版社 2007 年版。
③ 余英时：《从价值系统看中国文化的现代意义》，《知识人与中国文化的价值》，时报文化出版社 2007 年版；翟学伟：《中国人在社会行为取向上的抉择》，《人情、面子与权力的再生产》，北京大学出版社 2005 年版。
④ 龚艺华：《242 名男性罪犯人际信任水平调查分析》，《中国行为医学科学》2006 年第 15 卷 8 期。

织任何形式的"亚文化"①，"小团体"② 或是"家庭式亲密关系"③ 来共同应对监狱环境。相反的，她们更愿意和狱警合作，按照监狱管理者的要求来生活。对于这些女性服刑者们来说，与其信任不可信的其他服刑人，还不如选择与狱警搞好关系；因为狱警才是真正能够给她们带来"好处"的人。

二　中国女性服刑人的"行为模式"

根据剥夺模型④，在监狱中生活的服刑人被认为存在着一种集体行为模式，用以对抗所谓的"监禁之痛"。也就是说，服刑人建立起反监狱环境的亚文化被看做是理所当然的。因此，无论服刑人的个体差异有多大，他们在监狱中都或多或少地表现出行为的一致性，以减少监禁带来的痛苦。然而，在 X 监狱中，笔者发现这种所谓的"独特的犯罪人亚文化"并不存在，有的只是一种由于高度结构化的环境导致的偶然的同质性的集体经历；这种集体经历包括了对监规监纪的遵守以及和他人的良好关系的维持。

首先，遵守监规监纪是中国女性服刑者生活的一个重要部分。正如在前文中提到的，女性服刑者们大多数愿意和监狱方合作，并且毫无组建反抗监狱机构的犯罪人亚文化的意愿。从社会学的角度里看，这种服从可以被看做是一种"印象整饰"⑤ 的过程。根据欧文·戈夫曼的理论，"印象整饰"意指个体建立起某一种他/她愿意展示给公众或某一特定群体的印象⑥。也就是说，个人会首先判断环境或形势，之后决定

---

① Gresham M. Sykes, *The Society of Captives: A Study of a Maximum Security Prison*, Princeton, NJ: Princeton University Press, 1958.

② 狄小华：《冲突、协调与秩序：罪犯非正式群体与监狱行刑研究》，群众出版社 2001 年版。

③ Rose Giallombardo, *Society of Women: A Study of a Women's Prison*, New York: Wiley, 1966; Charles R. Tittle, "Inmate Organization: Sex Differentiation and the Influence of Criminal Subcultures", *American Sociological Review*, Vol. 34 (4), 1969, pp. 492 – 505.

④ Gresham M. Sykes, *The Society of Captives: A Study of a Maximum Security Prison*, Princeton, NJ: Princeton University Press, 1958.

⑤ Erving Goffman, *The Presentation of Self in Everyday Life*, Edinburgh: University of Edinburgh, Social Sciences Research Centre, 1958.

⑥ Ibid. .

他/她希望传达给大家的印象，最后再相应表现出来。

与此相似，在 X 监狱中，多数女性服刑者也在自己的日常生活中使用印象整饰。她们在平时的监狱生活中都表现得顺从与合作，以看起来"良好"的态度来完成监狱管理者的要求，尽管她们也许并不是真心愿意这样做。服刑者们意识到为了给狱警留下一个好印象，按狱警的意图去自我展现是绝对必要的。这也就是说，如果对方没有这种权力，那么这些服刑人们就不会好好表现。然而在 X 监狱中，女性服刑者们考虑的东西要更多。当然，她们首先会在狱警面前会好好表现，因为狱警有权决定她们获得分数的多少。不过这些女性服刑者们在狱警不在场时也会试图保持这样的良好形象。这是因为服刑者群体内部缺乏信任，大多数服刑人都害怕其他服刑人会向狱警打小报告；因此为了自保，她们只能选择无时无刻不使用印象整饰的方式来规范自己的行为。

除了服从监狱的规章制度之外，维持和他人的良好关系也是中国女性服刑人生活的一个重要部分。西方学者对监狱适应的研究多数侧重在个人方面，例如违规行为、自残、自杀、心理问题以及关于其他狱中活动的问题等。换句话说，在西方研究者看来，如果服刑人能够成功地处理好这些"个人"问题，那他们就会被视作能够良好的适应监狱环境。然而，中国女性服刑者的监狱适应则远比处理这些"个人"问题复杂得多，她们适应监狱环境的好坏除了与其处理"个人"问题的能力有关，还深受其处理和他人关系能力的影响。可以说，这是每名 X 监狱中的女性服刑人都需要面对的重要挑战。并且，这也在很大程度上反映了整个中国社会对人际关系的重视和关注。

监狱是整个社会的一部分。服刑人，作为一个监狱成员，首先是所处社会的一分子；因此，他/她的行为首先受到的是整个社会文化的影响。中国社会最重要的特征是对人际关系的关注。与他人维持良好的关系是中国社会生活的关键部分。曹雪芹在《红楼梦》中曾说过："世事洞明皆学问，人情练达即文章。"这句话表达了中国古人对于人际交往重要性的想法，直至今天依然适用。中国人试图与他人建立和保持良好关系，是作为其人生的一种策略，而并非仅仅出于想要多交朋友的简单愿望。正如上文所提到的，中国人在本质上是自我主义倾向的；因此，对人际关系问题的考量也在某种程度上带有自我主义的意味。更进一步说，在中国文化中，同样是处理人际关系问题，但与上级处好关系永远比和下级处好关系更重要；这是由于受到儒家思想影响，中国人倾向于尊重、服从并依靠绝对权力产生的权威。如此，我们就很容易理解在 X 监狱中，除了应对制度环境的挑战，女性服刑人还需要面对处理人际关系，尤其是和狱中的权力所有者——狱警之间的关系的挑战。也就是说，中国女性服刑人的"集体行为模式"的另一个方面便是十分强调处理和他人的关系。研究结果证实，那些能良好的适应监狱环境的服刑人都是些擅长和别人打交道的人，而她们之中的多数都能够成功的取悦狱警。

故而，根据笔者在 X 监狱的发现，统一的、封闭的环境导致了一种不可避免集体经历，而这一集体经历又在很大程度上和人际关系的处理有关。这并不是一种有意识建立的犯罪人亚文化，而只是一种包括行动、互动、反应和一致性在内的潜意识的趋同性行为罢了。

三　中国女性服刑者的适应结果

依据在 X 监狱中的发现所示，女性服刑者的个人性格特征和其本人所拥有的社会经济背景对她们的狱中生活有着十分重要的影响。

导入理论非常强调服刑人的个人特征。它认为服刑人入狱前的经历和其个人特征（包括犯罪史和各种与犯罪无关的社会背景）是其狱中行为的决定因素[①]。因此，由于背景的差异，不同的服刑人在狱中的表现是千差万别的。根据约翰·艾文和多纳德·R.科瑞赛的研究，犯罪人入狱前的犯罪经历和他们从监狱外带来的"犯罪文化"极大地影响着他们在狱中的行为[②]。所以，导入理论的拥护者们主要侧重于强调犯罪人的整个犯罪生涯，并且倾向于将服刑当做犯罪人犯罪生涯的一部分。不过，在本书中，这种"犯罪生涯"对 X 监狱中女性服刑者行为的影响并不十分明显。相反，女性服刑者们的"个人能力"才是决定

---

① Clarence Schrag, "Leadership Among Prison Inmates", *American Sociological Review*, Vol. 19 (1), 1954, pp. 37 - 42; John Irwin and Donald R. Cressey, "Thieves, Convicts and the Inmate Culture", *Social Problems*, Vol. 10 (2), 1962, pp. 142 - 155; Daniel Glaser, *The Effectiveness of a Prison and Parole System*, Indianapolis: Bobbs - Merrill, 1964.

② John Irwin and Donald R. Cressey, "Thieves, Convicts and the Inmate Culture", *Social Problems*, Vol. 10 (2), 1962, pp. 142 - 155.

其狱中行为的最关键因素（具体分析可见第六章）。或者更直接地说，
是那些与她们的罪行和犯罪历史无关的社会背景因素——如家庭、受教
育程度和社会经济地位等——影响了她们在狱中的行为。此处，"个人
能力"可谓是一个综合的概念，它主要包括了一个服刑人的工作能力，
人际交往能力，以及诸如唱歌、跳舞、画画、刺绣等"特殊"才能。
其中，处理和他人关系的能力可谓是女性服刑者们监狱生活的核心
部分。

艾斯塔·海夫纳曾经提到，拥有越多社会、文化和经济资本的女性
犯罪人，就越容易适应监狱生活[①]。维克多利亚·R. 德罗沙也发现在
入狱前的社会生活中适应良好的犯罪人在监狱中也较少出现适应障
碍[②]。与艾斯塔·海夫纳和维克多利亚·R. 德罗沙的研究结果相类似，
本书也发现拥有相对优势社会背景（如受过高等教育、拥有出色的人
际交往能力等）的女性服刑人更容易把握监狱社会的"游戏规则"并
能较为迅速地适应监狱的环境。

江山河（Shanhe Jiang）和 L. 托马斯·小温弗里（L. Thomas Win-
free Jr.）在他们的研究中曾经发现，女性服刑人在适应监狱环境的过
程中需要更多的社会支持[③]。李玲和扶斌也指出女性服刑人的背景（例
如年龄、受教育程度和犯罪类型等）以及运用社会支持的多少对她们
的监狱适应有着直接影响[④]。在本书中，尽管笔者发现有一些女性服刑
人需要借助他人的帮助来适应监狱环境，但是社会支持却并非是她们能
否很好地适应监狱环境的决定性因素；事实上，这一决定性因素还是她
们的"个人能力"。

总的来说，女性服刑人的"个人能力"主要取决于她们入狱之前

---

①　Esther Heffernan, "Gendered Perceptions of Dangerous and Dependent Women: 'Gun
Molls' and 'Fallen Women'", In Barbara Zaitzow and Jim Thomas (Eds.), *Women in Prison: Gender
and Social Control*, Boulder: Lynne Rienner Publishers, Inc., 2003.

②　Victoria R. DeRosia, *Living Inside Prison Walls: Adjustment Behavior*, Westport: Praeger
Publishers, 1998.

③　Shanhe Jiang and L. Thomas Winfree Jr., "Social Support, Gender, and Inmate Adjustment
to Prison Life: Insights from a national Sample", *The Prison Journal*, Vol. 86 (1), 2006, pp. 32 –
55.

④　李玲、扶斌：《在押女犯应对方式相关因素的研究》，《云南警官学院学报》2008 年
第 67 期。

的社会化成果。根据社会学家的描述，通过社会化，"人们发展出了不同取向的社会行动"①。独特的社会结构和社会文化决定了"社会需要什么样的技能和动机"②；以及何种技能和动机是应该为其社会成员所掌握的。这种社会结构旨在"通过保证个体成员拥有有效参加社会经济和其他活动的必要技能、教育和动力来维持社会的功能性融合"③。因此，在不同文化中的人通常有着不同的行为模式；此外，在同一个文化中，不同的人群——比如性别不同，贫富不同，阶级高低不同——也会在想法和行为上有很大的差异，因为他们有着不同的社会化过程。故而，拥有不同社会经历的人理所当然地被认为有着不同的想法、感受和行为④。具体到本书中，参与者都强调人际关系的重要性，这反映了整个中国文化的大背景；而她们的个人适应的结果在很大程度上却源于她们在入狱之前的社会地位和社会背景的影响。

四　改造还是"挣分"？

在理想状态下，中国的监狱旨在通过劳动改造和教育改造重塑犯罪人的思想和认识，并使其形成良好的行为模式。它坚持认为"人是可以改造的"，并相信犯罪人可以通过服刑被改造成遵纪守法的"好公民"。以社会学角度看来，这是一个典型的"再社会化（resocializa-tion）"⑤的实例。

在社会学中，社会化指的是"人们通过与他人交往，获得在社会中生存和发展的所必需的知识技能的过程"⑥。换句话说，这是一个"个人在其一生中不断发展其潜在的可能性以及学习其文化模式的社会

①　Craig Calhoun, Donald Light and Suzanne Keller, *Sociology* (6th ed.), New York: McGraw – Hill, 1994, p. 105.

②　Ibid..

③　Ibid..

④　John J. Macionis, *Sociology* (7th ed.), Upper Saddle River: Prentice – Hall, 1999.

⑤　Erving Goffman, *The Presentation of Self in Everyday Life*, Edinburgh: University of Edinburgh, Social Sciences Research Centre, 1958.

⑥　John E. Farley, *Sociology* (4th ed.), Upper Saddle River: Prentice Hall, 1998, p. 95.

活动"①。通过社会化，个体可以从一个生物学意义上的人转变为一个合格的社会成员——能够适应社会结构和文化背景，扮演适当的社会角色，以及拥有健康的社会人格。社会化是一个贯穿人的一生的过程，但是最主要的是在人的童年和少年时代完成的；而成年之后的社会化通常只发生在他/她的社会角色发生转变的时候。不过，有一种特殊的发生在成年阶段的社会化并非是每一个社会成员都有机会经历的，那就是"再社会化"。"再社会化"指的是"群体或组织对身在其中的个体实施不间断的控制，以试图清除其原有的社会化印记，并且赋予其全新的价值观、习惯和信仰体系"②。这一过程通常发生在"全控机构（total institutions）"③ 中，例如军营、精神病院以及监狱④。

　　根据欧文·戈夫曼的解释，再社会化是一个两阶段的过程⑤。首先，在第一个阶段，机构中的新来者将会被除去其身上原本的社会符号。具体表现为他们自己的衣物、饰物及个人用品将会被机构没收，取而代之的是统一化的、毫无个性及审美特征的制服或病号服⑥。同时，机构也会实施一些破坏其成员的独立性和隐私的程序，比如印指纹、搜身以及将其成员的姓名替换为数字编号或代码等。这一阶段的主要功能就是摧毁成员原本的自我价值观，以及让他们学会服从他们的看守者（监管者）。其次，再社会化的第二个阶段是一个系统化的复杂的试图令其成员建立起一个完全不同的自我认知的过程。机构的管理者通常使用一个奖励和惩罚的体系来控制成员的行为。比方说，如果成员能够依照机构的规章行事，那他们就会得到做一些事情的权利，比如看电视、

　　① John J. Macionis, *Sociology* (7th ed.), Upper Saddle River: Prentice - Hall, 1999, p. 121.

　　② John E. Farley, *Sociology* (4th ed.), Upper Saddle River: Prentice Hall, 1998. p. 111.

　　③ Erving Goffman, *Asylums: Essays on the Social Situation of Mental Patients and Other Inmates*, Garden City, NY: Doubleday, 1961.

　　④ Craig Calhoun, Donald Light and Suzanne Keller, *Sociology* (6th ed.), New York: McGraw - Hill, 1994; John E. Farley, *Sociology* (4th ed.), Upper Saddle River: Prentice Hall, 1998; John J. Macionis, *Sociology* (7th ed.), Upper Saddle River: Prentice - Hall, 1999.

　　⑤ Erving Goffman, *Asylums: Essays on the Social Situation of Mental Patients and Other Inmates*, Garden City, NY: Doubleday, 1961.

　　⑥ Craig Calhoun, Donald Light and Suzanne Keller, *Sociology* (6th ed.), New York: McGraw - Hill, 1994.

打电话或者接受来访等。并且，那些表现好的人还有机会早日获得自由。故而，当成员选择服从机构的规章时，顺从就出现了。

中国的监狱也是实施再社会化的全控机构的一种。其中采用的奖励与惩罚体系就是计分考核制度。依照欧文·戈夫曼的解释，在再社会化的过程中，成员将发生非常明显的改变。当然，这只是一种理想的状态。事实上，再社会化并不像我们所叙述的这样简单。首先，每个人都是与众不同的，故而我们不可能要求每个人在面对相同的"矫治"项目时会有相同的反应；有一些人可能会因参与某种矫治项目而向着我们预期的方向改变，而另一些却根本不会改变或甚至变得更加糟糕①。此外，在再社会化的过程里，奖励和惩罚制度原本是一种为了促进成员形成"良好"行为的激励手段，然而在实际操作时它却往往成为成员追逐的终极目标。换句话说，成员可能为了获得奖励和逃避惩罚而刻意依据机构的规章行事。具体到本书的研究来看，中国的监狱制度是为了改造犯罪人，希望令其达到思想上、行为上的转变而设计的；然而，依据笔者的发现，女性服刑者们的监狱生活的目标并非完全指向"自我改造"，而更多的是为了"获取分数"（即获得奖励）而已。也就是说，本来作为激励手段的"分数"却在实践过程里被异化成了目标本身。当然，即便在这种情形下，一些服刑者还是会在此过程中改变自己并有所收获的（可见第六章的探讨）；但另一些也许完全不会改变。这就是因为她们认可的监禁生活的目标不在于此，而在于在计分考核的机制下获得更多的奖励，以达到早日走出监狱大门的目的。从这个角度而言，自我改造反而变成了她们监狱生活中的"附属部分"。

五　关于中国文化背景影响的讨论

在整个研究的理论框架构建和研究设计阶段（可见第二章），笔者曾希望考察中国女性服刑人对监狱环境的双重适应——即对监狱制度环境的适应和对犯罪人亚文化的适应。然而，研究结果却显示，X 监狱中的女性服刑者并不热衷于建立犯罪人亚文化（详见本节第一部分）；她们的生活里只有一个唯一的目标，那就是获取分数。于是，那些所谓的

---

① John J. Macionis, *Sociology* (7th ed.), Upper Saddle River: Prentice - Hall, 1999.

适应得好的服刑人就是那些能够获得高分的人（无论采用何种方法），而并不是那些能够适应犯罪人亚文化的人或者能够很好地实现自我改造的人（详见本节第三部分和第四部分）。根据一些狱警的陈述，尽管她们仍然会赞赏服刑人在思想和行为上的好的转变，但她们也承认，这种转变无法保证会出现在每个服刑者的身上。因此，狱警们只有鼓励服刑人遵照监狱的规章制度行事，而不能保证服刑人通过服刑都能有质的转变。在此，笔者将尝试使用中国文化背景来解释为什么中国的女性服刑者会选择如此行事。

如前所述，在研究监狱适应问题时，剥夺理论基本强调的是环境因素的影响，而导入理论则侧重于强调服刑人的个人背景的重要性。本书同时采用了这两个理论来阐述中国女性服刑人的监狱生活和监狱行为（详见本节一至三部分）。不过，在笔者看来，这两个理论都忽视了一个重要因素——文化背景——对服刑人监狱行为影响的重要性。女性学家们常常强调，监狱不是一个真空地带[①]，而是受到更大的社会文化背景的影响。笔者相信，这种影响并不仅仅局限在女性学家们所强调的社会性别建构这一议题上，而是更广义上的社会文化特质。总的来说，女性服刑者的监狱行为和她们对待监禁的态度均反映出中国文化中一个很重要的焦点：实用主义。

中国文化受到儒家思想的广泛影响，而儒家思想弘扬的就是一种实用主义的处事原则[②]。根据马克斯·韦伯的发现，由于中国人受儒家思想的影响很深，他们采取的是一种与基督教徒完全不同的理性取向，这极大地影响了他们的生活态度[③]。中国人相对基督教徒而言更加注重实用主义，因为他们相信生活的目标是对现实世界的适应，而非对天国的追求。中国人多强调对环境的适应而很少关心终极的价值标准、拥有强

---

①　Jim Thomas, "Gender Control in Prisons: The Difference Difference Makes", In Barbara Zaitzow and Jim Thomas (Eds.), *Women in Prison: Gender and Social Control*, Boulder: Lynne Rienner Publishers, 2003.

②　彭立荣：《儒文化社会学》，人民出版社 2003 年版；余建明、邹菊如：《中国文化的实用主义传统与当代文化建设》，《云南社会科学》2005 年第 5 期。

③　Max Weber, *The Religion of China: Confucianism and Taoism*, translated by H. H. Gerth, Glencoe, IL: Free Press, 1951.

烈的宗教信仰以及如同基督徒般对自己的行为拥有极大的热情①。总的
说来。中国人倾向于采用"经世致用"的处世哲学，并且因为这样的
一种实用主义倾向，中国人总是"计算"在给定的环境下，什么才是
对自己最有利的选择。所以说，在中国社会里，人们打破或者推翻既定
的计划或规则是非常常见的事情。

具体到本书，实用主义影响了女性服刑人适应监狱生活的态度、行
为模式以及适应结果。尽管中国的监狱是为了改造犯罪人而设立的，但
是在参与者的叙述中，却甚少提及"改造"二字。女性服刑者们都清
楚只有对分数的追逐才能带给她们最大的利益，同时获得高分也被认为
是一种"改造成功"的象征。此外，她们对建立起统一的犯罪人亚文
化的冷淡态度也反映出她们的实用主义倾向。因为经过"计算"，建立
亚文化去"对抗"监狱机构并不明智，因为她们无法从中得到任何
"有利之处"。另外，建立亚文化就必然存在着群体间的信任问题，而
信任其他服刑者在 X 监狱中却被认为是危险的。就是因为所有的服刑
人都是实用主义的并且是拥有"自我主义"倾向的，所以她们都会在
合适的情况下最大化自己的利益（详见第五章）。如此一来，亚文化的
建立基础——信任——也就不存在了。

中国文化也同时影响了女性服刑人在狱中的行为模式，也就是获
取分数的策略。服从监狱规章以及和监狱管理方合作——作为一种印
象整饰方法——被用来作为获取分数的策略；此外，笔者在本书中也
强调了获取预警好感以及维持与其他服刑人之间的关系在服刑者生活
中的重要性（详见第四、五、六章）。而这两个主要的行为模式都反
映出女性服刑人的实用主义态度。她们事实上并不见得真的愿意服从
监狱的规章制度、愿意遵从狱警的管理以及与狱警套近乎，也并不一
定希望和其他服刑人交朋友；然而她们知道，如果她们想获得分数的
话，她们就必须要这样做。正因为此，这些女性服刑者们发展出了各
种不同的策略以达至遵守监狱规章、取悦狱警以及和其他服刑者维持
良好关系的目的。

---

① Reinhard Bendix, *Max Weber: An Intellectual Portrait*, Berkeley, CA: University of California Press, 1977.

最后，女性服刑者适应监狱环境的结果也是中国式实用主义的写照。因为她们监狱生活的目标被异化为了对分数的追逐，故而，获取分数的能力便成为了判断其适应结果的决定性因素（讨论详见本节第三部分）。所以，尽管监狱是一个再社会化的机构①，女性服刑人的监狱适应却更多地依赖于她们在入狱之前的社会化的程度和状况。

总的来说，尽管我们可以在一定程度上使用剥夺模型和导入模型来解释中国女性服刑人的监狱适应，不过笔者认为，在这一问题上，中国的文化背景是一个不可或缺的或者甚至是更重要的解释依据。

六 关于权力的讨论

迈克尔·杜顿曾说过，中国监狱中最重要的两大任务是劳动改造和集体主义；而这两大任务都是通过创造驯顺的主体而实现的②。可见在迈克尔·杜顿看来，米歇尔·福柯对规训权力的讨论在中国的监狱中被完美的实践了。根据本书的发现，笔者赞同迈克尔·杜顿所说的在中国女性服刑人的生活中确实存在着规训权力；并且在一定程度上，是这种权力使女性服刑者们变成了驯顺的个体。当然，笔者仍然愿意在此做一些进一步的解释，以期在第一手经验资料的基础上深化迈克尔·杜顿的观点。

参与者生活的 X 监狱，无疑是一个权力场。根据米歇尔·福柯所说，规训权力的最大功能是训练，而并非挑选和征用③。而规训权力的成功得益于三个简单的手段：层级监视，规范化裁决以及检查（详见第二章）。

第一点，层级监视，在 X 监狱中可以从以下三个方面体现出来：（1）女性服刑者们普遍缺乏个人时间，她们生活中的每时每刻都排满了指定的活动；（2）女性服刑者的生活和工作都是以"组"进行的，

---

① Erving Goffman, *The Presentation of Self in Everyday Life*, Edinburgh: University of Edinburgh, Social Sciences Research Centre, 1958.

② Michael Dutton, "Disciplinary Projects and Carceral Spread: Foucauldian Theory and Chinese Practice", *Economy and Society*, Vol. 21（3）, 1992, pp. 276 – 294.

③ Michel Foucault, *Discipline and Punish: The Birth of the Prison*, translated by A. Sheridan, London: Allen Lane, 1977.

她们被要求组成"监督组"以互相监督，没有人可以独自行事；（3）所有的女性服刑者都处在狱警等级化的监督之下。

第二点，规范化裁决，也是存在于 X 监狱之中的。服刑者们被要求按照监狱规章和日程安排行事。遵守监规会带给她们好处，而反抗则引来惩罚。为了获得最大的好处且避免受到惩罚，多数女性服刑者都选择服从监狱管理者的要求。

最后，正如米歇尔·福柯所指出的，检查，作为最后一种手段以及对前两者的结合，也在 X 监狱中切实存在着。它是通过一种特殊的分数体系——计分考核制度得以实现的。通过使用分数，计分考核制度建立起一套复杂的用以评判服刑人行为的奖惩体系。分数，作为检查的工具，不仅使得管理者对服刑人行为的判断变得可见，而且也记录下了服刑人所有的行为。为了拿到最多的分数（即获得最大的利益），女性服刑人需要按监规行事，以及与狱警和其他服刑人维持良好的关系。而因为服刑人的得分能力不同，计分考核制度又根据她们获得分数的状况进一步将她们分为不同的类型。在这样的状况下，狱警通过分配分数获得了对服刑人的权力。女性服刑人完全受控于得分的愿望，而规训权力便由此融入到她们的个人行为之中。

本书中一个很有趣的焦点便是狱警和女性服刑人之间的关系。如前文所述，X 监狱中的狱警和女性服刑人之间并没有激烈的对抗，她们的关系是和谐甚至是亲密的；而如此和谐的关系与世界上其他国家多数对于服刑人生活的分析是完全不同的。根据对已有西方文献的回顾，比如格兰萨姆·M. 萨克斯在其大作的《监禁社会》中所描述的，服刑人和狱警是相互对立的[①]。这是由于权力的不对称，致使他们之间几乎没有任何和平可言。服刑人很少会采取合作的姿态，他们不是制造麻烦就是组成亚文化团体来对付监狱管理方。而另外，作为对服刑人反抗的回应，狱警们通常毫不留情地对服刑人行使权力，甚至暴力。

不过在 X 监狱中，事情却完全不同。在笔者的调查中，多数女性服刑人都以合作的态度完成狱警指派的工作；而狱警也表现出了愿意帮

① Gresham M. Sykes, *The Society of Captives: A Study of a Maximum Security Prison*, Princeton, NJ: Princeton University Press, 1958.

助服刑人的良好意愿。然而正如笔者在前文中所谈到的，中国监狱中狱警和服刑人间涉及的权力问题绝不比任何西方监狱中的少。这两群人能够在表面上维持良好关系的原因，恐怕得从中国文化背景——尤其是对于人际关系的运用中去寻找。换句话说，对人际关系的运用使得服刑人对规训的反抗变得温和。如同笔者在第五章中介绍到的，她们很懂得使用不同策略去取悦狱警，来获得她们想要的东西。此外，从另一方面来看，由于女性服刑人表现了自己的顺从并以不同的方式取悦狱警（尽管她们知道有些服刑人只是假装顺从），狱警们也维持着对服刑人的良好态度。因此笔者认为，在 X 监狱中，规训和反抗是以一种较之西方监狱更为"缓和"的方式实施的。表面上，服刑人和狱警的关系出奇得好，以至于显得有些怪异；但事实上，服刑人正在使用不同的策略和狱警"博弈"，她们通过打关系牌的方法来获得最大的利益。而狱警则因成为被讨好的对象而拥有着对服刑人规训的权力。

第三节　可行性建议

尽管服刑者们在狱中都表现出了顺从以及受到监狱管理者认可的"良好"的行为，我们仍然存在这样的疑问：她们在获释后能否继续这种良好的行为呢？因为我们知道，她们的服刑目标已然异化为对分数的追逐，或者说，她们并不完全是以改造的态度来度过她们的服刑时光的。

在计分考核制度的控制之下，在笔者看来，女性服刑人的狱中生活不啻用各种手段获取分数以求早日挣脱监狱环境的束缚。适应良好的服刑人拥有很强的个人能力，但这并不意味着她们就有着很强烈的改造意愿；事实也证明了适应良好的服刑者并不是那些在监狱中改变最大和收获最多的人（见第六章）。并且，多数服刑人并不完全懂得甚至并不在乎她们参加的各种监狱活动是为了帮助她们改造。对她们来说，最重要的就是获取分数，其他的都不那么重要。笔者相信，这并不算是一个理想的状态，也不是我们对监狱工作原本的期望。根据笔者的理解，服刑并不是为了让服刑人学会服从，而是要让她们进行心灵和思想的反省，让她们充分认识到自己所犯的罪行并为此忏悔。从这个角度而言，笔者认为监狱的评估制度不应被简化为"你表现良好，我就给你奖励"这么简单直接的单线逻辑；相反的，我们应该更深入地探讨如何才能令服刑人能够对以往的错误和罪行进行深刻的自我反省。因此，在本节中笔者将讨论改进现行评估制度的必要性，以及如何增强女性服刑人的改造意愿。

一　改进评估体系

目前中国监狱中使用的奖惩体系——计分考核制度应该有所改进和创新。虽然这一体系在鼓励服刑人参加监狱组织的活动方面是十分有效的（详见第五章分析），但是它却无法起到评估服刑人改造成果的作用。因此作为评价服刑人改造成果的制度性策略，计分考核制度还有可以改善的空间。在笔者看来，一个完善的服刑人评估体系不应该只依靠简单的定量化的打分制度，还应该包括更深层次的评估服刑人的思想、态度、人生观、世界观以及对个人社会角色之反思等关于服刑人"品质"方面的要素。从这一角度考虑，分数不应该成为评判服刑人减刑和假释机会的唯一标准；而是可以在现有计分考核制度的基础上引入更多不同种类的评估方法，比如咨询师或治疗师提供的服刑人接受心理和行为治疗时的表现报告，以及狱警出示的关于服刑人在监禁期间的反省态度和改造行为的报告等。在这里，笔者想要强调的是，因为中国人的实用主义倾向，催生了女性服刑人在计分考核制度下对分数的追逐和对改造的忽视；因而成功的适应更多的归因于她们的个人能力的，而并非完全改造的成功。但如果评估体系不再单纯依靠分数，而是也考虑到服刑人的改造意愿和改造态度的话，事情也许就会有所不同。在这样的情况下，配合适当的治疗和咨询服务，以及中国传统文化的教育（将在以下各节详细介绍），女性服刑者们应该可以做到更加关注于反省自己的犯罪行为以及改造的。还是出于实用主义的考虑，女性服刑者们会认识到以正确的态度对待自己所犯罪行以及以积极的、改造的态度度过服刑时光将会增加她们减刑和假释的可能。因此，她们便会更愿意实现服刑的真正目标——改造。在这种情况下，那些由于缺乏个人能力而在监狱中适应得不好的服刑人也许不会再在监狱生活中"沦入底层"，如果她们表现出足够的改造意愿的话。

二　引入多种多样的治疗项目和咨询服务

根据笔者在 X 监狱的研究发现，无论女性服刑者们的背景、罪行和健康（包括生理和心理）状况差异多大，她们都被安排从事类似的活动。虽然这样的安排看起来对大家都很"公平"，事实上却无法为不同类型的服刑人提供具体的帮助。因此，笔者认为在监狱中引入各式不同类型的治疗项目和咨询服务可以更好地帮助女性服刑人应对不同的问题；这些措施也将帮助她们更好地实现改造目标。

（一）治疗项目

笔者建议监狱机构可引入一系列目标导向型的治疗项目。服刑人可以如目前一样继续共同工作以及参加各种集体活动（因其确实对矫治服刑人的行为有利）；不过，除此之外，她们也需要一些针对她们各自不同的"特定问题"的差别化的治疗项目。西方文献介绍了许多此类的具体治疗项目①，其中，笔者认为以下两个方向也许较适用于中国的女性服刑人员。

首先，监狱中很有必要建立一些帮助服刑人戒除毒瘾（或者酒瘾、赌瘾等）的项目。笔者在研究的实地调查中发现不少被访者都有不同类型和程度的成瘾性问题，而其中毒瘾是最普遍的。事实表明，吸毒和犯罪之间有非常明显的强相关关系。尽管中国的监狱都提供强制性戒毒项目，但这个项目基本上只限于生理层面的戒除毒瘾，而相关的心理治疗仍然是非常有限的。同时，帮助服刑人戒除诸如酒瘾、赌瘾之类的其他成瘾性问题的项目也非常缺乏。当然，在监狱中，由于环境的限制，服刑者们的诸如吸毒、酗酒和赌博之类的恶习无从维系；但这并不表示

---

① Kelley Blanchette and Shelley L. Brown, *The Assessment and Treatment of Women Offenders: An Integrative Perspectives*, Chichester, West Sussex, England: John Wiley & Sons, 2006; Emma J. Palmer and Clive R. Hollin (Eds.), *Offending Behaviour Programmes: Development, Application, and Controversies*, Chichester, West Sussex, England: John Wiley & Sons, 2006; James McGuire (Ed.), *Offender Rehabilitation and Treatment: Effective Programmes and Policies to Reduce Re-Offending*, Chichester, West Sussex, England: J. Wiley, 2002; Joycelyn M. Pollock, *Counseling Women in Prison*, Thousand Oaks, CA: Sage, 1998; Albert R. Roberts (Ed.), *Correctional Counseling and Treatment: Evidence-Based Perspectives*, Upper Saddle River, NJ: Pearson Prentice Hall, 2008; Alexander B. Smith and Louis Berlin, *Treating the Criminal Offender* (3rd ed.), New York: Plenum Press, 1998.

她们能够自动戒除这些习惯。这些成瘾性问题也许会在她们获释后被重新拾起。而这个事实也从一个侧面反映出她们并没有通过服刑而得到彻底的改变。成瘾性问题（尤其是毒瘾）不仅是一种恶习，它也与服刑人的犯罪行为有着紧密的关系。具体而言，在操作层面上，此类项目的设立可以采用小组咨询或小组社会工作的方式展开。即设立不同的成瘾性治疗的帮扶小组，如果服刑者有相应的成瘾性问题，便可加入特定的小组。帮扶小组的负责治疗师或社会工作者可以根据不同的情况设计多种帮助成瘾者恢复的支持性或治疗性项目，并为每位参与者定制差别化、个性化的疗程。相信这将非常有效地帮助有成瘾性问题的服刑人改过自新。

其次，监狱中还可以引入一些和家庭有关的治疗项目。毫无疑问，与男性相比，女性更加依赖家庭以及需要更多来自家庭成员的支持①。首先，女性的犯罪行为在很大程度上与她们所遇到的家庭问题有关②。有相当多的参与者表示，她们是因为和家庭成员关系恶劣才走上犯罪道路的，有些甚至因为长期遭受家庭成员的暴力而最终"忍无可忍"导致犯罪。她们认为，自己无法从家庭中得到足够的爱和关心；这是使她们走向犯罪的重要原因。此外，服刑本身也导致了女性服刑者家庭的崩溃。笔者在调查中获悉，许多服刑者在入狱后明显感到和家庭成员的疏离。有的说，她们感到长时间和丈夫分离后夫妻关系开始变质；更有一些表示她们的丈夫在她们入狱后提出了离婚的要求。此外，还有一些女性服刑者存在着和孩子以及父母关系的严重障碍，她们的入狱深深伤害了她们的父母和孩子。有几名被访者表示，她们非常害怕被父母或孩子嫌弃，这令她们感到非常焦虑。可见，许多女性服刑人都深受家庭关系问题的折磨，而她们也将因能够接受此方面的帮助而获益。在这一情形下，应该有一些特别的治疗项目帮助女性服刑人正确、积极的看待家庭

①　Cliff Roberson, *Introduction to Corrections*, Incline Village, NV: Copperhouse, 1997; Katherine van Wormer, *Working with Female Offenders: A Gender – Sensitive Approach*, Hoboken: John Wiley & Sons, 2010.

②　Christopher Trotter, "Working with Families in Criminal Justice", In Fergus McNeill, Peter Raynor, and Chris Trotter, *Offender Supervision: New Directions in Theory, Research and Practice*, Cullompton: Willan Publishing, 2010.

问题，以及帮助她们寻找办法修复、重建和维持相对良好的家庭关系。在具体方法上，可使用小组和个案相结合的方法进行。即可以根据需要由治疗师或者社会工作者主导建立一系列有针对性的家庭问题治疗小组，面对有相应需要的服刑者展开；同时，如果有个别服刑者有特殊需要，亦可对其进行个别处理和治疗。

（二）个案咨询服务

除了目标导向型的治疗项目之外，监狱还可以为女性服刑者提供专业的咨询服务。女性相较于男性更容易受心理问题困扰，也更需要情感支持①；因此，相较之下，她们更需要专业的心理咨询服务。前文提到的戒除成瘾性问题和针对家庭问题的治疗服务基本都是建立在小组治疗的模式之上，而咨询服务则可采用一对一的模式。尽管沈园花曾经探讨过针对中国男性服刑人员人际交流问题可使用团体咨询的模式②，但笔者认为，对于女性服刑者而言，个人咨询可能更加适合。在调查中笔者也注意到，X 监狱中的很多被访者是不愿意在其他服刑人面前交流自己的经历和想法的，这一方面是出于信任的考虑（因服刑人群体间普遍缺乏信任，详见第四章第三节），另一方面则是因为有很多问题是很私人化和个体化的，团体咨询的模式较难有针对性。所以，在笔者看来，一对一的咨询模式比团体咨询更有重点也更能保护女性服刑者的隐私。

许多西方的矫正机构都聘请专业的社会工作者或心理咨询师提供咨询服务以满足服刑人的身体、心理、精神和社会性需要；并帮助她们正确审视自己的犯罪行为，以及维系适当的家庭和社会关系③。相应的，在中国的监狱中也可以考虑聘用一些咨询师或者社会工作者参与到服刑

---

① Rose Giallombardo, *Society of Women: A Study of a Women's Prison*, New York: Wiley, 1966; Candace Kruttschnitt and Rosemary Gartner, "Women's Imprisonment", *Crime and Justice*, Vol. 30, 2003, p. 1 - 81; Larry G. Mays, and L. Thomas Winfree Jr., *Essentials of Corrections* (3rd ed.), Belmont, CA: Thomson Wadsworth, 2005.

② 沈园花:《男性成年犯人际交往的团体干预研究》，硕士学位论文，华东师范大学，2007 年。

③ Correctional Service Canada, "Social Worker", 2010, (http://www.csc - scc. gc. ca/text/carinf/social - eng. shtml); Scottish Executive, "Social Work Services in Prison", In Ann Buchanan (Ed.), *Social Work* (*Vol. IV*), London: Routledge, 2008, pp. 250 - 259.

人的改造工作当中。笔者深信，这些咨询服务能够有效帮助女性服刑人更好地应对她们各自不同的困扰和担忧。

而其中最重要的是，咨询师能帮助女性服刑者全面了解自己的犯罪行为以及对受害者、家庭和社会的负面影响。笔者在研究中了解到在 X 监狱里确实是有一些教育项目是教授服刑人法律知识的，然而这些"课程"大多显得模糊和大而化之，较少涵盖具体的罪行与案例。因此，有些服刑人在服刑多年后仍然不知道为什么自己会被判有罪以及为什么被判这么多年刑。

并且，即使是那些有"悔过"心态的服刑人，有些也并不能很清楚的了解她们的犯罪事实和量刑间的密切关系，而大多只有一些模糊的概念，认为自己"犯的错对社会和别人造成了伤害"（P – Case No. 37），所以要被关起来。并且，正如前文所述，她们在监狱中也并没有真正地对自己以往的罪行进行反思（这在很多时候也缘于她们对自身罪行认识得不足），而大多将注意力集中在"好好努力，早日回家"之上。就像如下这几位服刑者所表述的：

> 不想以前的事儿了。我现在全身心都集中在生产上面，别的什么都不想。基本上每一天就是重复前一天的事情。（P – Case No. 2）

> 说到后悔不后悔以前的事，其实也没什么好后悔的，已经都进来了，说什么都晚了。现在的我只想好好努力，早点回家，就是这样，别的都不想。（P – Case No. 16）

在此种情况下，笔者认为一对一的咨询模式在帮助服刑人了解她们的罪行方面更加有效。一个连续的咨询"疗程"可以使服刑者对自己所犯罪行有一个全面的了解，并且充分认识到其对社会所造成的危害，以及对其量刑的合理性和合法性。这也将有利于促使服刑人对自己的罪行进行深度的反省，而真正实现思想和认识上的"改造"。

当然，除此之外，咨询服务也有助于解决服刑人的心理问题、适应监狱环境过程中出现的各种困难以及在人际关系上出现的困难等。相信通过专业的咨询服务，女性服刑者们能在狱中生活得更好，并且也能够真正实现自我改造。

（三）专业人才的进入

开展专业的治疗和咨询服务就需要专业的人才。在西方社会中，这些专业人才通常是受过专业训练的社会工作者或者心理治疗师①。不过，对于中国的监狱机构来说，这两个职业都是全新的。

近些年来，监狱主管部门越来越多地认识到咨询服务在针对女性服刑者工作中的重要性。依据在 X 监狱调查中的发现所示，监狱主管部门在近些年有意识地将一些狱警送去学习心理咨询技能，以便为服刑者开展简单的心理咨询服务。不过，由于这些心理咨询培训时间都非常短暂，这些狱警所能学习到的知识是非常简单而有限的。因此即使是那些受过心理咨询培训的狱警也无法为女性服刑者提供专业的咨询服务，而大多只能是简单咨询。根据一些服刑人被访者的描述，心理咨询在她们的生活中所占的空间非常小，甚至于她们觉得这项服务的"用处不大"或根本是"可有可无"的。当她们在遇到困难时，通常还是会去求助自己的分管警官，甚至写信给家人求助。从 X 监狱所调查到的现实情况来看，中国监狱中的狱警可说是一个集很多种职能于一身的工作，她们既是执法者，同时也是教化者和咨询师；而这种"全能式"的工作状态对于开展专业的咨询和心理治疗工作是不足的。

可见，中国已经到了为监狱配备专业社会工作者或心理治疗师的时候了！不过，由于社会工作者或心理治疗师的职位目前尚不在中国监狱的计划编制当中，而想要全面改变这一人事制度可能尚需时日；故而笔者建议，目前最可行且最快捷的方式便是招聘一些相关学科背景的毕业生充当"特别狱警"。与普通狱警相比，她们可以有一些完全不同职责。或者换句话说，监狱中可以设置一些职位提供给专业人士，让她们专门负责为服刑人员开展团体治疗或者个人咨询服务。而这或许可以在

---

① Harris Chaiklin, "Correctional Social Work", In A. R. Roberts (Ed.), *Correctional Counseling and Treatment: Evidence - Based Perspectives.* Upper Saddle River, NJ: Pearson Prentice Hall, 2008; Correctional Service Canada, "*Social Worker*", 2010, (http://www.csc - scc. gc. ca/text/carinf/social - eng. shtml); Joycelyn M. Pollock, *Counseling Women in Prison*, Thousand Oaks, CA: Sage, 1998; Scottish Executive, "Social Work Services in Prison", In Ann Buchanan (Ed.), *Social Work (Vol. IV)*, London: Routledge, 2008, pp. 250 - 259.

一定程度上更好地帮助服刑人适应和改造。

（四）社会帮教/志愿服务常规化

最后，除了在监狱中配备专业的社会工作者或心理咨询师，社会帮教以及社会志愿服务也应该做到常规化，以及形式多样化。根据前文的分析（见第六章），有相当一些服刑人是因为得到了社会帮教以及社会志愿者的帮助而适应监狱生活的，因此，这部分社会热心人士的到来对于服刑人员而言也是很有益处的。然而就目前的状况看，这一群体的服务主要存在着零散化和不定期化，以及形式和人员单一化两个问题，正如一些被访者所反映的：

> 我们监狱还有是会来一些社会帮教人士的，来得最多的就是妇联，各个地方的妇联。虽然他们来了也就只是开开座谈会，讲讲话什么的，但我还是觉得挺温暖的，每次他们来我们都很高兴，就算只是简单地讲几句话，我们都觉得心里暖暖的，感觉自己没有被社会所抛弃。其实我们每天生活在里面，都很希望能有机会接触到外面的人，什么样的人都好，感觉那样才能有一些与外界接触的机会，才能不被社会所忘却。另外，以前也会有一些厂家的师傅来教技术，不过现在渐渐变少了，因为我们自己的水平提高了，就不怎么需要外界的指导了。还有就是律师、检察官什么的会过来给大家做法律咨询，不过不是经常来。（P－Case No. 3）

> 平时也会有一些社会帮教人员到监狱来，主要是两类人，一类是各级民政和妇联的工作人员，他们主要是来慰问当地户籍的服刑人员，开开座谈会，聊聊家乡的情况什么的，频率不固定，但通常逢年过节来得比较多。另一方面就是搞心理咨询的老师，来给我们做辅导、搞活动，帮助我们心理调整等，也是不定期的。（P－Case No. 13）

> 社会帮教的人也会经常来，一般都是些法律、心理方面的专家和社会关爱者，比方说一些大学教授就会经常来，像是有一个××大学的教授就经常过来帮助一些低层次的或者有精神障碍的犯人。

不过这些人都不是定期的来。(P – Case No. 14)

　　经常还会有社会帮教的志愿者来监狱，主要都是些大学老师什么的，他们主要就是给我们讲讲他们自己的经历啊，然后结合我们的情况，说说我们该怎么努力，将来出去后该怎么站起来等。听了之后挺感动的，也觉得能产生一些共鸣。他们来也不是定期的，但一般我们监狱举办什么活动时，就会请他们来。(P – Case No. 15)

从上述这些服刑者的经历和感受来看，我们不难看出，目前 X 监狱的社会帮教以及社会志愿者主要来自于以下几个人群：各地妇联、大学老师、心理咨询以及法律界人士；服务形式基本为开座谈会的形式；且他们都是并非定期前往监狱，而常常只是在监狱"搞活动"时才去。正因为如此，有些服刑者认为，他们的作用很"有限"，而且"没什么新意"：

　　我觉得吧，这方面的工作（指社会帮教和志愿者服务工作）其实是可以改善的。目前主要是形式过于单一，一般都是座谈会形式，千篇一律的，很无趣。虽然说可能社会帮教就是这样，给大家讲讲积极向上的东西，帮助我们消除心理阴影，但是每次都这样吧，我总觉得没什么新意。而且，说实话，每次去开会，我都觉得挺愧疚的，觉得不好意思。所以还不如搞点轻松活泼的、文艺一点的帮教活动，这样稍微有些新鲜感的，不会那么沉闷。(P – Case No. 13)

　　社会帮教？有啊，但是我觉得作用不大，根本做不到面对面，我们一个监区两百多号人，能去参加社会帮教活动的也就 20 个吧，最多了，这能有什么用呢？而且他们也不是经常来。(P – Case No. 40)

针对这一现状，笔者认为需要将社会帮教以及社会志愿服务常规化、常态化，形式上也可以多样化一些，如此可能可以更加有效地帮助服刑者适应监狱生活。

三 中国传统文化教育项目

除此之外，笔者还推荐在监狱中开发一些教授中国传统文化的改造项目，尤其是分性别的、实用程度高的项目。在对 X 监狱的调查过程中，笔者发现很多被访者表示她们在监狱组织学习《弟子规》的活动中获益甚多，得到了一定的启发以及对自己所犯罪行的反思。《弟子规》是一部中国传统典籍，主要教导年轻人如何培养良好的行为举止和道德标准，以及如何尽孝。这一学习《弟子规》的活动给笔者留下了很深的印象，因为这是参与者们普遍提到的唯一一个令她们能够反省自己犯罪行为而不是获取分数的项目。通过学习《弟子规》，一些服刑者认为她们学到了很多尽孝的道理，并且深刻反省了自己的犯罪行为对家人以及社会所造成的伤害。比如，有一位服刑者说道：

> 现在我知道犯罪是很不孝的。我的父母因为我坐牢而受到了很多社会压力，他们在亲戚朋友面前都抬不起头来。我觉得这些都让我感到罪孽深重。我想现在好好劳动、好好改造，也算是对我父母的一个补偿，我对不起他们。（P – Case No. 37）

从这个例子可见，一些中国传统典籍是能够帮助女性服刑人反省她们的犯罪行为从而有益其改造自我的。因此，笔者建议监狱管理部门可相应地多提供一些这样的项目。不过，在对经典著作的选择上还是应该侧重于实用性和趣味性。据调查所知，在 X 监狱中，教授女性服刑人中国传统典籍的项目已经实行很久了。然而根据一位狱警所说，以前"几乎没有犯人对这些项目感兴趣"（PO – Case No. 7），那是因为这些儒家典籍多数艰涩难懂，而且离这些女性服刑者的生活太远。这种情况一直到《弟子规》被用作教材的那天才开始改变，因为它浅显易懂、较易理解，且很容易引起服刑者们的共鸣。她们大多都可以将典籍中所叙述的道理和自己的亲身经历联系起来，而对自己的生活有所启发。如此看来，监狱管理者如能采用一些相对易懂的教材和实用性较高的中国经典文本来教授女性服刑人将会收到较好的效果。此外，他们还可以尝试使用一些专门给女性阅读的传统文献来作为教材。由于性别特殊性的原因，这些典籍将较易引起女性服刑者们的兴趣，从而起到促使她们改造的作用。

四 开设多样化的、分层次的教育项目

有相当一部分女性服刑者（以年轻且拥有较高学历者居多）在谈及希望现有的监狱改造模式还有何改进之处时，都谈到了自己想要多学习、多改进时却面临着"无处可学"的窘境。比方说，有一位参与者以自己的切身经历为例这样说道：

> 至于你说文化上或者是知识上有什么提高，我觉得完全没有，因为监狱里其实高层次的教育是完全缺乏的。其实我觉得这里面的教育做得还确实挺好的，特别是对于那些层次低的人，她们真的能学到很多东西，无论是文化知识还是生活习惯。但是对于我们来说，就略嫌不足了。就拿电脑来说吧，每个监区都有一个到两个负责使用电脑的人，我们监区的负责人就是我，一般我可以使用电脑做一些工作，有时也顺便教一教其他想学的人，但是如果我自己想学什么新的东西，就很难做到了，像是我现在就准备弄弄多媒体制作，没有人指导，只能是自己摸索摸索，或者是偶尔乘工作之便请教一下广播站的那些人。不过其实这种交流也很有限，我们一般不同监区的人是不能相互来往的，唯一的机会就是，我们每个监区有一个播报员，负责定期向广播站报送自己监区的好人好事、改造情况什么的。我就是我们监区的播报员，所以会有机会送稿件或者材料去广播站，那时候可以略微交谈一下，不过也是很有限的，因为有时间限制，所以也就只能算是简单的工作交流吧。其实我们要想学什么新东西，主要还是只能靠我们自己。当然，如果要是和自己的工作相关的知识，也可以跟警官说，寻求帮助，比方说这次这个多媒体，我就说学会了之后可以自己拍一些报道我们监区生产生活的片断，做一些小片子放给大家看，鼓舞大家的士气等，警官也很支持，所以也给我买了些书啊什么的，平时也会跟我交流交流，我觉得这倒挺好的。虽然我觉得从我个人的角度来说，应该多提供一些高层次的学习机会，但是我知道实施起来不太容易，况且这里的

犯人还是以低层次、低学历的为主，教育肯定都是比较基础的。不过我想，多提供给我们一些比较实际的、与社会联系紧密的信息还是能够做到的。比方说奥运会、神七、地震，结合这种大的社会事件，就可以给我们普及一下相关的知识、背景等，我觉得这对我们每个人都有利，而且也让我们和社会保持一致，不至于脱节。不过，也许只是我个人对这些感兴趣，兴许别人都不感兴趣，也有可能。(P – Case No. 13)

另外，还有几名被访者也表述了类似的观点，比如，以下这两位被访者就说到希望能够增加一些适合她们的文化教育项目：

我想，如果还有什么需要改进的地方的话，那就应该再增加一些文化知识的课程。虽然我们有扫盲班，但高一些层次的就没有了。像我念到高二就没再念了，还想把高中念完，在这里就不行。虽然也可以向那些学历高的犯人请教，但要是不在一个小组的话，交流起来也比较困难。所以，要是监狱能增加一些文化教育课程就更好了。(P – Case No. 4)

其实我觉得现在监狱里面什么都挺好的，就是文化教育方面还是一个空白（指的是没有针对她这个层次的文化教育项目），如果能再增加一些文化课程什么的就更好了。(P – Case No. 31)

可见，目前监狱中的教育项目以针对文化程度较低的服刑者为主。当然，这也是有其原因和必然性的，考虑到监狱中大部分服刑人的文化程度有限，所以教育项目大多设置得非常浅显。从这个角度来讲，低学历层次的服刑者常常感觉比高学历层次的服刑者收获更多，正如以下这位被访者总结的：

很多犯人在里面真的可以学到很多东西的。就比方说很多人年纪轻轻的，但是文盲，一个字不识，到这里来了之后都要上扫盲班，现在很多原来是文盲的都能写信看报纸了。还有这些做技术工的人，原来很多都是游手好闲的，什么都不会，一点谋生的技能都没有，现在都有了一技之长了。你看那些生产线线长，一个人管着四五十号人，要负责调度、协调、管理、安排工作，对能力绝对是一个锻炼，这些人出去以后管理个小型的服装加工厂绝对没有问题。有时候我也在想，要是她们不进来，可能一辈子都是文盲、什么都不会的人。从这一点上来看，监狱也就像学校一样，不仅进行思想教育，也有文化和技能教育，特别是对于那些原本很低层次、低文化的人来说，经过在里面几年的改造，个人素质和能力真的有很大的改善。（P – Case No. 9）

不过，考虑到监狱中不仅仅只关押较低文化层次的服刑人，也同时关押着相当数量的拥有高学历的犯罪者；并且也并不只是较低文化程度者需要被教育、被改造，较高文化程度的服刑者同样有想要参与教育项目、获得知识的愿望。因此，如果监狱管理者和实践者能够考虑开展针对不同层次服刑者的教育项目，将极大地改善监狱中文化教育项目面对人群单一的现状。比方说，针对文盲、半文盲的服刑者，还是可以继续开展"扫盲班"项目；针对稍微有些文化的服刑者便可以教授复杂一些的科学人文知识和做人道理；而对于那些拥有较高文化程度的服刑者则可以鼓励其相互学习，或者通过开展小范围的学术讨论会以及参与远程教育的形式来进行学习。相信只有将教育项目的受众不断细化，才能更加有效地实现对服刑者进行教育改造的目标。

五　建立针对即将释放的服刑者的衔接项目

最后，笔者也强烈建议推行一些针对即将释放的服刑者的衔接项目。依照中国监狱的规定，这些项目理应包含在对服刑人的改造过程中的，然而其实际操作却远远不能令人满意。如果从有益于服刑者的角度出发，这类项目的存在是非常有必要的。长年服刑会使犯罪人对出狱后的社会生活产生担忧，这种担忧主要来自两方面：一是不知自己是否能够重新适应社会生活，二是不知自己是否会受到来自各界的歧视。在研究中，笔者发现多数女性服刑人都已经适应了封闭的、标准化的以及高度紧张的监狱环境。她们倾向于依靠监狱机构，也习惯了一种受控制的生活。在问及对出狱后生活的展望时，很多参与者均表达出了对出狱以后重新适应社会的迷茫和担忧。就如同以下这位被访者所担心的：

> 我想我出去之后不会再从事艺术行业，怎么说呢，一个是年龄大了，另一个是你身份、经历在那儿摆着，也不会有什么艺术团体要你。其实我也有想出去以后的事情，但是每次一想就觉得很难过，因为不晓得自己出去后能干什么，要怎么样去适应外界，也不知道别人会怎样看待我，所以也不敢想以后的事情。我出去后是想走正道的，但是就是不知道社会给不给我这样的机会。我也知道有些人从监狱里面出去之后还能干一番事业，还能够很成功，但是，他们都是些什么人啊，他们那些人要么就是本来就聪明、就有能力，或者就是在外面本来就有很好的社会基础，只是由于一时的贪念或者怎么样进了监狱的，他们出去以后别人也不会看不起他们，而且和他们来往的也都是些有能力、有地位的人，他们出去后很快就可以重新开始。而像我们这些人呢，又是偷又是抢又是吸毒，什么正经事都没做过，给人一看就是个坏人，根本不可能指望人家怎么好好看你什么的。而且我们那边也不是什么大城市，一个小地方，大家都认识你，你给人家的印象就是这样的，很难改变了。我也想过走出去，到一些大城市去，人家的宽容度可能高一些，大家也不熟悉，没人知道自己的过去，可以重新开始。但是问题是，我会干什么呢？要是学做服装的还好些，至少还有个手艺，但是像我这样的，总不能跟人家说，我会唱歌跳舞吧？所以，虽然说我想出去后好好过，想要重新开始，但是就是不晓得外面的环境允不允许，我这种身份放在这儿，以前的名声也不好，再加上自己又没什么一技之长，别人再戴有色眼镜看你，生活肯定会很艰苦，说不定都生活不下去。到最后，可能为了让自己被接受，我只能去找那些愿意接受我的人，而这些人肯定都不是什么好人。所以，我到现在也没想好到底该怎么办。（P－Case No. 16）

可见，在即将被释放前，服刑者们是非常需要一些具体的帮助令其重新建立对生活的信心，以及面对正常的社会生活的能力。比如说，可以开展一些介绍当前社会情况的项目，或是针对如何适应"新"社会的个人心理咨询项目等。此外，还可以教授即将刑满的服刑者们一些寻找工作的技巧或者创业的技能。而那些以家庭为基础的针对女性服刑者的辅导项目也将十分有益于女性服刑人重新回归家庭、回归社会；因为在这些项目中，可以使女性服刑者了解该如何做个好女儿、好妻子和好母亲。

刑满释放人员在社会中是很容易受到歧视的。在 52 名服刑人参与者中，有 24 人曾提到她们害怕出狱后会因为遭受歧视而找不到工作。比如以下两位参与者如是说道：

> 我会经常烦恼出去以后的就业问题，你看现在大学生毕业都找不到工作，不要说我们了。像是做服装这种，我也不是很喜欢，从来没想过以后要拿这个谋生。所以我还不知道以后要去做什么。我想过做营销，但是也搞不清楚以后的日子是什么样的，离开社会这么多年，变化一定很大，现在想都不敢去想。（P – Case No. 39）

> 我想，出去后先在家待一段时间，和家人多相处相处，然后再找一些自己感兴趣的事情做一做，但做什么要到时候再看了。毕竟也坐了这么久的牢，与社会脱节了，而且又没什么学历，找工作也不是件容易的事情，到时候看吧。（P – Case No. 47）

根据标签理论[①]，犯罪人在被捕时即被贴上了"罪犯"的标签，并且这一标签会伴随他们终生，即使他们刑满获释也不例外。在刑满释放者回归社会的过程中，携带着这一标签将会使其遭到各社会群体的排斥和疏远，而对其生活造成巨大的影响。尽管诸多刑满释放者都希望能够找到一份稳定的工作、顺利回归社会，并且伴随着被社会重新认可和接纳的强烈的情感需求，然而，"罪犯"这一标签却使得这一过程变得无

---

① Howard S. Becker, *Outsiders：Studies in the Sociology of Deviance*, New York：The Free Press, 1963；Edwin M. Lemert, *Social Pathology：A Systematic Approach to the Theory of Sociopathic Behavior*, New York：McGraw – Hill, 1951.

比艰难。

根据被访狱警的介绍，以往 X 监狱的刑满释放者的再就业大体只有如下三种类型——（1）不就业；（2）去监狱推荐的工厂；（3）自己做生意。当笔者问及目前的服刑人员对出狱之后生活的设想时，也充分证实了这一事实。选择第一种——不就业的，一般发生在出狱时年纪较大以及能力偏弱的刑满释放者身上。比方说如下一些被访者：

> 我也没太想过出去以后的事情，等我出去都 50 多了，还能干什么，只能回家待着了。(P – Case No. 18)

> 出去以后的事我还没怎么想过，我想等我出去了也是至少 10 年后的事情了，那时候我都快 50 岁了，也就是回家安安分分守在父母和孩子身边吧，至于说干什么，还确实没有想过。(P – Case No. 25)

第二种选择是在监狱的合作工厂里就业，选择这种就业途径的被访者多为年轻人（以来自不发达农村地区的年轻人为多）。她们大多在监狱中劳动能力突出、表现较好，希望被监狱推荐去合作企业工作。如以下这些被访者所言：

> 我有考虑过出狱以后继续从事这个行业，监狱每年也会推荐我们熟练工进服装厂工作，我觉得也可以考虑，毕竟是监狱推荐的，我觉得应该比较可靠些。这样也不用太担心找工作时会遭人看不起。(P – Case No. 24)

> 我知道，对于熟练的机工，监狱也会推荐我们就业、给我们安排工作的，而且也有很多人愿意去的，尤其那些比较偏远地方来的，家境也比较贫寒的人，一般都愿意留下来。怎么说呢，毕竟这也是一条出路，在这里面待了几年了，完全与世隔绝，很多人出去了也不知道该上哪儿找工作去，如果指望不上家里，还不如就进服装厂工作。(P – Case No. 27)

　　我也不是非常担心出去以后的就业问题，虽然我已经不是很了解外面的社会状况了，但是我想最起码我手上有技术，到哪里都不怕，到服装厂做工人其实也挺好的，我听说服装厂经常都会到监狱来招人，每个月也有几千块钱，不是挺好的？反正在里面就是做服装，出去了一样做。自食其力肯定是没问题的。人只有享不了的福，没有吃不了的苦！(P – Case No. 36)

　　而最后一种选择是自己创业，或者用服刑者的话来说就是"自己做生意"。选择这条择业道路的人是最多的，既有那些有一定文化程度、个人能力以及生活阅历的中年人，也有在入狱前就以做小生意为生的普通居民，还有一些有自己想法的年轻人。代表性的例子有如下几个：

　　我打算出去之后开个剪纸店，就是专门为别人剪纸，把它作为一个谋生的事业。我也把自己的想法和家人商量过，他们也很支持我，我想，这也是一个好选择。还有几年的时间，我想在监狱里再好好练练剪纸。另外我也想去学学SYB，就是创业培训，因为考虑以后想开店，所以想去学一下。(P – Case No. 11)

　　我想以后出去了，也要从事服装相关的行业，像是开个服装店什么的，因为我姑姑也是做这个的，我想我可能先去她店里再多学点东西，然后自己开个小店。其实我们出狱以后，大多数的犯人都会选择做生意。(P – Case No. 31)

　　现在我想嘛，出去以后我可能还是开店做生意，我家里面都是开店的，也有好几个店，我自己十八岁就开始做生意了，也比较熟悉。(P – Case No. 33)

　　我以前是做个体的，卖内衣的，我出去以后应该还是会做这个。(P – Case No. 45)

　　我出去以后打算自己做点小生意。怎么说呢，在这个里面天天都被各种规定管着，各种制度什么的可以说都比较苛刻，至少和外面相比要严格得多，所以出去以后就不想再受到这些约束，不想再给别人打工，不想再寄人篱下了。我进来以后无时无刻不向往着自由。出去以后自己做点生意，自己给自己干，我想这样比较适合我。（P – Case No. 51）

当然，除了这三种比较常见的就业取向之外，还有一些服刑者提到了一些相对比较"特殊"的想法，比方说以下这四位：

　　至于出去以后干什么，我也考虑过，我想首先是要去做些慈善事业吧，怎么说呢，在这里面确实也见到很多挺苦的人，她们太不容易了，我就想出去以后应该为这些人做些什么。另外，我考虑要写点东西，也想过写写回忆录什么的，不过估计我写出来的东西可能没人敢出版（笑）。其实有些点点滴滴，应该是即时记录下来比较好，但是现在即使写了，到时也不能带出去，所以还是等出去后再说。当然，有些当时的想法啊、感受啊，可能就没办法再现了。（P – Case No. 12）

　　我想在我出去之前还是要好好想想我出去以后的生活。大概我会去做一些生意或者从事一些经贸工作，我必须要考虑到其他人可能对我的看法，所以我还要仔细考虑考虑以后的路该怎么走。我想呢最好是先去念个学位，我本来进来之前已经在念研究生了，不过还没念完就进来了，所以硕士学位也没拿到，我想出去后再念一个吧。初步是想出去念，念国际贸易之类的专业吧。为什么呢？因为总觉得自己坐牢这么些年，差不多已经有5年多了，可能已经离社会很远了，特别是对社会先进的、积极的方面了解得已经很不够了，需要一个平台来开拓一下自己的眼界。就比方说英文吧，我觉得已经完全荒废了，在这里就算你想学想练也没这个条件，怎么说呢，在监狱里面，你就不能表现得太与众不同，你要是没事弄本英文书看看，或者嘴里叽里咕噜的，人家还以为你在卖弄还是干什么，肯定会去举报的。再说，监狱里面还是低学历的人多，我们之间也没什么可交流的。比方说我们小组吧，很多人原来都是无业的，有的是文盲或者就是小学毕业，和她们也谈不了什么。所以出去以后，充充电，或者说镀镀金还是必要的，可能念出来之后对自己今后的发展要好一些。不过呢，就是不知道像我们这样的人能不能出国，到时候可能还得去好好咨询一下。要是没办法出去的话，我就想还是去做贸易这一块的工作，也许就是进我哥哥的公司。反正还是从事经济、商业类的工作吧，但我可能不会像以前那样做会计了。(P – Case No. 13)

我年纪大了，肯定不可能再去给人家打工，自己开公司也不太可能。我想过也许会去四川赈灾。怎么说呢，自己的人生走了弯路，既然国家和社会给我重新来过的机会，我也想要回馈社会，也想去为社会做点什么。我女儿是学医的，马上毕业了，我也希望她能去四川，她要是去的话，我出去以后肯定和她一块去。(P – Case No. 20)

出去以后，我就当个钢琴家教吧，不管怎么说，我这个钢琴十级还是正儿八经的。另外，我还想写书。监狱真是一个学校，这个讲法一点都不夸张，或者说，是一本书，里面写着各式各样的人，你要把这本书读懂，那还不是一件容易的事情呢。我有想法，出去以后要把这里面的故事写一本书，我是有这个计划的。其实现在我都在写日记，每天都写。我有时候跟我儿子说，坐牢也不是你想坐就能坐的，在这个里面你能遇到你一生都遇不到的各种稀奇古怪的事情。我儿子问我说你真的要写吗？我说那肯定要写的，我说你妈妈的文字水平你还不相信？我儿子说他在这方面是以我为傲的。(P – Case No. 40)

以上几位参与者对未来的设想可说是比较"另类"的，她们没有选择通常大家所选择的三条道路，而是希望出去以后做一些不一样的事儿。她们有想做慈善、服务灾区的，有想写书、写回忆录的，还有想出国念书的。不过，从整体上讲，这些都并非女性服刑者群体对出狱之后生活的主流想法。根据狱警提供的信息所看，也并非以往的刑满释放者所选择的主流职业取向。而从以上三种主要的求职类型来看，我们不难发现，刑满释放者甚少有较为"正常"和"大众化"的求职道路。他们要么不就业，要就业的话只能选择去"了解"自己的工厂工作或者自己创业。这就如同一位服刑者所解释的：

> 从监狱出去的人大部分都在经商，原因很简单，毕竟你这一段经历在这里摆着，普通的用人单位要想接受是需要很大勇气的，而且也会遭到同事的歧视。相对而言，经商自由度比较大，只要按章纳税，就不会遇到过多的阻碍。而且国家有优惠政策，刑释人员经商可以两年不交所得税。我觉得这是个很好的政策。(P – Case No. 9)

可见，这些刑满释放者由于有着服刑经历而在相当程度上受到社会的歧视而存在着被职业市场所排斥的问题。这也构成了她们由于缺乏正常的求职渠道和就业机会而重回犯罪道路的潜在危险。可见，在出狱之前，监狱可以借助一些针对性的项目帮助服刑人做好面对可能的社会歧视的准备，如此将更有效地做好狱内狱外矫治地衔接工作。

目前监狱中针对即将释放的服刑者的教育和帮助服务还稍显不足。以 X 监狱为例，除了定期介绍合作工厂来监狱招工之外，在其他方面做的都很有限。就如同以下这位被访者所介绍的：

> 说到就业方面，监狱会定期联系一些社会企业过来招聘啊什么的，大多是跟我们有合作关系的企业。一般都是那些原本生活比较艰苦的、又没有什么背景的犯人，愿意去工厂工作。那些工厂因为长期跟我们合作，知道我们这边的情况，所以如果犯人手艺还不错的话，他们也愿意要。这也算是监狱给我们提供的一个就业途径吧。其他的好像也就没什么了，极偶尔的还会通过妇联什么的推荐一点儿家政工的工作。你要说什么专业的职业技术培训什么的那是没有的，我记得以前还有一些什么烹饪、美容美发之类的培训项目，提供给快要出狱的犯人的，现在好像也没有了。我猜可能出于安全因素的考虑吧。至于说针对快要出狱的犯人的教育项目，我感觉好像也没听说有什么特别的，或许

有一些教育课程吧。(P－Case No. 14)

因此，在调查过程中，许多服刑人参与者均表示，她们希望监狱能增加一些针对即将释放者的帮助项目，因为她们之中的很多人都对出去以后的生活"十分担忧"。就如同下述这位参与者所述：

> 要说是有什么需要改善的方面，我觉得要是能多一些对快回家的犯人的帮助就好了，比方说多提供一些就业机会啊，多在心理上做一些辅导啊什么的。我自己呢，我是准备出去以后找个事做，或者帮忙打理打理家里面的生意。但是很多出去没什么门路的人，她们就很需要帮助。我们经常会有一些同犯，临到要回家了，反而很不安，觉得出去后没有着落，担心找不到工作，被人看不起什么的，所以我觉得还是需要监狱和社会的帮助。(P－Case No. 3)

可见，在此方面我们还需要大力加强。首先，可为快要出狱的服刑人提供个人咨询服务，以帮助她们理解和接受可能在找工作时受到歧视这种情况。其次，还应该加强对服刑人人际交往技能的培养，以帮助她们学习如何在出狱后与他人重建社会关系。最后，还可以通过组织有针对性的职业技能培训来提高即将刑满释放者的职业技能水平，使其拥有更多的就业途径和可能性。此种职业技能培训可以是多样化的，但考虑到这一群体的普遍文化程度以及能力水平（如前文所述，服刑人员整体的受教育水平偏低），尽量还是以易学、易上手的技能性教育为主，而以需要较多知识背景、技术含量较高的教育为辅。

除此之外，笔者亦建议这些针对即将释放的服刑人帮扶项目可以与针对刑满释放人员的社区社会工作服务或咨询服务项目相连接。西方社会里就有很多以社区为基础的出狱后照顾服务（community－based post-imprisonment care services）[1]。这些服务大多从社会福利的角度出发，旨

---

[1] Albert R. Roberts and Pia Biswas, "Introduction and Overview of Correctional Counseling and Treatment", In Albert R. Roberts (Ed.), *Correctional Counseling and Treatment: Evidence－Based Perspectives*, Upper Saddle River, NJ: Pearson Prentice Hall, 2008.

在帮助刑满释放者重新回归社会：比如为他们提供工作机会，帮助他们改善与家人、朋友以及邻里的关系，以及帮助他们重新认识和接受自己作为一个崭新的社会角色等。目前中国还没有在全国范围内展开这种针对刑满释放者的专门化社会工作服务。虽然一些地区（如深圳）已经开始出现一些为刑满释放者服务的非政府组织，但这些机构在全国范围内来看并不普遍，并且它们的服务也是有限的和不全面的。因此，建立一个专业的"服刑后"社会工作服务或咨询体系，为那些刑满释放人员提供帮助是非常必要和有意义的。

第四节　贡献、不足和未来研究方向

一　贡献

本书主要有以下五个方面的贡献：

第一，这是对中国女性服刑者的首部系统性的社会学研究，适时填补了当下的研究空白。通过本书，人们可以对中国女性服刑者的生活有一个全面的了解。此外，本书还可能吸引更多的学者对女性服刑者群体以更多的关注。

第二，本书在中国文化背景下对监狱适应这一话题作了崭新的诠释。该诠释侧重于关于人际关系方面问题的考量。在本书之前，学者们对监狱适应的研究多半侧重在个人因素上，而极少谈及人际关系对其监狱生活的影响。根据本书的发现，人际关系在中国女性服刑者的监狱适应过程中发挥着非常关键的作用。

第三，在中国文化背景下对研究发现进行解释是本书的另一个贡献。社会文化背景对讨论社会学问题十分重要，由于文化背景不同，类似的社会现象或问题往往表现出非常不同的形式和内涵。通过本书，人们可以更好地了解和认识到中国文化是如何全面影响女性服刑者的监狱行为以及对待监禁的态度的。

第四，本书为中国监狱和监狱工作的研究提供了新的视角。与以往传统的研究视角不同，本书不仅建立在对某一监狱的深度调查的基础之上，而且着重以服刑者的视角来审视她们自己的生活。这对于传统研究中的"管理者视角"以及"高高在上"的研究方式是一个极大的突破。

第五，在分析和解释了研究发现之后，本书还对如何改进监狱工作提出了实际的操作建议。如果这些建议能够被监狱部门考虑并采纳的话，或许会对今后的服刑人改造工作有些帮助。

二　不足

本书主要存在两大不足之处：（1）缺少必要的深度观察；（2）抽样和概括不足。

首先，缺乏必要的深度观察是本书的第一个局限。在研究策划阶段，笔者曾尝试将观察列为除了访谈之外的经验资料收集的另一种方法。观察是依靠研究者的感官或一些辅助工具，以系统化、目的化和准备完善的方式获取对客观事物的直接了解，并对所观察的事实作出实质的概括性的解释的一种研究方法[①]。因为这是一种可以直接了解服刑人日常生活的方式，故而笔者认为使用其作为研究方法是十分可取的。然而实际情况却令笔者不得不放弃这一方法；因为依据监狱规章，笔者——作为一个"外来者"——是无法全天候留在监狱里观察服刑人的生活以及与她们随意交谈的。可能实现的只是安排好的有计划的访谈，以及在入狱访谈时进行有限的观察。这样的情形使得笔者只能部分观察到女性服刑者的生活，而与之前想要使用观察法的最初设想并不相符。因此，经过再三考虑，笔者便放弃了使用观察法的设想。不过，笔者依然相信，如果未来的研究者能够有机会将访谈和观察结合起来，综合地研究监狱和服刑者的话，将是十分有价值的，这也将获得比本书更加全面的经验资料。

本书的第二个局限来自于抽样和概括的不足。不过，因为这是一个定性研究，因此其本质上便存在着取样和概括不足的特点。当然，作为一个定性研究，本书也确实无法像定量研究那样通过对大量参与者的随机抽样而得出可以适用于全部人群的结论。不过，本书亦无意概括其研究发现。反之，一个小规模的参与者数量可以使笔者能够深入介绍和分析女性服刑者在狱中是如何度过她们的适应阶段和采用何种策略来适应监狱生活的。将来类似的研究亦可以在男性服刑者中开展，或是在中国

---

① 参见风笑天《社会学研究方法》，中国人民大学出版社 2001 年版。

的另一个城市、另一所监狱中开展，以寻找其间的共同点和差异性，而弥补所谓的定性研究所带来的"抽样和概括不足"的"缺点"。

三　未来的研究方向

基于本书的发现和不足，笔者认为以下四个方面可以作为本领域未来的研究方向：

第一，可以开展一项针对中国男性服刑人的相似的研究或是针对男女服刑人的比较研究。本书仅仅关注于女性服刑人的监狱适应，因此为类似的关于男性服刑人的研究留下了空白。探索男性服刑人是否也面临类似本书中所叙述的适应过程和使用类似的策略来应对监狱环境，将是十分有意义的研究方向。

第二，如果可能的话，建议做一个使用观察法的定性研究。由于监狱规章的限制，笔者的研究没有使用观察法，这成为本书一个最大的遗憾。然而，在观察的基础上开展定性研究仍然是研究监狱和服刑人行为的一个很好的选择。如果以后的学者能够办到的话，一个对监狱的人类学研究应该是非常有价值的，因为观察法是最真实最直接地接触和了解服刑人生活的办法。

第三，相关领域的定量研究也可以成为一个未来的研究方向。定量研究者或许会考虑进一步发展本书的发现。他们可能将本书提出的理论探讨以假设或命题的方式提出，用来测试更大的样本。这些可概括的定量发现将加深人们对服刑人监狱适应的理解。

第四，也可以开展一些对刑满释放人员的研究。正如笔者在研究中所发现的那样，经过几年监禁生活，许多服刑者已习惯了监狱高度受控制的环境；或者如被访狱警所述，她们已经形成了"监狱化的生活方式"。在这样的情况下，她们可能会在刑满释放重新回归社会时会遇到各种困难和问题。因此，一个对刑满释放人员重新适应正常社会生活的研究将会是有趣的且有意义的。并且，因为男性和女性可能有着不同的行为倾向，笔者认为值得开展关于刑满释放人员的分性别的研究和两性之间的比较研究。

第五节 总结，还不是终结

本书以定性的方法对中国女性服刑者的生活进行了深入的思考。它详细分析了女性服刑者的监狱适应过程，并阐述了相关的影响因素。研究发现，女性服刑者在狱中面临三大问题，而她们也找到了相应的三大策略来应对这些问题。适应的结果在很大程度上取决于她们使用这些策略的意愿和能力。在此过程中，中国文化极大地影响着女性服刑者对监狱生活的适应。

女性服刑者虽然只占中国人口的很小一部分，但这一群体仍然是值得我们关注的。随着中国经济的增长和社会的发展，女性在社会中不再被视为"次要"的群体；相反，她们在社会事务中发挥着越来越大的作用。不过相对的，女性罪犯的人数也在上升。因此，我们的社会亟须对女性犯罪以及女性犯罪人做出更多的研究。在此，仅希望笔者拙作起到抛砖引玉的作用，带来相关课题的更多研究和探讨。

附　录

附录1　针对女性服刑者的访谈提纲

一　个人背景

1. 请问您的年龄、文化程度、家庭状况？

2. 您是什么时间入狱的？因为什么原因？判了多久？

3. 被捕后到入狱前这段时间，您有没考虑过在监狱中的生活？对监狱的想象是怎样的？

4. 入狱之后感觉如何？用了多长时间来适应监狱的生活？是如何适应的呢？（请描述一下过程）

二　劳动/工作

1. 请问您现在在做什么工作？这份工作您做了多久了？（描述工作的性质、内容……）

2. 当初是怎样决定您做这份工作的？（竞争上岗？民警安排？主动要求？……）

3. 您觉得这份工作怎么样？可以接受吗？

4. 您觉得这份工作辛苦吗？

5. 工作会给您带来快乐吗？

6. 有专业人员指导你们工作/教授你们专业技能吗？

7. 通过工作，您有没有觉得自己学到了什么？比如掌握了一些以前不会的劳动技能？或者知道了如何与人协作等？

8. 出狱后，您有没有打算利用在监狱中学到的劳动技能谋生？

9. 您觉得现在的劳动/工作对您的意义是什么？您是如何看待在监狱中的劳动的？

三　其他活动

1. 除了劳动之外，你们平时还有什么活动？比如教育项目，或者娱乐活动？主要是些什么类型的呢？开展的频率，规模如何？请描述一下。

2. 这些活动是要求必须参加的吗？还是可以自由选择的？

3. 您参加过什么活动呢？您觉得参加这些活动对您而言有什么意义？（愉快？学到东西？增进与同伴的友谊？可以拿分？……）

4. 这些活动项目由谁来组织？（警官？犯人？外来专业人士？）

四　人际交往

1. 在您看来，在这个监狱中，大家相处的愉快吗？请具体说说狱友们都是怎样相处的？

2. 您与您的同屋/工作伙伴的关系如何？

3. 监狱中会出现口角/打骂事件吗？一般是什么原因造成？如何解决？

4. 警官会不会帮助你们处理与人交往的问题？（如解决争端）

5. 您有没有觉得在监狱中的人际交往和在外面不一样？何处不同？

6. 您如何评价监狱中的人际交往？

五　和警官的关系

1. 您觉得这里的警官怎么样？

2. 她们有没有公平公正的对你们的表现做出评价？（包庇某些人？故意给某些人小鞋穿？……）

3. 她们会定期找你们谈话，了解你们的情况吗？

4. 她们是否会帮助你们解决困难/潜在的困难？

5. 你平时会经常找警官聊天/汇报情况吗？其他狱友呢？

6. 你觉得和警官保持什么样的关系比较好？

六　社会帮教活动

1. 平时有志愿者/社会专业人士定期为你们服务吗？

2. 他们都是些什么人？来了主要做什么？频率如何？

3. 您觉得他们对你们的生活有帮助吗？

七　监狱工厂

1. 这里的监狱工厂主要是做什么的？

2. 监狱工厂的管理工作由谁来进行？（狱警/犯人/外来专业人员？）您能介绍一下工厂的工作流程吗？

3. 监狱工厂的生产制度和考评制度是怎样的呢？请描述以及谈一谈您对此的感受。

八　自我评价

1. 总的来说，您对自己的监狱生活是如何评价的？

2. 通过这一段时间在监狱中的生活，您觉得自己有改变吗？有什么样的改变？

3. 您对这一改变满意吗？未来您有什么打算？

附录2 针对狱警的访谈提纲

一 工作岗位/监狱改造项目

1. 请问您的工作岗位？您在这个岗位工作多久了？平时是怎样和犯人打交道的？（工作性质、内容等）

2. 监狱为犯人提供的改造项目主要有哪些？它们分别是怎样的？您觉得这些活动的开展对犯人来说有什么意义？

二 犯人的劳动/工作

1. 在您看来，犯人的劳动/工作在她们的整个监狱生活中占有怎样的地位？

2. 犯人对待劳动/工作的态度如何？

3. 您认为，犯人可以通过劳动/工作学到些东西吗？主要是什么？这些东西对她们有怎样的帮助和影响？

三 其他监狱活动

1. 除了劳动，监狱开展的其他活动项目有哪些呢？是强制的吗？

2. 您觉得这些项目对犯人有益吗？体现在哪些方面？

3. 犯人喜欢参加这些活动吗？她们对待这些活动的态度如何？

四　对犯人的看法和与犯人的关系

1. 在您看来，犯人们的表现如何？您觉得她们最在意什么？

2. 总的来说，您觉得犯人们需要多久的时间才能适应监狱的环境呢？在适应期内她们会有怎样的改变？

3. 您觉得犯人们相处得怎样？她们会形成小圈子吗？什么样的犯人在狱中生活得最好，最受欢迎？

4. 你们会介入犯人的关系中吗？比如解决争端？

5. 您觉得应该怎样和犯人相处？你觉得和犯人保持怎样的关系比较好？你倾向于如何对待犯人？

五　监狱工厂

1. 这里的监狱工厂主要是做什么的？您知道为什么要选择这种产业吗？

2. 监狱工厂的管理工作由谁来进行？（狱警/犯人/外来专业人员？）您能介绍一下工厂的工作流程吗？

3. 监狱工厂的生产制度和考评制度是怎样的呢？

4. 在您看来，监狱工厂的工作对犯人在狱中的生活有什么帮助？她们是如何看待监狱工厂的工作的？

参考文献

中文文献

陈世涵:《人格改造论》,学林出版社 2001 年版。

陈向明:《质的研究方法与社会科学研究》,教育科学出版社 2000 年版。

狄小华:《冲突、协调与秩序:罪犯非正式群体与监狱行刑研究》,群众出版社 2001 年版。

风笑天:《社会学研究方法》,中国人民大学出版社 2001 年版。

[法]米歇尔·福柯:《规训与惩罚》,刘北成译,生活·读书·新知三联书店 2003 年版。

龚培华:《法律适用手册:刑法分册》,上海社科学院出版社 2010 年版。

金鉴(主编):《监狱学总论》,法律出版社 1997 年版。

李美枝:《围墙内的社会关系与人性》,《中央研究院民族学研究所集刊》2000 年第 90 期。

潘君明:《中国历代监狱大观》,法律出版社 2003 年版。

绍名正主编:《中国劳改法学理论研究综述》,中国政法大学出版社 2002 年版。

沈园花:《男性成年犯人际交往的团体干预研究》,华东师范大学 2007 年版。

宋浩波:《犯罪社会学》,中国人民公安大学出版社 2005 年版。

万安中(主编):《中国监狱史》,中国政法大学出版社 2003 年版。

王明迪、郭成伟(主编):《中国狱政法律问题研究》,中国政法大学出版社 1995 年版。

王思斌主编：《社会工作概论》，高等教育出版社 1999 年版。

王作富：《中国刑法研究》，中国人民大学出版社 1988 年版。

吴宗宪：《当代西方监狱学》，法律出版社 2005 年版。

吴宗宪：《罪犯改造论——罪犯改造的犯因性差异理论初探》，中国人民公安大学出版社 2007 年版。

吴宗宪主编：《中国现代化文明监狱研究》，警官教育出版社 1996 年版。

杨殿升、张金桑主编：《中国特色监狱制度研究》，法律出版社 1999 年版。

杨仁忠、王志亮主编：《中国监狱新论》，中国人民公安大学出版社 1999 年版。

余英时：《知识人与中国文化的价值》，时报文化出版社 2007 年版。

翟学伟：《人情、面子与权力的再生产》，北京大学出版社 2005 年版。

英文文献

Thomas Francis Adams, *Introduction to the Administration of Justice: An Overview of the Justice System and Its Components*, Englewood Cliffs, NJ: Prentice – Hall, 1975.

FredaAdler, Gerhard O. W. Mueller and William S. Laufer, *Criminal Justice: An Introduction* (2nd ed.), Boston: McGraw – Hill Companies, 2000.

Ronald L. Akers, "Type of Leadership in Prison: A Structural Approach to Testing the Functional and Importation Models", *The Sociological Quarterly*, Vol. 18 (3), 1977, pp. 378 – 383.

Simon Backett, John McNeill and Alex Yellowlees (Eds.), *Imprisonment Today: Current Issues in the Prison Debate*, London: Macmillan Press, 1998.

Howard S. Becker, *Outsiders: Studies in the Sociology of Deviance*, New York: The Free Press, 1963.

Bruce L. Berg, *Qualitative Research Methods for the Social Sciences* (6th ed.), Boston: Pearson / Allyn & Bacon, 2007.

H. Russell Bernard, *Social Research Methods: Qualitative and Quantitative*

Approaches, Thousand Oaks, CA: Sage, 2000.

Kelley Blanchette and Shelley L. Brown, *The Assessment and Treatment of Women Offenders: An Integrative Perspectives*, Chichester, West Sussex, England: John Wiley & Sons, 2006.

Mary F. Bosworth, *Engendering Resistance: Agency and Power in Women's Prisons*, Aldershot: Ashgate, 1999.

Christopher G. A. Bryant, *Positivism in Social Theory and Research*, London: Macmillan, 1985.

Alan Bryman and Robert G. Burgess (Eds.), *Qualitative Research*, London: Sage, 1999.

Bureau of Justice Statistics., *Special Report: Women Offenders*, NCJ – 175688. Washington, DC: U. S. Department of Justice, Bureau of Justice Statistics, 1999.

Pat Carlen and Anne Worrall, *Analysing Women's Imprisonment*, Cullompton, Devon: Willan, 2004.

Donald Clemmer, *The Prison Community*, New York: Holt, Rinehart and Winston, 1966.

William C. Collins, *Women in Jail: Legal Issues*, Washington, DC: U. S. Department of Justice, National Institute of Corrections, 1996.

ElizabethComack, *Women in Trouble: Connecting Women's Law Violations to Their Histories of Abuse*, Halifax: Fernwood, 1996.

SandyCook and Susanne Davies (Eds.), *Harsh Punishment: International Experiences of Women Imprisonment*, Bosten: Northeastern University Press, 1999.

DeniseCoon, *Introduction to Psychology: Exploration and Application* (6th ed.), St. Paul, MN: West Publishing Co., 1992.

Benjamin F. Crabtree and William L. Miller (Eds.), *Doing Qualitative Research*, Newbury Park, CA: Sage, 1992.

John G. Cull and Richard E. Hardy (Eds.), *Behavior Modification in Rehabilitation Settings*, Springfield: Charles C Thomas Publisher, 1974.

Norman K. Denzin and Yvonna S. Lincoln (Eds.), *The SAGE Handbook of*

Qualitative Research (3rd ed.), Thousand Oaks, CA: Sage, 2005.

Victoria R. DeRosia, *Living Inside Prison Walls: Adjustment Behavior*, Westport: Praeger Publishers, 1998.

Russell P. Dobash, Emerson R. Dobash and Sue Gutteridge, *The Imprisonment of Women*, Oxford: Basil Blackwell, 1986.

Patrick J. Driscoll, "Factors Related to the Institutional Adjustment of Prison Inmates", *Journal of Abnormal and Social Psychology*, Vol. 47 (3), 1952, pp. 593 – 596.

MichaelDutton, "Disciplinary Projects and Carceral Spread: Foucauldian Theory and Chinese Practice", *Economy and Society*, Vol. 21 (3), 1992, pp. 276 – 294.

Beverly R. Fletcher, Lynda Dixon Shaver and Dreama G. Moon (Eds.), *Women Prisoners: A Forgotten Population*, Westport, CT: Praeger, 1993.

UweFlick, *An Introduction to Qualitative Research* (2nd ed.), London: Sage, 2002.

MichelFoucault, *Discipline and Punish: The Birth of the Prison*, translated by A. Sheridan, London: Allen Lane, 1977.

RoseGiallombardo, *Society of Women: A Study of a Women's Prison*, New York: Wiley, 1966.

ErvingGoffman, *The Presentation of Self in Everyday Life*, Edinburgh: University of Edinburgh, Social Sciences Research Centre, 1958.

ErvingGoffman, *Asylums: Essays on the Social Situation of Mental Patients and Other Inmates*, Garden City, NY: Doubleday, 1961.

Esther C. L. Goh, *Dynamics among Children and Their Multiple Caregivers: An Ethnographic Study of Childrearing in Urban Xiamen, China*, Unpublished PhD Dissertation, The University of Hong Kong, Hong Kong, 2008.

Blanche Hampton, *Prisons and Women*, Sydney: University of New South Wales Press, 1993.

Esther Heffernan, *Making it in Prison: The Square, the Cool, and the Life*, New York: John Wiley, 1972.

John Irwin and Donald R. Cressey, "Thieves, Convicts and the Inmate Culture", *Social Problems*, Vol. 10 (2), 1962, pp. 142 – 155.

Mark Israel and Iain Hay, *Research Ethics for Social Scientists*, London: Sage, 2006.

Gary F. Jensen, "Perspectives on Inmate Culture: A Study of Women in Prison", *Social Forces*, Vol. 54 (3), 1976, pp. 590 – 603.

Yvonne Jewkes (Ed.), *Handbook on Prisons*, Devon: Willan Publishing, 2007.

Shanhe Jiang and Jr. L. Thomas Winfree, "Social Support, Gender, and Inmate Adjustment to Prison Life: Insights from a national Sample", *The Prison Journal*, Vol. 86 (1), 2006, pp. 32 – 55.

Robert Louis Kahn, Charles F. Cannell, *The Dynamics of Interviewing: Theory, Technique, and Cases*, New York: John Wiley, 1957.

Alan E. Kazdin, *The Token Economy: A Review and Evaluation*, New York: Plenum Press, 1977.

Candace Kruttschnitt and Rosemary Gartner, "Women's Imprisonment", *Crime and Justice*, Vol. 30, 2003, pp. 1 – 81.

Nigel G. Fielding and Raymond M. Lee (Eds.), *Using Computers in Qualitative Research*, London: Sage, 1991.

Edwin M. Lemert, *Social Pathology: A Systematic Approach to the Theory of Sociopathic Behavior*, New York: McGraw – Hill, 1951.

StevenLukes, *Power: A Radical View*, London: Macmillan Press, 1974.

AlekaMandaraka – Sheppard, *The Dynamics of Aggression in Women's Prisons in England*, Aldershot: Gower Press, 1986.

Catherine Marshall and Gretchen B. Rossman, *Designing Qualitative Research* (4th ed.), Thousand Oaks, CA: Sage, 2006.

Rob I. Mawby, "Women in Prison: A British Study", *Crime and Delinquency*, Vol. 28, 1982, pp. 24 – 39.

JamesMcGuire, *Offender Rehabilitation and Treatment: Effective Programmes and Policies to Reduce Re – Offending*, Chichester, West Sussex, England: J. Wiley, 2002.

AllisonMorris, Chris Wilkinson and Alessandra Tisi, *Managing the Needs of*

Female Prisoners, London: Home Office, 1995.

Lloyd E. Ohlin, *Society and the Field of Corrections*, New York: Russell Sage Foundation, 1956.

Michael Quinn Patton, *Qualitative Research and Evaluation Methods* (3rd ed.), Thousand Oaks, CA: Sage, 2002.

JeanPiaget, *The Origins of Intelligence in Children*, translated by Margaret Cook, New York: Norton, 1963.

Joycelyn M. Pollock, *Counseling Women in Prison*, Thousand Oaks, CA: Sage, 1998.

PhilipReichel, *Corrections: Philosophies, Practices, and Procedures*, Boston: Allyn & Bacon, 2001.

Reid – Howe Associates, *Women Offenders: Effective Management and Intervention*, H. M. Institution Cornton Vale: Scottish Prison Service, 2001.

AlbertRoberts (ed.), *Correctional Counseling and Treatment: Evidence – Based Perspectives*, Upper Saddle River, NJ: Pearson Prentice Hall, 2008.

CliveSeale, *The Quality of Qualitative Research*, London: Sage, 1999.

James D. Seymour and Richard Anderson, *New Ghosts, Old ghosts: Prisons and Labor Reform Camps in China*, Armonk, NY: M. E. Sharpe, 1998.

MorriganShaw, *Ontario Women in Conflict with the Law: A Survey of Women in Institutions and under Community Supervision in Ontario*, Ontario: Ministry of Correctional Services, 1994.

Gresham M. Sykes, *The Society of Captives: A Study of a Maximum Security Prison*, Princeton, NJ: Princeton University Press, 1958.

Charles W. Thomas, "Prisonization or Resocialization? A Study of External Factors Associated with the Impact of Imprisonment", *Journal of Research in Crime and Delinquency*, Vol. 10 (13), 1973, pp. 13 – 21.

Charles R. Tittle, "Inmate Organization: Sex Differentiation and the Influence of Criminal Subcultures", *American Sociological Review*, Vol. 34 (4), 1969, pp. 492 – 505.

HansToch and Kenneth Adams, *Coping: Maladaptation in Prisons*, New Brunswick, NJ: Transaction Publishers, 1989.

Katherine Van Wormer, *Sex – Role Behavior in A Women's Prison*: *An Ethnological Analysis*, San Francisco: R&E Research Associates, 1979.

David A. Ward and Gene G. Kassebaum, *Women's Prison*: *Sex and Social Structure*, Chicago: Aldine Publishing Company, 1965.

MaxWeber, *The Religion of China*: *Confucianism and Taoism*, translated by H. H. Gerth, Glencoe, IL: Free Press, 1951.

MaxWeber, *The Methodology of the Social Sciences*, translated by E. A. Shils and H. A. Finch, New York: Free Press, 1968.

MaxWeber, *Economy and Society*: *An Outline of Interpretive Sociology*, translated by E. Fischoff, Berkeley : University of California Press, 1978.

SteveWheeler, "Socialization in Correctional Communities", *American Sociological Review*, Vol. 26 (5), 1961, pp. 697 – 712.

EdwardZamble and Frank Porporino, *Coping, Behavior, and Adaptation in Prison Inmates*, New York: Springer – Verlag, 1988.

Barbara Zaitzow and Jim Thomas (Eds.), *Women in Prison*: *Gender and Social Control*, Boulder: Lynne Rienner Publishers, 2003.

后　记

　　本书是以我的博士论文为蓝本翻译和改写的，如果从我念博士开始算的话，这本书就耗时整整八年。前四年忙于准备和撰写博士论文，后四年则将精力投入到翻译、删改、校对等事务中。值此即将出版之际，想借此机会，说一些与研究、与写作关系较远，但在我看来很值得一提的事儿。

　　严格意义上来说，我是做犯罪学研究的，研究领域主要是服刑人员矫治，当然近些年也开始做一些毒品犯罪方面的研究。每次遇到新朋友，谈及我的研究领域时，大家都会不约而同地表现出惊讶、好奇甚至敬佩之情。那些夸张地大叫着"Amazing！（真不可思议!)"、"Fantastic！（太棒了!)""好高端啊!""你真的去过监狱啊!""I never realize China has female prisoners！（我从没想过中国还有女性服刑者!)"并面带兴奋的表情至今仍然历历在目。早些年每当我听到此类赞美（暂且将其算作是赞美吧）时自己也会跟着开心，并沾沾自喜地认为自己真的是选了个很酷的研究领域；随着时间的推移，渐渐意识到大家会有这么夸张的反应绝不仅仅是因为它"酷"，而更多的是因为它比较小众，而较少被人所知罢了。在小领域中做研究当然有它的优点，那就是未开辟领域较多，可施展的空间较大。但是同时，正如硬币有正面也必然有反面一样，一个在小领域中摸索的研究者也同时需要承受一些艰辛和困难。于我而言，感触最深的恐怕就是"学术圈子"的缺乏。对于一个年轻学者来说，向前辈们学习以及同"同道中人"不断地探讨将会有利于自己的成长。做研究本就是一条孤独的旅程，而缺少"圈子"将会使研究的道路更加寂寞。而我就在这条寂寞而孤独的道路上走到了今天，个中艰辛，已不想再去回味。唯有希望凭借自己的努力，使这个在中国社会科学界尚属年轻的学科能够为更多的人所知；也希望如女性服刑者般的群体能够更多地进入到我们社会科学研究者的视野之中。

世人皆说，写一篇博士论文就像孕育一个孩子。如此，顺产固然是最幸运的；可是通常来说，这一过程一定不是顺风顺水的，难免遇上各种"难产"的局面。而滋味种种，只有切身经历过的人才会了解。如今，看着自己的"孩子"呱呱坠地并即将变成铅字，兴奋之情自然难以言表。特别是对于我这样的小领域的研究者来说，成果能够得以出版是格外令人高兴的！不过，激动之余，仍不能忘记本书的完成是和众多亲人、师长以及朋友们的关心和帮助分不开的。在此也一并表示感谢：

首先，最应该感谢的是所有曾经参与过研究的服刑人员和狱警。作为一名定性研究的研究者，和参与者的近距离合作是研究成功的关键；如果没有她们的信任和支持，这一研究是断然不可能成为现实的。

如果说参与者同我分享的经历、想法和故事如同珍珠一般鲜活闪亮的话，那么串起这些珍珠的丝线——理论和框架便得益于我在香港大学的博士生导师崔永康教授和李永年副教授。他们不仅给了我专业的理论知识和意见，帮助我梳理纷繁复杂的实证材料，亦帮助我坚定了完成这一研究的信心。此外，我亦要感谢我在南京大学念书时的硕士生导师周晓虹教授。正是因为他的建议，才使我走上了研究女性服刑人员的道路；也正是因为他的关心，才使我能够顺利地走完博士阶段的学习和研究历程。因博士论文最初由英文写成，并最终翻译为中文并修改之后成书出版，故在论文撰写和翻译以及书稿准备出版的过程中，得到了Margaux Fimbres女士、葛又诚先生以及柴向南先生在翻译和校对方面的大力帮助，在此一并表示感谢。

此外，我想还应该感谢香港大学良好的学术氛围和丰富的学术资源，让我得以顺利完成博士阶段的学习并取得博士学位。感谢南京大学社会学院给我在工作与学术上的支持，令我得以将自己的博士论文变成为书稿并得以有机会出版。也感谢中国社会科学出版社的编辑赵丽女士，是她的努力让本书的出版变为了现实。当然，我也希望感谢我在香港、在南京认识的诸位好朋友，是他们的支持和友谊给了我温暖，让孤独的科研生活少了些寂寞。

最后，我想感谢我的父母。他们无私的爱、关心和鼓励，使我能够顺利地完成博士学业，并最终使我的博士论文得以出版。

刘柳

于南京大学

2015 年 7 月 18 日